Tom Ainslie
Bonnie Ledbetter

**So verstehen Sie Ihr Pferd**

Tom Ainslie/Bonnie Ledbetter

# So verstehen Sie Ihr Pferd

## Körpersprache und Verhalten

Zweite, durchgesehene Auflage

Die Deutsche Bibliothek – CIP-Einheitsaufnahme

**Ainslie, Tom:**
So verstehen Sie Ihr Pferd: Körpersprache und Verhalten /
Tom Ainslie; Bonnie Ledbetter. [Übers.: Susanne Müller]. –
2., durchges. Aufl. – München; Wien; Zürich: BLV, 1993
   Einheitssacht.: The body language of horses ⟨dt.⟩
   Aus dem Engl. übers.
   ISBN 3-405-14135-4
NE: Ledbetter, Bonnie:

Umschlaggestaltung: F&H Werbeagentur
GmbH, München
Umschlagfotos: Gabriele Boiselle

**Übersetzung: Susanne Müller**

BLV Verlagsgesellschaft mbH
München  Wien  Zürich
8000 München 40

Titel der englischen Originalausgabe:
*The Body Language of Horses*
© 1980 by Tom Ainslie und Bonnie Ledbetter

© der deutschsprachigen Ausgabe:
BLV Verlagsgesellschaft mbH, München 1993

Gesamtherstellung: Pustet, Regensburg

Printed in Germany · ISBN 3-405-14135-4

# INHALT

## Widmung

Die Enthüllung der Bedürfnisse des Pferdes, seiner Wünsche und Emotionen und wie es sie äußert.

Für Besitzer, Züchter, Trainer, Reiter und andere Pferdeliebhaber – einschließlich Handicapper (Ausgleicher im Rennsport).

Für Hazel Loudon und in liebevoller Erinnerung an Don.

## Danksagungen

Bis das Schicksal sie die Bekanntschaft von Don und Hazel Loudon machen ließ, kannte Bonnie Ledbetter niemanden, der ihre Ansichten über Pferde teilte. Sie waren nicht nur theoretisch einer Meinung, sondern die Loudons hatten schon jahrzehntelang diese Art und Weise des Umgangs mit Pferden praktiziert. Sie arbeiteten viele Jahre glücklich miteinander in den Pepper Tree Stables auf der alten Weisch Ranch in Carbon Canyon, Chino, Kalifornien. Bislang, d. h. an verschiedenen Schulen, Colleges und Arbeitsplätzen, hatte sie das konventionelle Wissen ständig erweitern müssen und ihre eigenen Theorien heimlich wann immer möglich angewandt. Die Loudons unterstützten sie bei ihren Experimenten und gaben ihr Zuversicht. Sie lernte viel von ihnen. Die Ranch war ihre abschließende Schule. Sie glaubt, daß dieses Buch Don gefallen würde. Das erste Exemplar geht an Hazel.
Wir möchten außerdem Bob und Misty Strode, Peter M. Howe, Robert E. Tyron, Orlo Robertson, Arthur Ledbetter und Bonnie's guter Freundin Kat danken.

# VORWORT

## von Tom Ainslie

Als wir auf dem Turnierplatz eintrafen, ritt ein exzellent gekleideter junger Mann seinen eleganten Braunen gerade über ein Hindernis. Als das Paar den Weg zum nächsten Hindernis einschlug, meinte Bonnie Ledbetter, daß das Pferd verweigern würde.

Kurz vor dem Hindernis machte das Pferd eine Vollbremsung und katapultierte den jungen Mann auf den Boden.

»Woher wußtest Du das?« fragte ich sie.

»Körpersprache«, sagte sie.

Der Unwillen des Tieres gegenüber seinem Reiter mit harter Hand war für den erfahrenen Beobachter offensichtlich. In wenigen Stunden lernte ich diese besonderen Merkmale und noch ein paar andere kennen. Und ich begann, selbst Voraussagen zu machen.

Wir gingen auf die Rennbahn. Acht Dreijährige sollten bald an den Start gehen. Keiner von ihnen hatte je ein Rennen gewonnen.

»Sieh Dir mal Nummer 4 an«, sagte Bonnie. »Das Pferd ist mehr als heiß, es ist super-heiß!«

Dieses Pferd war bisher zweimal gelaufen und jedesmal mindestens 15 Längen hinter dem Sieger gewesen.

»Das Pferd sieht so blühend aus, weil es im Rennen keine Energie verschwendet«, sagte ich, nachdem ich seine bisherige Rennlaufbahn studiert hatte. »Das Pferd ist ein guter Futterverwerter, aber kein Sieger.«

Der junge Hengst siegte mit 25 : 1.

Bei unseren weiteren Nachmittagen auf der Rennbahn wiederholte Bonnie dieses Kunststück mehrere Male. Meine Ausbildung machte Fortschritte. Ich lernte, die Unterschiede in der Körpersprache eines heißen und ehrgeizigen Pferdes und eines Pferdes kennen, das weniger Kondition und Siegeswillen zeigt. Ich lernte die verschiedenen Stufen von Verärgerung eines Pferdes kennen: von leichtem Gereiztsein bis zu blinder Wut. Ich erfuhr, wie Pferde ihre Angst äußern – von Ängstlichkeit bis zur schrecklichen Furcht. Ich kann jetzt ein stumpfsinniges, ein verspieltes, ein erschöpftes und ein Pferd mit Schmerzen erkennen, ein verängstigtes Pferd, ein halb verdurstetes oder sonstwie entkräftetes Pferd von einem Pferd unterscheiden, das so mit Medikamenten vollgepumpt ist, daß es seine Ohren nicht mehr mit seinem Gehirn koordinieren kann.

Wir besuchten eine große Ranch, wo man sich besonders der Zucht und Ausbildung von Arabern widmete. Bonnie war noch nie dort gewesen. Ein oder zwei Minuten nach unserer Ankunft an den Paddocks konkurrierten die einzelnen Pferde um Bonnie's Aufmerksamkeit, ihre gemurmelten Liebkosungen und das zärtliche Streicheln an der richtigen Stelle. Einige wurden richtig aufdringlich, geradezu eifersüchtig. Die vorbeikommenden Gestütsmitarbeiter blickten verwundert auf die junge Frau, die dort Nase an Nase mit den Pferden stand. Ich hätte ihnen einiges dazu sagen können. Ich wußte, daß Bonnie und die Araber »Begrüßungsformalitäten« miteinander austauschten und daß sie mir in Kürze alles erklären würde. Pferde kommunizieren bemerkenswert einfach miteinander in einer Sprache aus Körperhaltung, Gestik und Lauten. Sie teilen ihre Bedürfnisse, Wünsche und Emotionen anderen Pferden und den wenigen Menschen, die sie verstehen können, mit.

In unserem Buch wird diese uralte Sprache erläutert und übersetzt. Sie erfahren nicht nur etwas über kaum bekannte Phänomene der Natur des Pferdes, sondern auch über einige weithin unbekannte Schwachstellen der menschlichen Natur. Zum Beispiel zeigt die Pferdesprache Bewußtseinsmerkmale auf, die in den maßgeblichen Theorien über Intelligenz und Temperament des Pferdes nicht erwähnt werden. Durch derart unzulängliche Theorien bekommen wir nur ein unklares Bild vom Pferd, wodurch der Umgang mit ihm erschwert wird. Es wundert nicht, daß in den meisten Fällen das Pferd frustrierter ist als sein Besitzer, und zwar aus guten Gründen.

Obwohl wir uns natürlich an diejenigen wenden, die mit Pferden arbeiten, haben wir uns bemüht, auch den Leser zufriedenzustellen, der sich nur in seiner Freizeit hobbymäßig mit Pferden beschäftigt. Ich kann Ihnen versichern, daß jeder, der sich auch nur Grundkenntnisse der Pferdesprache aneignet, viel mehr Freude an Pferden hat, denn er ist endlich in der Lage, die Stimmung oder den Gemütszustand eines Pferdes einzuschätzen, bevor er es reitet, fährt oder auf es wettet. Hinzu kommt das große Vergnügen, für Freunde und Bekannte auf einem Turnier, Rodeo, Galopprennen, usw. die Gedanken der Pferde zu lesen.

Ich möchte jeden Leser willkommen heißen, und ich betone, daß das Hauptanliegen dieses Buches das Pferd selbst ist. Das Wohlergehen eines Pferdes hängt vollkommen von den Fähigkeiten seines Besitzers und derjenigen ab, die mit ihm umgehen. Unter Berücksichtigung dieser Tatsache lernen Sie ungewöhnliche Ansichten kennen und bekommen viele unerläßliche Anregungen, um ein besseres Verhältnis zwischen Mensch und Pferd zu ermöglichen, als beide es normalerweise gewohnt sind.

Wir haben mit einer Übersicht über die Fähigkeiten des Pferdes begonnen, besonders seiner Sinne, seiner Mentalität und seines Wesens. Das bildet die Grundlage für seine Sprache. Wenn sich der Leser die Grundvoraussetzungen zur Erkennung von Verhaltensstörungen und anderen Problemen angeeignet hat, ist er in der Lage, korrigierende Maßnahmen zu ergreifen, die effektiver sind als üblicherweise.

Wir zeigen Ihnen, wie Sie einem schwierigen Pferd helfen können, indem Sie sich seiner eigenen Sprache bedienen. So kommt es nicht zu dem Kampf, der allzu oft entsteht, wenn ein Pferd dafür bestraft wird, daß es ein Pferd ist. Der Stumpfsinn eines Pferdes ist oft weniger der Auslöser für seinen Untergang als die unvernünftige Einstellung seines Ausbilders, es müsse mehr Verständnis für ihn aufbringen, als er für das Pferd aufzubringen bereit ist.

Nachdem wir Problemlösungen besprochen haben, widmen wir uns der Ausbildung des jungen Pferdes unter Berücksichtigung der Pferdesprache – und wir beginnen nicht an den ersten Lebenstagen des Fohlens, sondern schon vor seiner Geburt durch Kontakte mit seiner Mutter. Ein weiteres Kapitel behandelt die »Rehabilitation« älterer Pferde, die durch schlechte oder einfach falsche Behandlung verdorben worden sind.

Dem Rennsport-Interessierten, der Voll-, Warmblut- oder Quarter-Horse-Rennen liebt, erklären wir, wie Kenntnisse der Körpersprache des Pferdes am Paddock oder Führring oder bei der Parade vor den Tribünen oder beim Aufgalopp vonnutzen sein können. Dieses Kapitel ist in zwei Teile gegliedert. Der erste ist für diejenigen gedacht, die gelegentlich zum Rennen gehen. Der zweite Teil ist für den passionierten Ausgleicher (oder Handicapper), der vielleicht gern den Zusammenhang zwischen dem Verhalten eines Pferdes (was auf seine Einstellung zum Rennen schließen läßt) und seiner bisherigen Rennlaufbahn besser verstehen können möchte.

Im Anhang geben wir vollkommen neue Ratschläge für den Kauf eines Pferdes, speziell eines Rennpferdes.

So viel zum Inhalt dieses Buches und was es dem Leser bringen soll. Nun einige Hintergrund-Informationen. Das ist Bonnie Ledbetter's Buch! Sie vermittelt hier ihre besonderen Kenntnisse und einzigartigen Ansichten, die auf lebenslanger Beschäftigung mit Pferden in Theorie und Praxis basieren, hauptsächlich aber auf einer immerwährenden Achtung vor der Integrität, Würde und Sensitivität der Tierwelt.

Viele ihrer Ansichten sind absolut ungewöhnlich. Dennoch haben sie eine sichere Basis, mitten unter den althergebrachten Extremen. Einerseits ist sie frei von den Sentimentalitäten, Pferden menschliche Eigenschaften zuzuschreiben. Andererseits lehnt sie die traditionelle Denkensweise ab, daß eine erfolgreiche Beziehung zwischen Mensch und Pferd nur möglich ist, wenn der Mensch das Pferd besiegt, wie ein Triumphator beherrscht und es sich zum Untertan macht. In ihren Augen ist das ein Widerspruch in sich. Sie hält eine erfolgreiche Beziehung zwischen Mensch und Pferd nur für möglich, wenn das Pferd bis an die Grenzen seiner Fähigkeiten geht, und das wird es nur tun, wenn es als selbständiges Wesen akzeptiert wird und ihm Freiräume gegeben werden, die die orthodoxe Denkensweise verbietet.

Sie hat sich mit der Kommunikation mit Pferden beschäftigt, solange sie denken kann. Sie hat sich angefreundet und Tage, Wochen oder Monate in Freundschaft mit Rotwild, einem wilden Bison, vielen Eichhörnchen, einigen Waschbären und unzähligen Vögeln verbracht. Sie hat friedlich mit Berglöwen und Bären zusammengelebt. Vor nicht allzu langer Zeit (sie war noch keine 30 und schwanger) beherbergte sie einen Leoparden für ein paar Monate bei sich zu Hause. Sie sagt, daß ihr noch nie ein wildes Tier etwas getan hätte. Lediglich mit domestizierten Tieren, d. h. Haustieren, hat sie gelegentlich Schwierigkeiten gehabt, wenn diese aufgrund der schlechten Behandlung durch andere Personen verstört waren und nicht mehr normal reagierten.

Von allen Tieren hat sich Bonnie immer schon am meisten zu Pferden hingezogen gefühlt. Manch einer würde sagen, sie sei besessen von Pferden. Für sie sind sie ein ewiges Studienobjekt. Am Stephens College in Columbia/Missouri sollte sie aufgrund ihres reiterlichen Könnens internationale Turniere reiten. Eine schwere Rückenverletzung beendete diese Karriere vorzeitig. Als ihre Familie von Missouri an die Westküste zog, ging sie an die Universität von Kalifornien in Berkeley und wechselte dann an das California State Polytechnic College in Pomona, wo es Pferde gab. Sie machte ihren Abschluß mit besonders guten Noten in Englischer Literatur, Geologie und besonders Tierhaltung.

Sie hat Pferde besessen, gezüchtet, eingeritten, ausgebildet und geritten, sie lebte mit ihnen in Ställen und auf Weiden und löste

Probleme aller Art mit Pferden. Sie bedauert, daß sie bisher noch keinen Lipizzaner in den Lektionen der Hohen Schule in Wien geritten hat oder einen Andalusier bei seiner Arbeit in einer spanischen Stierkampf-Arena.

Bonnie hat Zeit. Sie ist erst Anfang dreißig. Sie lebt mit ihrem Mann und zwei kleinen Söhnen in Phoenix in Arizona, wo wir alles für dieses Buch vorbereiteten.

Ich lernte sie erst 1978 kennen, als sie mir einen Brief schrieb und mir eine sehr schwierige Frage über die »okkulte« Kunst des Handicappens stellte. Wie sich herausstellte, hatte sie vor ein oder zwei Jahren auf der »Turf Paradise«-Rennbahn in Phoenix begonnen, sich hobbymäßig damit zu beschäftigen. Sie ist jedoch so begabt, daß sie in einem Wettbewerb, den die Rennbahnverwaltung veranstaltet hatte, gleich einen der besten professionellen Handicapper schlug.

Sie gab zu, daß sie sich dabei nur teilweise auf die üblichen Verfahren des Handicappens mit Papier und Bleistift beschränkte. Sie entschied sich nie für einen Sieger, ohne dieses Pferd nicht vorher genau in punkto körperlicher und seelischer Verfassung in Augenschein genommen zu haben. Kaum jemand kann das, und nur äußerst wenige versuchen es überhaupt. Als sie mir in einem ihrer nächsten Briefe mitteilte, daß der Schlüssel dazu die Körpersprache des Pferdes sei, rief ich sie an und fragte sie, warum sie nicht schon früher in mein Leben getreten sei.

Ich erzählte ihr, daß ich schon von Leuten mit ähnlichen Kenntnissen und Fähigkeiten gehört hätte und daß die meisten davon längst gestorben seien. Ich beklagte mich über die unzureichende Literatur zu diesem Thema. Meiner Meinung nach machen sich die meisten professionellen Pferdeleute schlichtweg keine Gedanken über die Psyche des Pferdes, andere sind gleichgültig und die restlichen wissen weniger über Pferde, als sie glauben. Ich kenne einige der besten Pferdeleute und stellte fest, daß sie begierig waren, mehr über dieses Thema zu erfahren und zu lernen. So wie ich.

Sie erzählte mir, daß das alles zusammenpassen würde mit ihren eigenen Erfahrungen und akademischem Hintergrund als Rennbahnbesucher und aus den Jahren, in denen sie sich mit Quarter Horses, Vollblütern, Huntern, Appaloosas, Standardbreds, Morgans, American Saddlebreds, verschiedenen Zugtieren usw. beschäftigte. Sie gab zu, daß der ganze Aufruhr, der um den Umgang von Mensch und Pferd miteinander gemacht wird, seine Ursache in dem mangelnden Verständnis des Menschen für das Pferd hat und somit unausweichlich zur Zerstörung der Persönlichkeit des Pferdes beiträgt. Sie findet, daß die Fähigkeit, geschwollene Fesseln zu bemerken und behandeln, niemandem das Recht dazu gibt, die vielen seelischen Verletzungen zu ignorieren, durch die selbst ein Pferd mit absolut gesunden Beinen keine Höchstleistungen vollbringen kann.

Ich bestand darauf, daß sie ein Buch schreibt. Sie lachte nur. Ich bot ihr an, mich um alles zu kümmern und ihr das meiste abzunehmen. Sie war einverstanden. Im Februar 1979 fuhr ich nach Phoenix und blieb für 6 Wochen dort. Es hätte wesentlich länger dauern können, alles zusammenzutragen und niederzuschreiben, aber ihre Gedanken und Ideen waren erstaunlich geordnet, da sie alles schon seit langer Zeit im Kopf mit sich herumgetragen hatte.

Weder Bonnie Ledbetter noch ich glauben, daß sie die »Entdeckerin« des Pferdes ist oder daß sie die einzige auf der Welt ist, die sein Wesen und seine Sprache versteht. Am Ende dieses Vorworts bedanken wir uns bei einem äußerst sachverständigen Ehepaar für die wichtige Hilfe und Unterstützung, die es Bonnie während der Zeit gab, in der sie auf seiner Ranch arbeitete. Ohne Zweifel gibt es mehr Männer und Frauen in den Ställen oder auf den Wiesen Nordamerikas, die Wunderbares leisten. Überdies ist es sehr wahrscheinlich, daß in England, Irland oder auf dem europäischen Kontinent mehr Pferdeleute auf ähnliche Weise wie Bonnie mit ihren Pferden kommunizieren. Solche Fähigkeiten werden u. a. den alten Beduinen und verschiedenen Indianern auf den Ebenen Nordamerikas zugeschrieben. Die Spanische Reitschule in Wien produziert am laufenden Band Lipizzaner und Reiter, deren Kommunikation an Telepathie grenzt.

Selbst wenn es keine Lipizzaner oder Cutting-Pferde oder einen Jockey wie Willie Shoemaker gäbe, die beweisen, daß Humanität oft der richtige Weg im Umgang mit Pferden ist, würde es immer noch genügend andere Fakten geben. Z. B. ist das Pferd seit mindestens 7000 Jahren domestiziert und Haustier des Menschen. Bis es in diesem Jahrhundert von Maschinen ersetzt wurde, waren Landwirtschaft, Transportwesen und Kriegsführung ohne das Pferd unmöglich. Pferde sind als Freizeit- und Sportpartner nicht mehr wegzudenken, so daß sich ein ganzer Industriezweig darauf begründet. Sie sind so beliebt, daß die Umsätze der Züchter, Stallbesitzer, Pferdehändler, Trainer, Rennbahnen und Turnierplätze in aller Welt sich auf mehrere Milliarden Dollar belaufen.

Wie schon angedeutet, wollen wir hier die Verdienste der Menschheit in der Vergangenheit nicht schmälern. Wir wollen etwas für die Gegenwart und Zukunft erreichen. Wir bieten erfolgsorientierten Zuwachs an Freude und Profit, den der Mensch vom Pferd bekommt. Glücklicherweise läßt sich diese größere Zufriedenheit nur erreichen durch umfassende Aufgabe der vorherrschenden Methoden der Domestikation, denn auf diese Art und Weise werden Pferde verschwendet – und im Endeffekt auch Geld.

Wir versprechen denjenigen größere Erfolgschancen, die sich mit der Sprache des Pferdes und der sich daraus ergebenden Einstellung zum Pferd vertraut machen. Wir werden Ihnen zeigen, daß das Pferd äußerst willig mitmacht, fleißig und ausdauernd mit dem arbeitet, der es versteht. Die Ergebnisse sind umwerfend.

# 1

# DIE NATUR
# DES PFERDES

Bei dem Versuch, eine zufriedenstellende Beziehung zu einem Pferd aufzunehmen, ist es sehr nützlich, seinen »Wortschatz« zu verstehen, d. h. Gestik und Laute. Aber eine wirklich effektive Kommunikation hängt von fundamentaleren Dingen als der Sprache ab. Um seine Bedürfnisse und Stimmungen wirklich verstehen zu können, müssen wir die Grundlagen der Natur des Pferdes verstehen.

Was bedeutet es, ein Pferd zu sein? Mit Hilfe welcher körperlicher Wahrnehmungen und geistiger Eigenschaften nimmt es seine Umgebung wahr und reagiert auf sie? Welche Bedürfnisse und Vorlieben hat es? Welche Emotionen hat es, und wie kann man sie hervorrufen? Wenn ein Pferd z. B. Furcht zeigt, wovor hat es dann wahrscheinlich Angst?

Die Literatur hat über Jahrhunderte hinweg nur verwirrende Antworten geliefert. Man kann lesen, daß Pferde fürchterlich ängstlich sind, andererseits sollen sie aber äußerst mutig in Kriegen und sportlichen Wettkämpfen sein. Es steht geschrieben, sie seien kurzsichtig und farbenblind, dennoch nehmen sie aufmerksam Dinge wahr, die so weit weg sind, daß der Mensch ein Fernglas bräuchte, um herauszufinden, worum es eigentlich geht.

Wir lernen, daß das Pferd im Vergleich zu Hund, Katze oder Schwein ziemlich wenig Intelligenz besitzt, da diese Tiere ein größeres Gehirn haben. Dennoch hört man, daß ein Pferd den Heimweg über viele Kilometer im Dunkeln in schwierigem, unwegsamen Gelände findet. Es versteht und reagiert vollkommen richtig auf Worte oder Tonfall des Menschen. Es erinnert sich an bestimmte Personen und besondere Erlebnisse. Es liebt die Abwechslung und ist besonders empfänglich für die negativen Auswirkungen von Langeweile. Es kann leicht verletzbare Babies von Erwachsenen seiner Spezies und anderen gut unterscheiden. Es trauert um einen abwesenden Freund und freut sich königlich, wenn es wieder mit ihm zusammenkommt. Es entwickelt auffallende Vorlieben oder Abneigungen für bestimmte Personen, Tiere, Tätigkeiten und Gegenstände.

Man ist sich einig, daß ein Pferd mit Hilfe seiner Sinnesorgane erkennen kann, ob sich Freund oder Feind nähert, zwischen beiden unterscheiden kann und sich entsprechend verhält. Deshalb waren die Indianer Amerikas, die die nächtlichen Lautäußerungen ihrer Pferde verstehen konnten, auch gewöhnlich in der Lage, friedlich gesinnte Besucher sofort freundlich zu empfangen, wohingegen sie nur selten von Feinden im Schlaf überrascht wurden. Dieses besondere Talent und die offensichtliche Fähigkeit, Stürme und Erdbeben vorauszuahnen, ließen die Wissenschaftler übersinnliche Wahrnehmungen vermuten. Wenn das stimmte, wäre das eine phantastische Fähigkeit eines angeblich dummen Tieres. Somit wäre eine Korrektur des IQ des Pferdes nach oben erforderlich.

Kurz gesagt: Entweder ist das Pferd selbst oder was über es geschrieben worden ist voller Widersprüche. Unter der Annahme, daß das Problem nicht bei den Pferden liegt, sondern bei der Art von Tests, die mit ihnen gemacht wurden, wollen wir von einem bescheidenen Experiment berichten, das vor langer Zeit an einem schönen Sommer-Nachmittag bei den Loudons in Chino/Kalifornien gemacht wurde.

Es war eine dieser wunderbaren Stunden, wo man der Welt entrückt scheint. Die Pferde dösten, alle Probleme ruhten, das Telefon war still, und kein Besucher störte diese Idylle. Don, Hazel und Bonnie machten es sich im Schatten gemütlich und redeten über Pferde. Einer von ihnen kam auf die Farbenblindheit von Pferden zu sprechen, woran jedoch keiner von ihnen glaubte. Aber die Unfähigkeit, Farben unterscheiden zu können, ist in vielen Schriften behandelt worden und gilt als allgemeingültig, als eine Art Tatsache.

Don schlug einen Test vor. Er sollte so objektiv und wissenschaftlich genau wie möglich sein. Hinter der Scheune standen zwei alte, absolut identische Ölfässer. Eins jedoch war blau gestrichen mit einem weißen Querstreifen, das andere grün mit einem weißen Streifen an der gleichen Stelle. Auf den Tonnen lag eine Halterung zum Reinigen der Sättel. Die Tonnen und der Sattelhalter standen seit 20 Jahren unverändert an derselben Stelle.

Man vertauschte die beiden Tonnen, und der Sattelhalter kam an genau dieselbe Stelle wie zuvor, auch der Winkel zur Scheune stimmte. Alles war wie zuvor. Nur wo vorher die blaue Tonne gewesen war, stand jetzt die grüne und umgekehrt. Nachdem alles fertig war, schlenderte Don um die Scheune herum und ging durch die Vordertür zur Box von Brother Pete, einem sehr aufmerksamen Quarter Horse-Hengst. Don holte Pete aus der Box, führte ihn durch die Vordertür um die Scheune herum nach hinten. Als sie um die Ecke kamen und auf Bonnie und Hazel zugingen, blickte Brother Pete kurz zu den Frauen, aber etwas anderes schien seine Aufmerksamkeit zu erregen. Mit ganz weit nach vorn gespitzten Ohren und großen Augen betrachtete er die Tonnen und den Sattelhalter. Seine Haltung zeigte größte Neugier, eine wesentliche Eigenschaft eines Pferdes.

Pete wollte unbedingt sofort zu den Tonnen gehen, wo er alles so lange beroch, bis er sich sicher war, daß nichts Schlimmes zu passieren drohte. Dann hob er seinen Kopf und wandte sich seinen Freunden zu. Jetzt konnte gearbeitet oder gespielt werden.

Die Tonnen und der Sattelhalter waren Bestandteil seiner Umwelt (wenn auch eher unwichtig), seit er vor vielen Jahren zum ersten Mal hinter die Scheune gekommen war. Warum interessierte er sich plötzlich für diese Gegenstände? Hatte er tatsächlich den Tausch zwischen grün und blau bemerkt? Gibt es irgendeinen anderen plausiblen Grund für sein Verhalten?

Zur Veranschaulichung der verschiedenen Denkensweisen über Pferde (und vielleicht auch, um den Leser dagegen immun zu machen), zeigen wir hier alternative Erklärungen für Pete's Verhalten auf und besprechen sie. Wir versuchen nicht, die Erklärungen nach Plausibilität zu ordnen, denn daran mangelt es sowieso.

1. Pete hatte gehört, wie sich die Leute an den Tonnen zu schaffen machten. Er fragte sich, was los war und war begierig darauf, es herauszufinden.

Obwohl die Tonnen ohne Krach umgestellt wurden, hat Pete unzweifelhaft von den Aktivitäten hinter der Scheune etwas gehört. Offensichtlich hatte es ihn nicht aufgeregt. Er zeigte keinerlei Anzeichen von besonderem Interesse oder daß er irgend etwas erwartet hätte, als er von seiner Box an den Ort der Geräusche geführt wurde. Er verhielt sich wirklich genau so, wie wenn er routinemäßig aus dem Stall geholt wird, bis er um die Ecke kam. Plötzlich wurde aus ihm ein Pferd, das über eine Änderung in seiner Umgebung verblüfft ist.

2. Aufgrund seiner Farbenblindheit kann das Pferd nicht den Unterschied zwischen blau und grün bemerkt haben, sondern nur zwei verschiedene Grautöne an ungewohnter Stelle.

Die meiste Literatur auf diesem Gebiet ist geprägt vom Anthropomorphismus, einer Denkensweise, die ein Tier ausschließlich unter menschlichen Gesichtspunkten sieht. Die Theorie der unterschiedlichen Grautöne ist kein besonders gutes Beispiel dafür, aber auch hier handelt es sich um Anthropomorphismus. Wenn ein Pferd zwischen zwei Farben unterscheiden kann, ist es nicht farbenblind, wobei es egal ist, ob es die verschiedenen Farben als unterschiedliche Grau-, Pink- oder Lilatöne sieht. Die Tatsache, daß manche Menschen nur grau oder verschiedene Grautöne anstelle von rot und grün sehen, ist vollkommen belanglos. Pferde sind keine Menschen.

3. Pete hatte gemerkt, daß Hazel, Don und Bonnie sein Sehvermögen testen wollten, und wollte bei dem Spaß mitmachen, so daß er so tat, als ob er eine Farbe von der anderen unterscheiden könnte.

Vielleicht grinsen Sie jetzt, aber lachen Sie bitte nicht. Die sentimentale Annahme, daß Pferde »fast wie Menschen« sind, ist die weitverbreitete »Krönung« des Anthropomorphismus. Das Leben eines jeden Pferdes, das dieser Denkensweise ausgesetzt ist, ist erbärmlich. Ein Auswuchs dieser Weltanschauung ist, daß einige Pferde jeden Sonntag in ihren Boxen gefangen bleiben, damit sie den Tag in Ruhe vor dem Herrn verbringen können. Als ob die Tiere nicht sowieso schon halbwahnsinnig vor Langeweile und Frustration wären, weil sie Tag für Tag 23 Stunden in ihre Boxen verbannt werden.

Zurück zum Farbtest: Pferde verstehen eine ganze Reihe von Begriffen, die mit ihrer Aufgabe zusammenhängen, aber kein einziges Pferd versteht das Wort »farbenblind«. Obwohl sie in vielen Situationen oft erstaunlich logisch denken können, sind sie nicht in der Lage, so abstrakt zu denken wie der Mensch. Sie können noch nicht einmal rechnen, obwohl schon mehr als ein Pferd darauf abgerichtet wurde, sich zur Freude der Mitmenschen so verhalten zu können, als ob es rechnen könne.

4. Dieser Versuch ist nicht umfassend genug, um als Beweis dafür gelten zu können, daß Pferde Farben unterscheiden können oder daß zumindest dieses eine es ausnahmsweise konnte. Das kann alles Zufall gewesen sein.

Eine statistisch korrekte Bemerkung. Erzählen Sie das einmal einem Pferdebesitzer, dessen Pferd grundsätzlich ein riesiges Spektakel macht, wenn sich ihm jemand in einer weißen Jacke nähert, und das seit dem Zeitpunkt, wo es eine schmerzhafte Begegnung mit einem Tierarzt im weißen Kittel hatte. Das erinnert uns daran, daß Don ein recht umgängliches Pferd hatte, das jedoch immer zu toben anfing, wenn er mal eine rote Jacke trug. Der Vorbesitzer, von dem es schlecht behandelt worden war, hatte immer eine rote Jacke getragen.

Wir haben uns über die anthropomorphischen Sentimentalisten und andere Individuen lustig gemacht, die nicht bereit oder fähig sind, das Pferd als Pferd zu akzeptieren. Wir können diese Zielgruppe noch um die Laborforscher erweitern, die glauben, sie führten Untersuchungen über die Intelligenz des Pferdes durch, wenn sie ein Pferd dazu bringen, in einem Labyrinth Futter zu finden. Dieser Test eignet sich für eine Maus, nicht für ein Pferd. Er beweist lediglich, daß ein Pferd keine Maus ist (abgesehen davon, daß es kein Mensch ist). Derartige Tests sind ein Grund dafür, daß so viele Kapazitäten die Intelligenz des Pferdes unterschätzt haben. Durch genetische Anpassung ist das Pferd seit Ewigkeiten ein Weidetier, dessen Nahrung in der Nähe seiner Füße und Nase wächst. Weder in seiner natürlichen Umgebung noch als Haustier hat es die Gelegenheit, auf Knöpfe zu drücken oder durch Labyrinthe zu wandern, wenn es Hunger bekommt. Es hat keinerlei Fähigkeiten, solch ein unnatürliches Unterfangen zu meistern, und es braucht auch keine. Andererseits kann es Wasser in vermeintlich trockenen Gebieten finden. Vielleicht fällt irgendeinem Forscher diese Enthüllung auf, und er stellt ein durstiges Pferd vor den Eingang zu einem Labyrinth, einen Eimer Wasser in die Mitte, und aus der Leistung des Pferdes schließt er, daß Pferde so schlau wie Mäuse sind. Aber ein solches Experiment sagt nichts über die Intelligenz eines Pferdes aus, außer daß die Natur es dazu befähigt, Wasser zu finden. Anders gesagt: Es ist ein Pferd. Wir hoffen, wir haben inzwischen wirklich jeden ermutigt, das Pferd so zu akzeptieren, wie es ist und nicht, wie man es sich wünscht. Nun wollen wir uns das Pferd einmal unter seinen eigenen Kriterien näher ansehen.

Die körperlichen und geistigen Eigenschaften, die wir hier untersuchen, sind bei allen Pferden gleich. Für unsere Zwecke sind angeborene Unterschiede, die es von Rasse zu Rasse oder innerhalb einer Rasse gibt, weniger relevant als die Ähnlichkeiten. Die Individualität, die es in jedem Stall und auf jeder Weide gibt, ist natürlich das Ergebnis von Umwelt- und genetischen Einflüssen. Es erinnert uns daran, daß das Pferd zur höheren Ordnung der Tiere gehört. Wer die Individualität eines jeden Pferdes erkennt, akzeptiert und sich entsprechend darauf einstellt, ist wesentlich erfolgreicher im Umgang mit Pferden als der, der das nicht beachtet. Aber darauf kommen wir noch zurück.

# Die Sinne

Wie andere Tierarten auch wird das Pferd mit Sinneswahrnehmungen wie Sehen, Hören, Berühren, Riechen und Schmecken geboren. Sie befähigen den Verstand des Pferdes, seine Umwelt wahrzunehmen, zu verstehen und darauf zu reagieren. Zum besseren Verständnis unserer Leser (und um uns die Sache zu erleichtern) werden wir jeden dieser Sinne einzeln behandeln. In der Praxis jedoch integriert das Pferd seine Fähigkeiten und reagiert auf jede neue Stimulanz mit so vielen Sinnen wie möglich. Da Gehör, Tast- und Geruchssinn sehr gut ausgeprägt sind, ist das Pferd zu Großtaten in der Lage, die die menschliche Leichtgläubigkeit auf eine harte Probe stellen, wodurch es zu den Theorien über übersinnliche Wahrnehmungen, Telepathie und sogar Wunder kommt.

## Sehvermögen

Stellung und Form der Augen statten das Pferd mit einem Sehvermögen aus, das es auf geradezu wunderbare Art dazu befähigt, auf einer Weide oder in einer anderen natürlichen Umgebung zu leben. Sich selbst überlassen, verbringt das Pferd mindestens den halben Tag damit, mit gesenktem Kopf Gras zu fressen. In dieser Haltung hat es mit einem Blickwinkel von etwa 320° den Bereich hinter und neben sich sicher im Auge, ohne auch nur den Kopf bewegen zu müssen. Natürlich hebt es seinen Kopf gelegentlich, um die Seiten zu kontrollieren. Es kann ein Raubtier von weitem herankommen sehen. Es kann sehen, ob ein anderes Pferd seinen Bereich betritt. Es kann seine Nahrung sehen. Es sieht alles, was für es wichtig ist. Was auch immer das Pferd nicht sehen kann, hört, fühlt oder riecht es.
Bei der Arbeit unter dem Sattel oder vor dem Wagen ist das Pferd weiterhin dank seiner panorama-artigen Sicht über alles im Bilde, was in seiner Umgebung passiert. Über seine Reaktionen auf Bedrohungen oder Ungewöhnliches, das es auf diese Weise wahrnimmt, ist der Mensch oft nicht gerade erfreut. Wenn es dazu gezwungen wird, so schnell wie möglich zu galoppieren oder über hohe Hindernisse zu springen, wehrt es sich manchmal dagegen,

daß Kopf und Hals in eine Haltung gezwungen werden, in der es nicht alles sehen kann, was es möchte.

Der unzufriedene Reiter kehrt zum Stall zurück und beklagt sich meist darüber, daß das Pferd wie verhext sei, daß nichts geklappt habe und daß das Reiten folglich viel mehr Spaß machen würde, wenn die Pferde anders wären.

Die Augen des Pferdes liegen seitlich im Kopf, nicht vorn wie die Augen von Katzen, Menschen und vielen Hunden. Jedes Auge vermittelt den verarbeitenden Zellen des Gehirns mit Hilfe der Sehnerven ein vollkommen anderes Bild. Das linke Auge sieht Objekte und Geschehnisse links vor, neben und hinter dem Pferd. Das rechte Auge leistet entsprechende Dienste auf der rechten Seite. Nur wenn es ganz geradeaus nach vorn sieht und seinen Kopf senkrecht zum Boden hält, kann das Pferd beide Augen gleichzeitig auf einen Punkt richten. Manche Rassen mit besonders weit auseinander liegenden Augen können noch nicht einmal das.

Daher hat das Pferd ein viel größeres Gesichtsfeld als der Mensch, wenn er an derselben Stelle stünde und in dieselbe Richtung sähe. Wenn es sich schnell vorwärts bewegt, kann ein Pferd sehen, ob ein es verfolgendes Tier oder Fahrzeug näher kommt. Gleichzeitig sieht es nach vorn und späht nach Hindernissen oder anderen Unannehmlichkeiten, die in seinem Weg liegen könnten.

Das Tier nimmt dies alles wahrscheinlich undeutlich wahr. Ohne die verschmelzende Scharfeinstellung mit beiden Augen, was das dreidimensionale Sehen und die akkurate Tiefensicht bei einer Spezies mit am Vorderkopf angeordneten Augen, wie bei uns selbst z. B., erklärt, sieht das Pferd die Gegenstände nicht nur flach, sondern vermutlich auch ungenau. Wenn ein Geräusch, Geruch oder Anblick das Pferd von dem gesamten Panorama auf einen bestimmten Teil davon ablenken, schärft sich der Blick – durch die mentale Hervorhebung einer Sache geht es vom routinemäßigen Betrachten über auf das konzentrierte Inspizieren eines bestimmten Punkts von Interesse.

Im Gegensatz zu den meisten anderen Wesen einer höheren Ordnung, erlangt das Pferd keine visuelle Scharfeinstellung durch Bewegen oder Biegen der inneren Linse des Auges. Die Linse ist nicht verstellbar. Aber die Retina des Pferdes (Sitz der optischen Empfangsnerven an der Rückseite des Auges) ist ungewöhnlich unregelmäßig in ihren Konturen. Für eine klare Sicht hebt oder senkt das Pferd seinen Kopf entsprechend, damit das einfallende

Licht auf den jeweiligen Sektor der unebenen Netzhaut gelenkt wird, der das beste Bild liefert.

Daher bleiben die Augen meist ruhig stehen. Ausnahmen gibt es hauptsächlich, wenn das Pferd enormem Streß ausgesetzt ist, herumspielt oder gähnt. Viele Leser haben sicherlich schon einmal zugesehen, wie ein verängstigtes Pferd die Augen rollt.

Da die Augen seitlich im Kopf liegen, kann das Pferd nichts sehen, was direkt vor seinem Kopf ist. Deshalb springt ein Pferd plötzlich zurück oder wirft den Kopf hoch, wenn ein unerfahrener Besucher an der Box es mit der Hand von oben kommend vorne am Kopf streicheln will. Will man ein Pferd streicheln, nimmt man seine Hand langsam hoch und berührt Maul, Hals oder Kinn des Pferdes oder die Wangen, bevor man andere Körperteile berührt. Ein untrüglicher Test, ob man das Vertrauen des Pferdes besitzt, ist, die Hand direkt auf seine Stirn zu legen, ohne daß es sich zurückzieht.

Viele Experten haben behauptet, Pferde seien kurzsichtig und farbenblind. Durch Tests werden diese Behauptungen zwar untermauert, aber nicht sehr überzeugend. Mit dem Thema Farbenblindheit haben wir uns bereits beschäftigt. Was die Kurzsichtigkeit angeht, so ist es möglich, daß bei den meisten Versuchen die überaus wichtige Eigenschaft des Pferdes außer acht gelassen wurde, sich mit einer Sache näher zu beschäftigen, aber immer empfänglich für neue Reize sein und sich jederzeit ablenken zu lassen. Diese Eigenschaft ist unzweifelhaft ein Grund, warum eine Spezies überlebt hat, deren erste Stufe der Verteidigung gegenüber einem Angriff die Furcht und die zweite Stufe die sofortige Flucht ist. Wenn ein Pferd daher während eines Tests ein weiter entferntes Objekt anscheinend nicht wahrnimmt, dann paßt es wahrscheinlich nicht richtig auf, da es seine ganze Aufmerksamkeit den viel interessanteren und näher liegenden Dingen des Tests schenkt.

Wie dem auch sei, die Sinne des Pferdes wie Gehör, Geruchssinn und Tastsinn erlauben ihm, Dingen seine Aufmerksamkeit zu schenken, die so weit entfernt sind, daß sie oft noch gar nicht zu sehen sind. Aber sobald das Pferd auf etwas aufmerksam geworden ist, kommt auch das Sehvermögen ins Spiel. Ein Pferd bemerkt einen Koyoten, wenn dieser noch so weit weg ist, daß der Reiter ihn mit bloßem Auge nicht sehen kann und sicherlich nicht hören kann. Ob das Pferd ihn tatsächlich sehen kann, ist zweifelhaft. Tatsache ist, daß das Pferd den Koyoten wahrnimmt. Die Sinne des Pferdes ergänzen einander mit erstaunlichem Ergebnis.

# Gehör

Die Lautsprecher einer typischen High Fidelity Stereoanlage produzieren musikalische Töne von etwa 20 bis 20 000 Hertz. Alle tieferen oder höheren Töne sind überflüssiger Luxus, da sie für die meisten Menschen sowieso nicht wahrnehmbar sind. Das Gehör eines Pferdes ist wesentlich besser. Es hat ein viel breiteres Spektrum. Außerdem kann es viel genauer hören. Es hört näherkommende Schritte, Räder, Pfeifen, Stimmen und Stürme, lange bevor wir sie hören können. Pferde hören so weit entfernte Geräusche, daß viele ihnen übernatürliche Kräfte anstelle eines guten Gehörs zuschreiben.

Der gesamte Körper des Pferdes ist ein Tonempfänger. Er verarbeitet den ihm auf dem Luftwege zugetragenen Ton durch die Ohren und den über den Erdboden zugetragenen Ton durch eine Art Amplifier-System, das von den Hufen über Knochen, Nerven und Körperhöhlen zu Innenohr und Gehirn führt.

Dieser Empfänger ist immer in Betrieb. Ein Pferd döst mit dem Kopf nach unten und läßt die Ohren seitlich herunterhängen. In etwa 400 m Entfernung vom Koppelzaun kommt das Maultier eines Nachbarn über die Straße. Sofort gehen die Ohren des Pferdes auf Empfang. Es hebt seinen Kopf und richtet Augen, Nase und Ohren in Richtung des Maultiers. Zufrieden, daß alles in Ordnung ist, setzt es zwei Sekunden später sein Nickerchen fort.

Die Ohren des Pferdes drehen sich in ihrer senkrechten Achse wie schwenkbare Antennen. Die meisten Rassen können ihre Ohren um mehr als 180° drehen, obwohl kein Pferd das rechte Ohr ganz nach links oder das linke ganz nach rechts drehen kann. Durch diese Schwenkbarkeit wird der Empfang erleichtert. Die langen konkaven Öffnungen, in vielen Fällen unterstützt von einem schwingenden Kopf, werden direkt zu einem interessanten Geräusch hingedreht, sei es vor, neben oder direkt hinter dem Pferd. Wenn das Geräusch besorgniserregend ist, geht das Pferd nicht nur mit dem Kopf, sondern mit dem ganzen Körper mit und stellt sich in die Richtung, in die schon die Ohren zeigten. Die Ohren sind nach vorn gespitzt vor Neugier und Interesse, und alle Sinnesorgane arbeiten in Einklang miteinander.

Das Gehör des Pferdes und die Interpretation dessen, was es hört, sind so unerläßlich für sein Sicherheitsgefühl, daß jegliche Störung dieses Sinnesorgans dem Pferd sehr zu schaffen macht. Wenn die

Gehörgänge infolge einer Infektion, z. B. einer Erkältung, verstopft sind, leidet das Tier mehr unter seiner Angst als unter der Infektion selbst. Aus ähnlichen Gründen sind Pferde, die in der Nähe von großen Flughäfen, Bahnhöfen oder anderen großen Lärmquellen untergebracht sind, selten so ruhig und gelassen und somit so gesund wie sie sein könnten. Man kann sich darüber streiten, daß Pferde sich in beeindruckendem Maße anpassen können, so daß sie sich an derartigen Lärm gewöhnen. Aber Pferde haben nun einmal das Bedürfnis, sich an ihre Umgebung anzupassen, indem sie jedem Geräusch nachgehen und ungewöhnliche Geräusche näher untersuchen. Wenn der Lärm nicht nur die alltäglichen Geräusche übertönt, sondern auch die normale Stille, werden viele Pferde nervös. Selbst wenn sie schließlich nicht mehr auf den Lärm reagieren, schlafen sie nicht so ruhig und fressen nicht so gut, wie sie sollten. So wie ein gestörtes Hörvermögen das Gemüt des Pferdes beeinträchtigt, so wird auch das Hörvermögen vom Gemütszustand des Pferdes beeinträchtigt. Wie wir wissen, ist das Spiel der Ohren und wie sie schließlich gehalten werden ein wesentlicher Bestandteil der Körpersprache des Pferdes. Wenn es sehr wütend oder verängstigt ist oder starke Schmerzen hat, wird das Pferd ungewöhnlich gleichgültig gegenüber Geräuschen. Die Stellung der Ohren zeigt dies ganz deutlich. Zusammen mit anderen Bestandteilen der Körpersprache zeigen die Ohren fast so genau wie das gesprochene Wort, welcher Art das Problem ist (Angst, Wut etc.).

Unzweifelhaft ist die Fähigkeit reiterloser Pferde, in der Dunkelheit auf direktem Wege nach Hause zu finden, zumindest teilweise mit ihrem äußerst guten Gehör zu erklären. Das gleiche gilt für ihre untrüglichen »Voraussagen« von Stürmen oder Erdbeben. Sie werden unruhig, lange bevor der Mensch die Wetteränderung oder die Vibrationen des Erdbodens unter seinen Füßen bemerkt. Ein blindes Pferd findet sich mit Hilfe seines Gehörs und Gedächtnisses innerhalb der Umzäunung eines Paddocks zurecht oder sogar am hinteren Ende eines Viehtransporters, wie so oft berichtet wurde.

Es ist eine große Versuchung, Fähigkeiten des Pferdes wie nach Hause zu finden, Wetterumschwünge frühzeitig zu bemerken und andere Phänomene einem übernatürlichen Sinn zuzuschreiben. In seinem Buch »Breeding the Racehorse« (= Rennpferdezucht) äußert Federico Tesio, einer der erfolgreichsten Züchter überhaupt,

Spekulationen über einen Sinn, der es den Pferden möglich macht, elektrische oder andere Strahlungen von toten Gegenständen über große Entfernungen empfangen zu können. Er glaubte, die Ohren seien daran beteiligt, aber nicht auf die übliche Art. Solange die Fähigkeiten von Pferden nicht wissenschaftlicher als bislang untersucht werden, bleibt die Theorie über einen sechsten Sinn des Pferdes strittig. Aber es kann keinen Zweifel daran geben, daß ein Pferd geradezu unglaublich gut hören kann.

## Tastsinn

Von all den Wundern in bezug auf den Körper des Pferdes dürfte der Tastsinn das größte sein. Ein gut ausgebildetes Pferd scheint tatsächlich die Wünsche eines guten Reiters vorausahnen zu können. Ein solches Pferd braucht weder Sattel noch Trense oder Gebiß. Es empfängt über die Haut Signale, und genau wie die ohne Sattel gerittenen Indianer-Ponies, die Generationen von US-Kavalleristen das Staunen lehrten, führt es die schwierigsten Lektionen ohne sichtbare Hilfen aus, so als ob es die Gedanken des Reiters lesen könnte.

Wenn es einem auch so vorkommen mag, so ist es doch kein Wunder. Der Tastsinn des Menschen ist weniger gut, so daß der Reiter schon Kniedruck ausübt, bevor er es spürt. Aber das Pferd fühlt ihn schon. Man kann dieses Phänomen fast mit dem Trick vergleichen, einen beschwerten Faden an der Hand im Kreis pendeln zu lassen, nachdem er hin- und herschwang. Die Muskeltätigkeit, durch die es zu den kreisenden Bewegungen kommt, ist für die Person, die den Faden in der Hand hält, nicht wahrnehmbar. Ein Reiter, der leicht verkrampft oder ängstlich auf dem Pferd sitzt, weiß gar nicht, welch störende Signale er mit Knie, Hand oder Gesäß einem zunehmend ungeduldigen oder lustlosen Pferd mitteilt. Die Muskelsprache eines sicheren Reiters hilft dem Pferd, sich zu lösen und gibt ihm Vertrauen.

Innerhalb weniger Minuten nach der Geburt des Fohlens beginnt die Stute schon eine Kommunikation mit ihm durch Stimme und Berührungen. Es findet schnell heraus, daß es ihm seelischen und körperlichen Halt gibt, wenn es sich an den Körper der Mutter anlehnt. Es versucht in seinem weiteren Leben immer wieder, ähnliche Sicherheit zu finden – wie das verängstigte Rennpferd, das sich bei der Parade vor den Tribünen an das Eskortepferd lehnt.

Der Tastsinn, der so immens wichtig ist für den Seelenfrieden des Pferdes, wird von einem klugen Betreuer als wichtigstes Kriterium in der Beziehung zwischen Mensch und Pferd erkannt. Wie Sie sehen werden, gehört zur Begrüßung und der weiteren »Unterhaltung« unbedingt ein Auflegen der Hände bzw. ein werbendes Kraulen.

Wir haben die erstaunliche Fähigkeit, weit entfernte Geräusche hören zu können, schon erwähnt. Wenn die Töne über die Beine empfangen werden, dann ist auch der Tastsinn beteiligt. Auch bei Erdbeben spielt der Tastsinn eine Rolle. Pferde, die nach Südkalifornien kommen, werden von den täglichen Erdbeben in Mitleidenschaft gezogen, obwohl sie vom Menschen (wohl aber vom Seismographen) nicht wahrgenommen werden. Die negativen Auswirkungen von Erdstößen auf Appetit und Schlaf des Pferdes sind mindestens genauso ausschlaggebend für die schlechten Leistungen so vieler Pferde aus dem Osten der USA, die ihr erstes Rennen in Santa Anita oder Hollywood Park laufen, wie andere Umwelteinflüsse. Andererseits kann es vorkommen, daß ein kalifornisches Rennpferd, das an die Schwingungen unter seinen Hufen gewöhnt ist, sich unwohl fühlt an den ersten Tagen, die es auf einer Rennbahn im Osten der USA verbringt, wo die Erde nicht bebt.

## Geruchssinn

Auch dieser Sinn ist viel feiner ausgeprägt als beim Menschen. Der Geruch einer rossigen Stute wird von einem Hengst wahrgenommen, selbst wenn er ein paar hundert Meter weiter im Stall steht. Er zeigt das, indem er erst einmal seinen Kopf hebt und die Oberlippe hochzieht, wobei er eine dem Zähnefletschen ähnliche Grimasse macht, die in Europa allgemein als Flehmen bezeichnet wird. Dann wird er versuchen, seine Stalltür einzutreten. Der hervorragende Geruchssinn des Pferdes spielt eine große Rolle, wenn es darum geht, verschiedene Menschen, andere Pferde oder irgendwelche Gegenstände zu identifizieren. Um sich zu entscheiden, ob es eine Person oder einen Gegenstand mag oder nicht, sieht und hört das Pferd'nicht nur genau hin, sondern es beriecht und tastet das Objekt auch ausführlich ab. Nachdem es alles erforscht hat, speichert es diese Informationen in seinem Gedächtnis. Das Pferd kann sich mit ziemlicher Genauigkeit nach Monaten oder Jahren daran erinnern, mit wem oder womit es zu tun hatte. Währenddessen geht es durch sein Leben und hinterläßt eigene Duftmarken und -signale. Sein Urin und Kot sind Mitteilungen für andere Pferde in bezug auf sein Geschlecht und seine Gebietsansprüche.

Wenn es die Bekanntschaft mit anderen Pferden macht, so ist sein Atem seine Visitenkarte. Es atmet in die Nüstern des anderen Pferdes aus, das diese Höflichkeit erwidert. Nun kennen sie einander. Wer diese Zeremonie kennt, der stellt sich einem Pferd vor, indem er sanft in seine Nüstern bläst. Wenn das Pferd so freundlich wie erwartet gesonnen ist, wird es mit seinem Ausatmen antworten. Sofern es nicht mehrfach falsch behandelt wurde, wird ein Pferd die Person, die es so begrüßte, ausgesprochen schätzen, so als ob es ihm besonders gut gefallen hat, in seiner eigenen Sprache angesprochen worden zu sein.

Wenn er eine neue Zuchtstute zu seiner Stutenherde geben mußte, achtete Don Loudon immer besonders darauf, sie der Leitstute vorzustellen. Wenn diese beiden Stuten die Hälse lang machten und sich mit den Nüstern berührten, schnaubte die Leitstute leicht. Wenn die neue Stute ebenso antwortete, wußte Don sofort, daß sie versuchen würde, die Leitstute aus ihrer Position zu verdrängen. Meist jedoch antwortete die neue Stute mit einem sanften Ausatmen und Senken des Kopfes. Nun konnte Don sie in die Herde entlassen, wo sie sich ihren Platz unter den Untergebenen der Leitstute suchen würde. Zu den Verhandlungen über einen Platz in der Rangordnung gehört immer ein ausführliches Beriechen der Flanken des anderen, wahrscheinlich um den Geruch von nervös bedingten Schweißausbrüchen feststellen zu können – der Beginn der Unterordnung.

Pferde verabscheuen den Geruch des Todes. Wenn ein Pferd vor einem Busch scheut oder sich weigert, in eine bestimmte Richtung zu gehen, ist es nicht unbedingt unartig. Es sei denn, man betrachtet den Selbsterhaltungstrieb als Untugend. Sein Verhalten kann die Reaktion auf den Geruch eines verwesenden Tieres sein (zu schwach, um vom Reiter bemerkt zu werden). Dieser Geruch ruft instinktiv die Furcht hervor, daß derjenige, der dieses Tier tötete, noch immer in der Nähe sein kann.

Auf Turnierplätzen, Rennbahnen oder wo auch immer die Libido das männliche Pferd von seiner Arbeit ablenken und seinen Reiter und Pfleger stören kann, werden ihm stark riechende Salben in die

Nüstern geschmiert, damit es den Geruch von rossigen Stuten nicht wahrnehmen kann. Wenn Sie vorhaben, Ihrem Pferd vor einem Ausritt Wick oder etwas ähnliches in die Nüstern zu schmieren, sollten Sie einmal Ihren Tierarzt nach den langfristigen Auswirkungen fragen, die das auf die Nasenschleimhäute des Pferdes haben kann.

Nachdem sich die Sinnesorgane des Pferdes bis zum jetzigen Niveau entwickelt haben, ist das Pferd interessanterweise nicht in der Lage, die Gefahr in manchen gefährlichen Pflanzen zu riechen. Pferde vergiften sich an Oleander, und auch von Marihuana bekommen sie Vergiftungserscheinungen. Andererseits jedoch gehen sie nicht an Mohn, viele giftige Beerensorten und gefährliche Pilze.

## Geschmackssinn

Als Brother Pete festgestellt hatte, daß sowohl das blaue als auch das grüne Ölfaß an einer anderen Stelle stand, konnte er die Sache nicht auf sich beruhen lassen. Er mußte sich die Fässer erst einmal aus sicherer Entfernung ansehen, um dann zu entscheiden, ob er näher herangehen könnte. Die abschließende Untersuchung bestand aus Beriechen, Anstoßen mit den Nüstern und Berühren mit der Zungenspitze. Für den Rest seines Lebens ignorierte er die Ölfässer, denn er wußte nur zu gut, welch geringe Bedeutung sie für sein Leben hatten und daß sie absolut unwichtig zum Überleben waren.

Neben der Aufgabe zur Identifizierung oder als Mittel zur Selbsterhaltung (was mehr oder weniger das gleiche ist), hat der Geschmackssinn des Pferdes auch eine angenehme Rolle. Obwohl sie bekannt dafür sind, daß sie Gras, Heu und Getreide mögen, sind Pferde verrückt auf Süßes. Melasse versetzt sie in Entzücken. Die Schale von Wassermelonen verfehlt nie ihre Wirkung bei der Versöhnung mit dem Menschen, wie wir noch hören werden. Und natürlich sind Äpfel, Möhren und Pfirsiche immer willkommen. Die meisten Pferde lieben Sprudel und Bier. Manche fressen sich kugelrund, wenn sie auf der Weide Walnußbäume vorfinden. Bonnie's wilder Vollblüter, Moose, war verrückt auf Weintrauben.

# Körperliche Bedürfnisse

Kein Pferd weiß, daß seine Vorfahren seit unzähligen Generationen im Dienste des Menschen gelebt und gearbeitet haben. Mit Ausnahme des Weidegangs ist ihnen nichts anderes bekannt als das natürliche Dasein. Wenn der Mensch darüber nachdenkt, neigt er jedoch dazu, diese Tatsache als zu selbstverständlich zu betrachten und ihr nur wenig Beachtung zu schenken – ein Aspekt der Evolution, das Überleben der Stärksten.

An dieser Tatsache gibt es keinen Zweifel. Wenn wir aber mehr Verständnis im Umgang mit dem Pferd bekommen wollen, sollten wir uns darüber im klaren sein, daß seine grundlegenden Bedürfnisse und Instinkte unverändert sind, obwohl es jahrtausendelang im Dienste des Menschen steht.

Ställe, Boxen, Futter- und Trainingspläne, Sättel, Trensen, Gebisse, Kutschen, Peitschen, Sporen, Springturniere, Galopp- oder Trabrennen und alle anderen Ausrüstungsgegenstände, Verfahren und Aktivitäten der Domestikation dienen ausschließlich der Bequemlichkeit des Menschen und befinden sich nur selten in Einklang mit der Natur des Pferdes. Das Pferd paßt sich an, weil es diese Anpassungsfähigkeit besitzt und es sowieso keine Alternative hat. Aber wer mit Pferden umgeht, bewegt sich auf einem schmalen Grat. Wenn die menschliche Bequemlichkeit zu erdrückend für das Pferd wird, nimmt es an Seele und Körper Schaden. Es kann sogar sterben. Deshalb macht der wahre Experte oft Zugeständnisse an die Bedürfnisse des Pferdes, insbesondere indem er es auf die Weide stellt, wo es Gras fressen kann, unter freiem Himmel schlafen kann und sich auf natürliche Weise regenerieren kann.

In der Natur oder unter ähnlichen Umständen ist die normale Gangart des Pferdes der gemütliche Schritt. Es trabt oder tänzelt nur, um zu imponieren. Es rennt nur, wenn es spielt oder flieht. Es springt niemals über irgend etwas, wenn es sich vermeiden läßt. Es trägt kein Gewicht auf seinem Rücken. Es zieht nichts. Es frißt, wenn es dazu Lust hat und verbringt die Hälfte des Tages damit. Das Leben in einem Stall ist ganz anders. Kein anderes Haustier ist dazu gezwungen worden, derart drastische Änderungen seines Lebensrhythmus zu akzeptieren wie das Pferd.

Mit diesem Wissen im Hinterkopf können wir vielleicht einige der

Probleme besser verstehen, die auftreten, wenn die Bequemlichkeit des Menschen mit den Bedürfnissen des Pferdes kollidiert.

## Futter

Ein kompetenter Pferdehalter geht entsprechend auf die Ernährungsbedürfnisse seiner Pferde ein. In Jahrhunderten gesammelte Erfahrungen sagen dem Fachmann alles, was er über die richtige Art und Kombination von Heu, Getreide, Mineral- und Vitaminzusätzen und besonderen Futtermitteln wissen muß. Unzählige Bücher und Abhandlungen und die endlosen Werbemaßnahmen der Futtermittelhersteller informieren den Fachmann über neue Entwicklungen auf dem Gebiet der Fütterung. Egal, ob es sich bei dem Pferd um ein Schulpferd oder ein Freizeitpferd handelt, das dreimal die Woche geritten wird, um ein Sportpferd im Training oder einen Hengst im Deckbetrieb, sie werden wahrscheinlich alle nach einer anerkannten Rezeptur gefüttert. Wenn das Pferd das frißt, was es bekommt, dann ist es optimal ernährt.

Warum aber machen Stallpferde ein solches Theater zu den Fütterungszeiten? Und warum sind Weidepferde geradezu eine Lebensgefahr für eine unerfahrene Person, die noch nicht gelernt hat, wie man einem Pferd einen Eimer mit Futter geben kann, ohne daß Eifersucht und Terror aufkommen? Und warum schließlich sind Pferdehalter so beschäftigt mit dem Problem des schlechten Fressers (Pferd mit wenig Appetit) wie der gute Fresser mit der nächsten Mahlzeit, wo das Futter sowohl ausreichend als auch nahrhaft genug ist für die physiologischen Bedürfnisse?

Nur wenige dieser Probleme würden so häufig oder so intensiv auftreten, wenn die Pferde auf saftigen Weiden lebten und ganz gemütlich 10 oder 11 Stunden am Tag vor sich hin fressen könnten. Aber die Domestikation verhindert das, und es ist niemandem damit gedient, ständig auf diesem Thema herumzureiten. Riesige Flächen guten Weidelandes sind kaum vorhanden oder bezahlbar. Das gleiche gilt für die Heerscharen von zusätzlichen Angestellten, die nötig wären, um die auf einer solchen Fläche grasenden Pferde einzufangen, damit sie gearbeitet werden können.

Der Stall mit seinen Boxen ist eine nicht zu ändernde Tatsache, ebenso wie die regelmäßigen Fütterungszeiten. Auch die Heuraufen oder -netze, die verhindern sollen, daß viel Heu auf den Boden fällt, sind nicht wegzudenken. In gewissem Maße ist auch das Entstehen von Unruhe und Aufregung zu den Fütterungszeiten nicht zu ändern, wenn viele Stallpferde nicht nur durch ihre Gefangenschaft frustriert sind, sondern auch noch immensen Hunger haben. Der vielzitierte schlechte Fresser, um den sein Besitzer so viel Aufhebens macht, frißt vielleicht schlecht, da er krank ist, Schmerzen hat oder erschöpft ist. Oder er ist einfach der Routine überdrüssig, einschließlich der routinemäßigen Fütterung.

Da man in einem erfolgsorientierten Stall verständlicherweise nicht die Leistungsfähigkeit eines Pferdes riskieren will, versucht man, den schlechten Fresser zu überlisten. Seine Ration wird mit zusätzlichen Leckereien wie z. B. etwas Süßem aufgewertet. Oder dieses Pferd wird häufiger gefüttert. Wenn diese Tricks nicht wirken, wird das Pferd schließlich so lange auf die Wiese gestellt, bis es seinen Gleichmut wieder gefunden hat und damit auch seine Freßlust. In manchen Ställen werden vorbeugende Maßnahmen ergriffen. Dort wird die Routine im Stallalltag aufgelockert durch mehr Gesellschaft, Bewegung oder Spiel, was wir alles noch ausführlich besprechen werden. Eine andere Methode, die aber vollkommen ungeeignet ist für Leistungspferde, wäre, die Pferde dann fressen zu lassen, wenn sie Lust haben – sich rund und dick zu fressen. Andererseits ändert jeder vernünftige Trainer die tägliche Routine und umgeht größere Probleme, wenn es das Pferd beruhigt, täglich vier kleine Mahlzeiten zu erhalten statt der üblichen drei.

Eine Routinemaßnahme sollte bedenkenlos aufgegeben werden, wenn man feststellt, daß dadurch mehr Probleme geschaffen als gelöst werden. Viele Stallbesitzer bringen die Heuraufe so hoch an, daß das Pferd nur an das Heu kommt, wenn es mit hoch gehaltenem Kopf frißt wie eine Giraffe. So spart man Heu. Wenn die Heuraufe tiefer angebracht ist, fällt viel Heu auf den Boden. Andererseits frißt ein Pferd niemals mit hoch erhobenem Kopf. Sobald es ein Maulvoll Heu hat, senkt es sofort den Kopf in eine natürlichere Haltung und beginnt zu kauen. Während es mit hoch gestrecktem Kopf sein Heu aus der Raufe zupft, schluckt und/oder inhaliert das Pferd leider viel Staub und Luft, was zu Verdauungs- und Atemwegsproblemen führen kann, die wesentlich kostspieliger sind als verstreutes Heu.

## Wasser

Obwohl der Bedarf je nach Jahreszeit, Lufttemperatur und der Art der Beanspruchung variiert, braucht ein Pferd grundsätzlich eine Menge Wasser. In Ställen, wo ganz streng mit dem Wasser gehaushaltet wird und die Pferde aus dem Eimer getränkt werden, kann es gelegentlich dazu kommen, daß ein Pferd austrocknet. Zur modernen Stalleinrichtung gehören Selbsttränken, die das durstige Pferd selbst durch Druck mit der Nase auf einen Hebel oder eine Platte betätigen kann.

Die alte Redensart von einem Pferd, das zum Wasser geführt wird, aber nicht dazu gebracht werden kann zu trinken, hat in den allermeisten Ställen keine Gültigkeit. Auf der ganzen Welt verwehrt man einem überhitzten Pferd den freien Zugang zu Wasser. Wenn es ihm möglich wäre, würde ein solches Pferd sich sprichwörtlich zu Tode trinken. Dieser offensichtliche Schwachpunkt im Selbsterhaltungstrieb wird häufig als Beweis dafür gewertet, daß das Pferd keine Intelligenz besitzt. Welches vernünftige Lebewesen würde sich selbst zu Tode trinken?

Zweifellos würde es weniger Ärger geben und das Pferd wäre angesehener, wenn es sich weigern würde, zu viel bzw. sich regelrecht zu Tode zu trinken. Aber wie schon gesagt, ein Pferd ist ein Pferd. Es trinkt zu viel Wasser, wenn es sich bei seiner Arbeit zu stark erhitzt hat, denn nichts in der Evolution hat es auf eine solche Situation vorbereitet. Wir haben schon erwähnt, daß ein Pferd normalerweise nicht rennt, es sei denn beim Spielen oder wenn es flieht. Unter der Leitung des Menschen rennt ein Pferd schneller und weiter als üblich. Seine Natur verlangt dann, daß es seinen Wasserhaushalt so schnell wie möglich wieder normalisiert, aber es gibt keinen Regler, der die Wasseraufnahme begrenzt. Noch eine weitere Beobachtung bezüglich Wasser, Instinkt des Pferdes und Verhalten des Menschen: Wenn es freien Zugang zu Salz hat, leckt ein Pferd immer nur genau so viel, wie es braucht, um das zu ersetzen, was seine Körpersysteme über den Schweiß verloren haben. In manchen Ställen wird dieses Bedürfnis aber einfach ignoriert. Man sieht viel zu viele Pferde mit eingezogenem Bauch und eingefallenen Flanken, dem typischen Zeichen für Dehydration. Man kann das sogar auf Rennbahnen beobachten, besonders bei warmem Wetter. In manchen Fällen kommt es zu diesem Zustand nicht nur durch Salzmangel oder unzureichende Wasseraufnahme, sondern durch den Einsatz von Medikamenten, die das Absetzen von Urin fördern. Diese Diuretika beugen einem Riß der pulmonaren Blutgefäße und der daraus folgenden Blutung vor, worunter einige wenige Pferde leiden, wenn sie überbeansprucht werden. Dieses Bluten beendet die sportliche Aktivität, da die Luftwege des Pferdes versperrt sind. Wir überlassen dem Leser die Entscheidung, ob es besser ist, a) ein Pferd ins Rennen zu schicken, das durch Austrocknung geschwächt ist, oder b) es aus dem Sport zu nehmen, weil es blutet.

## Schlaf

Wenn es sich rundherum sicher fühlt, legt sich ein gesundes erwachsenes Pferd flach hin und schläft jede Nacht tief. Wenn es durch Krankheit, Verletzung, Deckenbeleuchtung, Autolichter, laute Lkws oder Radios oder die Ankunft eines neuen Pferdes im Stall gestört wird, kann es nicht schlafen. Unruhige Pferde legen sich nie hin. Sie haben es in ihren Erbanlagen und es ist auch verständlich: Liegende Pferde sind einem Angriff hilflos ausgeliefert.

Manch ein schlechter Fresser hat seinen Appetit und sein glänzendes Fell wieder gewonnen, nachdem unvernünftige Pfleger entlassen wurden, deren nächtliche Parties es den Pferden unmöglich gemacht hatten zu schlafen. Denjenigen, die gern Ähnlichkeiten zwischen Menschen und Pferden finden, wird es sicherlich gefallen, daß diese Tiere genau wie wir ihren Schlaf brauchen.

Wenn sie dazu kommen, dösen erwachsene Pferde in bestimmten Zeitabständen über den ganzen Tag verteilt, wobei sie ruhig stehen mit entspanntem Hals, gesenktem Kopf, hängenden Ohren und halb geschlossenen Augen und gelegentlich mit dem Schweif nach Fliegen schlagend. In einer besonders sicheren und ruhigen Umgebung schlafen sie manchmal in einer halbliegenden Stellung, so daß sie schnell wieder aufstehen können. Die Vorderbeine sind unter den Körper gezogen, und die Hinterbeine berühren den Bauch. Das meiste Gewicht lastet auf dem Bauch und einer Hüfte. Die Nase ruht meist auf einem Teil eines eingeknickten Vorderbeins. In dieser Haltung kann die Entspannung in einen leichten Schlaf übergehen.

Fohlen und Jährlinge brauchen mehr Schlaf als ausgewachsene Pferde. Während des Tages legen sie sich von Zeit zu Zeit ganz ausgestreckt auf den Boden und schlafen tief, während die Mütter oder andere erwachsene Pferde in der Nähe wachen. Man könnte meinen, daß weiches Gras eine bevorzugte Schlafstätte für das Pferd sei. Aber Pferde fressen das Gras nur. Darauf schlafen tun sie nur ungern. Sie bevorzugen vielmehr einen offenen Bereich trockener Erde, und wenn nötig scharren und stampfen sie so lange auf dem Gras herum, bis es eine geeignete Schlafstätte abgibt. Ihre Haushaltsführung ist eigentlich logisch. Sie benutzen einen Bereich zum Schlafen, einen anderen zum Fressen und einen weiteren zur Körperpflege. Genau dasselbe tun sie, wenn sie in einer Box eingesperrt sind. Sie leiden sehr darunter, wenn der Boden nicht regelmäßig und gründlich gesäubert wird und der Schlafbereich nicht trocken ist.

Obwohl eine Scheune Schutz bietet, mögen Pferde sie weder noch brauchen sie sie. Sie gewöhnen sich nur daran. Am wohlsten fühlen sie sich unter freiem Himmel, und sie schlafen besser, wenn Geruchssinn und Gehör nicht durch Dächer und Wände behindert werden. Wenn sie in einem Unterstand ohne Dach gehalten werden, gefällt es ihnen schon besser. Als in Turf Paradise solche Gatter gebaut wurden, um den Andrang in den Scheunen zu beenden, waren die Trainer von der Arizona-Rennbahn nicht sonderlich begeistert von dieser Konstruktion. Menschen ziehen es vor, mit einem Dach über dem Kopf zu arbeiten, besonders bei schlechtem Wetter.

## Bewegung

Nichts bringt den Sonntagsreiter mehr in Wut, als wenn der die ganze Woche lang herbeigesehnte Ritt durch das schlechte Benehmen seines Pferdes zunichte gemacht wird. Die Hauptursache dieses Problems ist die Reaktion des Pferdes auf den Bewegungsmangel während der anderen sechs Tage der Woche, wo sich sein Reiter nicht blicken ließ. Weitere Gründe werden an anderer Stelle in diesem Buch besprochen.

Ungeachtet der Rasse oder der Aufgabe, hat das Pferd einen großen Bedarf an Bewegung, und zwar täglich. Es braucht Bewegung für sein körperliches und seelisches Wohlbefinden. Im Paddock oder auf der Weide bewegt sich das Pferd selbst. Im Stall ist es auf die Hilfe des Menschen angewiesen – und bekommt sie nicht immer.

Reitpferde müssen nicht unbedingt unter dem Sattel bewegt werden, aber sie brauchen ausreichend Gelegenheit, umherzustreifen und alles zu inspizieren, wobei sie sich die Beine vertreten. Wenn ein Pferd zu lange steht, wird es leicht sauer und unlustig.

Selbst wenn es täglich geritten wird, geht ein junges Pferd, das im Stall gehalten wird, besser, wenn es vorher eine Viertelstunde frei herumgaloppieren kann. Es rennt seine Runden, buckelt ausgiebig und sucht sich eine schöne Stelle zum Wälzen. Danach ist genügend Zeit zum Putzen und Satteln. Diese Vorgehensweise hat wahrscheinlich wenig Einfluß auf die Leistung eines Pferdes, das tagelang eingesperrt ist. Für ein solches Pferd ist die einzige Lösung, es auf die Weide zu stellen oder ein tägliches Trainingsprogramm aufzustellen. Die Kosten und/oder Unannehmlichkeiten eines solchen Plans dankt das Pferd einem mit Gesundheit und Umgänglichkeit.

Jedes Pferd wälzt sich gern. Dieses Ritual bedeutet mehr als Bewegung; es ist wichtig für die Körperpflege, womit wir uns im folgenden beschäftigen wollen.

## Pflege

In einer Pferdeherde pflegen die Mitglieder einander in Zweiergruppen Haut und Fell. Sie knabbern abgestorbene Haut und lose oder verfilzte Haare ab, kümmern sich um juckende Stellen, legen Poren frei, damit Schweiß abtransportiert werden kann und entfernen Fremdkörper, die die lebenswichtigen Nervenenden der Haut abstumpfen lassen.

Stuten putzen ihre Fohlen oft und kräftig. So bleiben die Kleinen nicht nur sauber, sondern sie verstärken das soziale und emotionale Vertrauen in den Tastsinn. Kurz darauf, wenn die Fohlen ihr Fohlenfell verlieren (ein juckender Vorgang), pflegen sie sich gegenseitig und bemühen sich eifrig um die Freundschaft mit dem Menschen, der bereit ist, sie zu kratzen.

Während seines ganzen Lebens, egal ob auf der Weide oder im Stall, braucht das Pferd eine gewisse Körperpflege für sein körperliches Wohlbefinden und das seelische Gleichgewicht. Wenn das Stallpersonal sich nicht um die Pflege kümmert, versucht das Pferd, sich zu helfen, indem es sich an Wänden, Pfählen und Zäunen scheuert, wobei es oft Schaden anrichtet oder sich selbst verletzt und schlimmer noch, mit dem Menschen Schwierigkeiten bekommt, der ihm dann Untugenden vorwirft. In erfahrenen Händen verbessert sich durch gründliches Putzen das Verhältnis zum Pferd, es gibt ihm mehr Selbstvertrauen und unterstützt wirkungsvoll eine erfolgreiche Ausbildung.

Selbst wenn es von seinem Pfleger geputzt wird und von Zeit zu Zeit von einem anderen Pferd, behält sich jedes Pferd gewisse Rechte auf Körperpflege vor. Nichts genießt es mehr als sich zu wälzen, vorzugsweise im Schlamm, aber Sand oder Staub tun es auch. Die Reibung hat eine beruhigende Wirkung auf die Haut, und lose Hautpartikel, Schweiß und verfilzte Haare werden losgescheuert. Nachdem es sich im Schlamm gewälzt hat, sieht das Pferd für den unwissenden Betrachter entsetzlich aus, aber es ist absolut entspannt. Wenn der Schlamm getrocknet ist, wird die Prozedur vervollkommnet, und es wälzt sich noch einmal im Dreck und schüttelt dann das meiste des getrockneten Schlamms ab. Das ganze ist vergleichbar mit einer Schlammpackung in einem Schönheitssalon und genauso effektiv wie eine Stunde gründliches Putzen mit einer harten Bürste.

Das Bedürfnis, sich zu wälzen, ist am stärksten nach einem harten Ritt oder langem Eingesperrtsein. Ein erhitztes Pferd, das sich im Sand wälzen darf, kann sich schneller von Schweiß befreien und entspannen, als wenn der Betreuer es in einem Cooler herumführt und es ab und zu etwas Wasser trinken läßt. Wenn es sich bei einem solchen Anlaß nicht wälzen darf, wird manch ein Pferd neurotisch. Selbst wenn es todmüde ist, schläft es unruhig. Selbst wenn es sehr hungrig ist, frißt es schlecht.

Eine ganz besondere Freude ist es für einige Pferde, sich in einem Fluß, am Ufer eines Sees oder in der Brandung zu wälzen. Das glückliche Tier legt sich auf dem Rücken ins flache Wasser, Beine in die Luft, strampelnd und grunzend vor Vergnügen. Dann springt es wieder auf die Beine und schüttelt das Wasser ab wie ein Hund. Das Verlangen, sich zu wälzen, ist für ein erhitztes, erschöpftes Pferd so groß, daß ein erfahrener Reiter weiß, was ihn erwartet, wenn er an einem Fluß oder Ufer anhält. Der unerfahrene Reiter nimmt ein unfreiwilliges Bad.

Wenn ein Pferd sich nicht oft genug wälzen kann, wird es versuchen, dies in seiner Box zu tun. Der Preis, den man für seine Ignoranz zahlen muß, ist unter Umständen ein totes Pferd, das sich in seiner Box festgelegt hat. Das passiert, wenn das Pferd bei dem

Versuch, sich zu wälzen, mit angezogenen Beinen vor einer Wand liegen bleibt und nicht mehr auf die Beine kommt. Durch die Behinderung von Atmung und Kreislauf kommt es zu Lähmungen und Tod.

Zwei weitere Bemerkungen zum Thema Wälzen: Auf Rennbahnen, wo regelmäßig Urinproben genommen werden, um zu überprüfen, ob die Leistungen durch illegale Medikamente beeinflußt wurden, muß oft Stunden gewartet werden, bis die Proben genommen werden können. Wenn das Rennpferd sich jedoch erst wälzen darf, bevor es abkühlt, ist es viel entspannter und die Urinprobe kann prompt genommen werden.

Manche Pferde können sich nur auf jeweils einer Seite wälzen, aber nicht von einer auf die andere Seite rollen. Um sich auf der anderen Seite wälzen zu können, müssen sie aufstehen und sich auf die gewünschte Seite legen. Ein gelenkigeres Pferd führt das ganze Ritual ohne Unterbrechung durch. Der clevere Käufer von »Pferdefleisch« schätzt diese Fähigkeit.

## Lebensraum

Wir haben das Bedürfnis des Pferdes nach verschiedenen Stellen zum Fressen, Schlafen und Misten schon erwähnt. Wie andere körperliche Bedürfnisse wird das unbefriedigte Bedürfnis nach Lebensraum ein seelisches Problem. Es tritt meist zutage in einem schlecht geführten Stall mit unsauberen Boxen. Ein Pferd beantwortet diese Art von Freiheitsberaubung in der gleichen Weise wie andere auch – mit Widersetzlichkeiten und schlechten Leistungen.

Während einige Pferde sich gut damit abfinden, in einem ordentlich geführten Boxenstall zu stehen, kann man mit Sicherheit davon ausgehen, daß jedes Pferd einen Paddock der Box und eine Weide dem Paddock vorzieht. Extremfälle gewöhnen sich nie richtig an das lange Eingesperrtsein, auch nach Tausenden von Jahren nicht. Die Anzeichen dafür kann man besonders gut bei einer Stute beobachten, die kurz vor dem Abfohlen ist. Sie fühlt, daß sie mehr Platz braucht, als ihr zur Verfügung steht, und sie fängt plötzlich an, andere Stuten zu verscheuchen und geht sogar ihrem alten Freund, dem Hofhund, an den Kragen. Wenn die Bequemlichkeit des Menschen ihr vorschreibt, ihre Trächtigkeit in einer Box zu beenden, dann leidet sie vor sich hin. Sie ist kein Roboter. Es geht ihr viel besser, wenn sie nach draußen kann, wo sie mit Sicherheit ein trockenes Plätzchen finden wird, um sich hinzulegen und auf natürlichere und bequemere Art zu gebären.

Pferde mit auffällig entwickelten Gebietsansprüchen sind schwierig im Umgang. Durch ihr schlechtes Temperament gelten sie als Verbrecher. Selbst wenn sie sich auf einer Weide frei bewegen können, jagen sie jeden sich nähernden Menschen oder Pferd davon. Sie gehen sogar auf die Vögel los, die es wagen, in ihrem Gebiet zu landen. Man kann davon ausgehen, daß manche Pferde so geboren werden. Eine logischere Annahme ist jedoch, daß viele so geworden sind als Reaktion auf die »Freiheitsberaubung«.

Später werden wir sehen, daß das effektive Training eines schwierigen Pferdes besondere Aufmerksamkeit und das Respektieren seines Platzbedarfs erfordert. Eine äußerst energische oder aggressive Person, die dem Pferd zu schnell zu nahe kommt und in seine Privatsphäre dringt, ohne von ihm dazu eingeladen worden zu sein, wird es kaum zu einer guten Leistung bringen.

# Geistige und soziale Eigenschaften

Nun kommen wir zum Kern der Sache. Der Verstand des Pferdes ist besser als allgemein angenommen. Zu seinen Fähigkeiten gehören ein gutes Gedächtnis, sensible Auffassungsgabe, große Neugier, überraschende Findigkeit, beachtliche Geselligkeit, wie z. B. Verspieltheit, Besorgnis, selektive Freundlichkeit und sogar Sinn für Ungerechtigkeit.

Zur Untermauerung dieser Behauptungen geben wir Ihnen Fakten, die für alle Pferde gelten. Diese Fakten zeigen, daß ein Pferd mehr geben kann als drei durchschnittliche Reiter oder Betreuer in der Lage sind, aus ihm zu holen. Seine großzügige Antwort auf gute Behandlung ist eine Funktion seiner Mentalität und Neigungen. Genauso ist es eine Antwort auf schlechte Behandlung, wenn das Pferd sauer und unsicher wird und allgemein schlechtere Leistungen zeigt.

Wir glauben, daß die Unterschiede zwischen dem Verstand des

Menschen und dem des Pferdes weder so groß noch so tief sind, wie immer behauptet wird. Aber, um noch einmal ein zentrales Thema dieses Buchs aufzugreifen, der Unterschied ist enorm. Das Pferd ist nicht, wie Sentimentalisten sagen, »fast ein Mensch«, und man kann es nicht verstehen, solange man es nicht als das sieht, was es ist – ein Pferd.

# Ängste

Von allen Haustieren wird das Pferd am häufigsten von hysterischer Angst überfallen. Die Angstreaktion ist ein Teil seines evolutionären Erbes – seine sinnesmäßigen Wahrnehmungen und der Selbsterhaltungstrieb. Bestimmte Dinge erwecken in nahezu jedem Pferd Angst. Unglückliche Erfahrungen hinterlassen einen bleibenden Eindruck im Gehirn des Pferdes. Deshalb versucht der erfahrene Pferdemann, Erfahrungen dieser Art zu vermeiden bzw. sie zu neutralisieren, falls es sie doch macht. Im folgenden besprechen wir die Ängste, die jedes Pferd bekommen kann:

### Verlust des Gleichgewichts
Da es Angreifern gegenüber hilflos ausgeliefert ist, wenn es liegt, legt sich ein gesundes Pferd nur dann hin, wenn es sich sicher fühlt. Aus demselben Grund zögert es, auf unbekanntem Boden sein Gleichgewicht zu riskieren. Wenn es zum ersten Mal vor einer Holzbrücke steht, wird jedes normale Pferd ängstlich. Es muß das fremde Material mit seinen Hufen untersuchen, bevor es sich mit seinem ganzen Gewicht darauf stellt und riskiert, sein Gleichgewicht zu verlieren. Wenn der Reiter klug ist, steigt er ab und das Pferd untersucht die Oberfläche. Es läßt sich über die Brücke und zurück führen und überquert sie dann willig mit dem Reitergewicht auf dem Rücken.
Ähnlich weigert sich ein Pferd, wenn es zum ersten Mal einen Trailritt durch gebirgige Gegend mit erschreckend losen Steinen macht. Wenn man ihm nicht die Gelegenheit gibt, sich an die neuen Bodenverhältnisse zu gewöhnen, kann es sein, daß dieser Ritt nicht ohne Verletzungen von Pferd und Reiter abgeht. Selbst wenn es zum Schluß seine Angst vor dem Geröll verliert, kann es sein, daß diese erste schlechte Erfahrung sich nachteilig auf seine allgemeine Einstellung auswirkt.

Die Angst zu stürzen ist einer der Gründe für die miserable Leistung vieler Rennpferde, wenn sie zum ersten Mal auf tiefem oder sehr weichem Boden laufen. Die landläufige Meinung ist, daß man eben nie wisse, wie ein Pferd ein Rennen auf rutschigem Boden laufe, bevor es zum ersten Mal bei diesen Bodenverhältnissen gelaufen ist. Kluge Trainer wissen das besser. Sie lassen ihre Pferde frei auf dem tiefen Geläuf herumlaufen, so daß sie ausgiebig Gelegenheit haben, sich mit den ungewohnten Bodenverhältnissen vertraut zu machen. Danach akzeptieren die Pferde auch die zusätzliche Belastung durch das Gewicht eines Arbeitsreiters bei der weiteren Ausbildung, wozu auch gehört, das Abkommen aus der Startbox an einem Tag zu üben, wo der Boden tief ist. Ob das Pferd bei tiefem oder sehr weichem Boden gut läuft, weiß der Trainer jetzt mit Sicherheit. Aus demselben Grund werden in siegreichen Ställen die jungen Pferde auf tiefem Boden mit speziellen Stollen, den sogenannten »mud caulks«, trainiert (damit die Eisen mehr Griff auf nassem, rutschigen Boden haben), bevor man von ihnen erwartet, daß sie damit ein Rennen bestreiten. Es ist nicht bekannt, wie viele junge Pferde durch das schreckliche Erlebnis vollkommen ruiniert worden sind, weil sie ihre erste Bekanntschaft mit tiefem Boden gleich unter Rennbedingungen und zum ersten Mal mit mud caulks machen mußten. Mit derartigen Handicaps kämpft das junge Pferd um sein Gleichgewicht, schlägt sich wahrscheinlich ein Bein mit einem Stollen auf und kann sich glücklich schätzen, wenn es nicht stürzt. So etwas bleibt im Gedächtnis haften.

Wenn es von einem Berglöwen angegriffen wird, der von einer Klippe oder einem Baum auf seinen Rücken springt, wäre die beste Verteidigung, sich auf den Rücken fallen zu lassen und dabei den Angreifer zu erdrücken. Aber kein Pferd tut das. Stattdessen versucht es zu fliehen. Warum aber steigt ein wütendes Pferd absichtlich und fällt nach hinten über auf einen schlechten Reiter? Der Unterschied liegt darin, daß das Pferd beim Löwen die Absicht zu töten erkennt und instinktiv unfähig ist, sich hinzuwerfen. Stattdessen versucht es, den Löwen an einem Baum abzustreifen, während es rennt, buckelt, herumwirbelt und steigt. Den Menschen sieht es in einem anderen Licht. Der Reiter ist nicht auf seinem Rücken, um es zu töten. Wenn ein Pferd durch irgendeine Eigenschaft seines Reiters sehr verärgert ist, kann es sein, daß es einen kurzen Sturz riskiert, um den lästigen Reiter loszuwerden.

**Unbekannte Dinge**

Ein Pferd neigt dazu, so lange zu glauben, daß etwas gefährlich ist, bis es sich davon überzeugt hat, daß es harmlos ist. Wir haben gesehen, daß seine Haltung gegenüber unbekannten Bodenverhältnissen mit seiner immensen Angst vor einem Sturz zusammenhängt. Aber es verhält sich ähnlich in einer neuen Umgebung oder wenn es von einem unbekannten Geräusch oder Geruch oder dem Anblick eines unbekannten, sich bewegenden Objekts erschreckt wird. Wenn der Betreuer sein Vorhaben nicht vorübergehend aufgibt und es dem Pferd ermöglicht, sofort dem Auslöser seiner Angst auf den Grund zu gehen, wird es immer problematischer. Zum Beispiel ist eine mögliche Art, einem Pferd beizubringen, daß es vor raschelndem Papier nicht zu scheuen braucht, es auf die Brust zu schlagen. Es kann sein, daß das Pferd lieber aufhört, vor Papier zu scheuen als weiter geschlagen zu werden. Aber es hat weiterhin vor dieser Sache Angst und obendrein wächst die Ablehnung gegen die Person, die es geschlagen hat. Es zahlt sich jedoch aus, sofort die Arbeit zu unterbrechen, das störende Stück Papier aufzuheben, es zusammenzuknüllen und herumzuwerfen, damit das Pferd sehen kann, wie harmlos es ist. Dann läßt man es daran riechen, und es wird feststellen, daß diese Papierkugel nach dem eigenen, wohlbekannten Reiter riecht. Nach ein paar Demonstrationen dieser Art wird das Pferd aufhören, auf diese störende Art und Weise zu scheuen. Manch ein Pferd bekommt soviel Vertrauen, daß es überhaupt nicht mehr scheut und einfach jedes Stück Papier ignoriert und weiter arbeitet. In den folgenden Kapiteln gibt es noch zahlreiche weitere Beispiele dafür, daß es immer besser ist, mit dem Pferd zusammenzuarbeiten – unter Berücksichtigung seines Entwicklungsstandes –, als es für seine Natur zu bestrafen.

**Raubtiere**

Auch wenn ein Pferd noch nie in seinem Leben eine Schlange oder eine große Wildkatze gesehen hat, wird es sich mit Sicherheit davor fürchten, wenn es zum ersten Mal einem solchen Tier begegnet. Der bloße Geruch einer Großkatze reicht sogar schon aus, um es in Panik zu versetzen. Wenn Zirkuspferde die Gegenwart von Tigern tolerieren, dann nur deshalb, weil ihre Nüstern in den Jahren ihrer Ausbildung mit stark riechenden Salben vollgeschmiert wurden, so daß sie den abstoßenden Geruch nicht mehr wahrnehmen können. Auch bei großen, raubtierähnlichen Hunden werden Pferde unruhig. Mißtrauisch betrachten sie einen Deutschen Schäferhund oder einen Dobermann, aber einen Collie akzeptieren sie ganz schnell. Pudel und andere kleine Hunde werden fast gar nicht wahrgenommen. Wenn ein solcher Hund in die Nähe eines Pferdes gerät, beriecht es den flauschigen Ball, einfach um herauszufinden, was es ist. Eine freundliche Deutsche Dogge erweckt große Neugier. Das Pferd hält sie schlichtweg für ein Zwischending zwischen Hund und Pony, aber hat normalerweise keine Angst davor.

## Das Hinterhauptbein

Hierbei handelt es sich um einen losen Knochen zwischen den Ohren. Durch einen kräftigen Schlag kann er ins Gehirn dringen und das Pferd töten. Instinktiv versucht ein Pferd, diese empfindliche Stelle zu schützen. Daher kann es durchdrehen, wenn es auf einen Hänger oder Lkw mit niedrigem Dach zugeführt wird, besonders wenn es sich bei einer ähnlichen Gelegenheit schon einmal den Kopf gestoßen hat. In solch einem Fall ziehen einige Leute ihrem Pferd einen Kopfschutz an, um es vor Verletzungen zu schützen und ihm hoffentlich die Angst zu nehmen.

Wenn alle Versuche fehlgeschlagen sind, einem solchen Pferd Manieren beizubringen, gibt es als verzweifelten letzten Ausweg die Möglichkeit, dem Pferd mit einer zerbrechlichen Weinflasche gefüllt mit einem bißchen Sand und warmem Wasser auf das Genick zu schlagen. Das hat dramatische Auswirkungen. Wenn die Flasche zerbricht und die warme Flüssigkeit seinen Kopf herunterrinnt, wird aus dem wilden Pferd ein zitterndes Wrack. Der angedeutete Versuch, das ganze zu wiederholen, reicht meistens aus, um fortgesetzte Widersetzlichkeiten zu beenden. Durch die extreme Methode mit der Flasche wird das Pferd aufmerksam und gefügig, aber das ist kaum die Grundlage für eine produktive Beziehung.

Ein Pferd steht ruhig in seiner Box, den Kopf hält es aus der Tür. Ein Besucher, der es gut meint, nähert sich und versucht, das Pferd zwischen den Augen zu streicheln. Um die Hand sehen zu können, muß das Pferd den Kopf heben und wenn es groß genug ist, schlägt es nun mit dem Genick am Türrahmen an. Dieses Erlebnis macht das Pferd kopfscheu und wenig empfänglich für zukünftige Streicheleinheiten, wenn es in seiner Box steht. Das gleiche passiert, wenn ein Pfleger seine Pferde auf den Kopf schlägt, um sie vom Holznagen abzuhalten.

**Wasser**

Nur wenige Pferde lernen, gern zu schwimmen, und selten gehen sie ins tiefe Wasser, ohne daß sie beim ersten Mal äußerst vorsichtig wären. Möchte der Reiter mit seinem Pferd zum ersten Mal im Leben einen Fluß durchqueren, so kann er dies auf zwei verschiedene Arten machen. Die erste ist Zwang und hinterläßt ihre Spuren. Der zweite Weg dauert auch nicht länger, ist aber viel konstruktiver: Der Reiter steigt ab und zeigt dem Pferd, daß ein Fluß eine tolle Sache ist. Dazu gehören gewisse Unannehmlichkeiten, wie ins Wasser gehen, herumplanschen und fröhliche Laute von sich geben. Wenn das Pferd schon gelernt hat, seinem Reiter zu vertrauen, was wahrscheinlich der Fall ist bei jemandem, der Probleme auf diese Art und Weise löst, dann wird es nun seinen Huf ins Wasser setzen, ohne daß es eines körperlichen Zwanges bedarf. Der Rest folgt einfach ohne weitere Probleme.

**Tod**

Wir haben schon davon gesprochen, daß Pferde sich weigern, sich einem verwesenden Kadaver zu nähern. Der Geruch ist viel eindringlicher für ein Pferd als für seinen Reiter. Der Anblick des Todes ist ebenso unwillkommen. Wenn ein Pferd auf der Weide stirbt, bleiben die anderen so weit wie möglich von dem Kadaver weg, wie sie nur können. Wahrscheinlich verbinden sie jede Art von Tod mit dem Angriff eines Raubtieres und fürchten, daß es immer noch in der Nähe sein könnte.

Weniger einfach läßt sich erklären, warum ein Pferd hysterisch in seinen brennenden Stall flüchtet, anstatt sich von der Gefahrenquelle zu entfernen. Viele Pferde sind schon gestorben, weil sie ihre Betreuer umrannten, um sich in die Flammen und den Rauch zu stürzen. Andererseits gehen sie einem Feuer, das woanders ausgebrochen ist, aus dem Weg.

Dieses schreckliche Phänomen ist nicht nur ein Unterschied in der Intelligenz von Mensch und Pferd, sondern kann ein Nebenprodukt der Domestikation sein. In der natürlichen Umgebung des Pferdes gibt es keine Ställe. Für das Haustier Pferd aber sind sie das Zuhause. Verrückt geworden durch die Schreie von verbrennenden Pferden und dem überwältigenden Lärm der Feuerwehrmänner befreien sich die in Sicherheit gebrachten Pferde und rasen nach Hause.

**Angst und Erinnerungsvermögen**

Wenn dem Pferd nicht geholfen wird, seine Angst zu überwinden, wird es für immer von dieser Angst geschüttelt und noch schlimmer, wenn es wieder mit der Sache konfrontiert wird. Je öfter es dieses Erlebnis hat und Maßnahmen unterlassen werden, ihm die Furcht zu nehmen, desto tiefer sitzt die Angst und desto größer werden die Probleme. Das Erinnerungsvermögen eines Pferdes ist außerordentlich gut.

# Gedächtnis

Am dritten Lebenstag von Sissy Fashion arbeitete ein Mann auf der Weide. Das Fohlen hielt sich wankend an der Seite seiner grasenden Mutter. Der Mann befand sich auf der anderen Seite. Irgendetwas störte die Stute, und sie begann, herumzuspringen. Bei dem vernünftigen Versuch, ihr aus dem Weg zu gehen, kollidierten der Mann und das Fohlen. Das Fohlen fiel der Länge lang hin. Sechs Jahre später war Sissy Fashion selbst eine der Zuchtstuten auf der Ranch, d. h. genau genommen war sie die Leitstute der Stutenherde. Jedes Mal, wenn der Mann, der sie einst umgeworfen hatte, auf die Weide kam, versuchte sie, in seine Nähe zu kommen und ihn zu treten. Sie haßte ihn. Seit ihrem dritten Lebenstag hatte sie ihn zutiefst gehaßt. Ansonsten war sie eine ruhige und freundliche Stute.

Don Loudon hatte stets großen Wert darauf gelegt, daß seine Pferde einfach im Umgang waren. Sie kannten ihn seit ihren ersten Lebenstagen als ein Wesen von enormer Größe und Kraft. Er ging ungewöhnlich liebevoll mit seinen Fohlen um, und sie akzeptierten ihn als vertrauenswürdigen und überlegenen Freund. Wenn er später einmal das erste Mal auf ein Pferd stieg, das auf seiner Ranch geboren und aufgewachsen war, gab es kein Bocken, Schreien und ähnliches Theater, wie man es von den Cowboy-Filmen gewohnt ist. Stattdessen drehte das Pferd einfach seinen Kopf erstaunt nach hinten, um sehen zu können, was zum Teufel sein Freund da oben wohl mache. Da es keinerlei schlechte Erinnerungen in Verbindung mit Don hatte, akzeptierte das junge Pferd Don's Gewicht, ohne sich dagegen zu wehren oder sich davor zu fürchten. Ein Pferd, das ohne so viel Verständnis aufgewachsen ist, ist eine andere Sache. Genau wie ein unglückliches Kind zurückschreckt, wenn ein erwachsener

Mann die Hand hochhebt, so reagiert auch ein Pferd auf den Anblick, ein Geräusch, eine Berührung oder den Geruch, der es an eine schlechte Erfahrung erinnert. Obwohl die Sache schon vor Jahren im Gedächtnis gespeichert wurde, reicht die kleinste Erinnerung daran aus, das Pferd sofort in Aufregung zu versetzen.

Vor einiger Zeit gab es auf der Turf-Paradise-Rennbahn einen Vollblüter, der eigentlich ein paar Rennen hätte gewinnen müssen, aber immer höchstens als Dritter einlief, meist sogar noch weiter hinten. In jedem Rennen verlangsamte er sein Tempo ein paar Meter vor dem Schlußbogen. Das machte er sogar bei der Morgenarbeit so. Gemäß den üblichen Methoden im Rennsport, wurden seine Reiter instruiert, dem Pferd im Schlußbogen die Peitsche zu geben, damit es »mit seinen Gedanken bei der Arbeit bleibt«. Das funktionierte jedoch nicht. Das Pferd verkürzte seine Galoppsprünge, Peitsche hin oder her, und gab nicht gerade sein Bestes, bis es wieder auf der Geraden war, die zur Ziellinie führte. Es gelang ihm aber nie, dann noch an die Spitze vorzustoßen.

Um ein solches oder ähnliches Problem zu lösen, muß man die Ursache kennen. Wenn das nicht der Fall ist, ist es wichtig, die verschiedenen Arten von unangenehmen Erinnerungen zu kennen, in die das Problem passen könnte. Als Bonnie das »teure« Verhalten dieses Pferdes mit seinem verblüfften Trainer besprach, meinte sie, es könnte sein, daß das Pferd in seiner Laufbahn auf irgendeiner Rennbahn während des Trainings oder während eines Rennens ein erschütterndes Erlebnis auf dem Schlußbogen gehabt haben könnte. Vielleicht ist es einmal an die Rails gekommen oder gestrauchelt oder es ist in ein gestürztes Pferd gelaufen oder hat sich an einem Loch verletzt.

Sie versicherte dem Trainer, daß Pferde in den seltensten Fällen derartige Schrullen haben, sondern sie setzen sich lediglich auf ihre Art mit ihrem oft schwierigen Leben auseinander. Sie teilte ihm mit, daß die Peitsche das Pferd nicht von seiner Angst ablenken könnte. Stattdessen stellte der Gebrauch der Peitsche neben seinen seelischen Qualen noch körperliche Unannehmlichkeiten dar, denn das Pferd änderte sein Verhalten nicht und der Rennverlauf blieb enttäuschend. Sie empfahl, daß die Jockeys keinen Gebrauch mehr von der Peitsche machen sollten und es vielmehr mit Stimme und Hand auf dem Schlußbogen ermuntern sollten. Da er nichts mehr zu verlieren hatte, entschied sich der Trainer für diese neue Taktik. Nach drei Wochen und drei weiteren sieglosen Rennen gewöhnte

sich das Pferd offensichtlich an die positiven Erlebnisse im Schlußbogen. Eines Tages verlangsamte es sein Tempo nicht mehr, sondern lief weiter und gewann.

Unangenehme Erlebnisse führen zu schlechten Erinnerungen und
großen Problemen, und positive Erfahrungen haben die gegentei-
lige Auswirkung. Ein Pferd, das gezwungen wird, in einen Hänger
zu gehen, obwohl es Angst hat vor dem unbekannten Gefährt, wird
generell Angst vor Hängern bekommen und diese Angst so lange
behalten, bis sich jemand die Mühe gibt, es »umzuerziehen« – eine
langwierige Angelegenheit. Es kann sogar ganz unmöglich sein,
wenn das Verhalten schon zu sehr in Fleisch und Blut übergegangen ist. Wird ein Pferd jedoch richtig an eine neue, fremde Sache
herangeführt, ist es bereit, diese Angelegenheit als einen normalen
Bestandteil seines Lebens zu akzeptieren. Sollte dem Pferd nun
etwas in dem Hänger passieren, wären die Auswirkungen nicht
katastrophal. Die früheren Erfahrungen dominieren. In einem der
folgenden Kapitel werden wir noch genauer darauf eingehen.

Inzwischen ist klar geworden, daß das gute Gedächtnis des Pferdes
ihm hilft, gewisse Fähigkeiten zu erlernen, besonders wenn es
vernünftig ausgebildet wird. Dieses Gedächtnis zu akzeptieren und
sich zunutze zu machen, ist einfacher, natürlicher und auf jeden
Fall erfolgreicher als davon auszugehen, daß ein Pferd ein hinter-
hältiges Biest sei, das nur wenig versteht, außer Zwangsmaßnah-
men.

Zu guter Letzt sollte man sich immer vor Augen halten, daß das
Gedächtnis des Pferdes immer arbeitet, in seiner Freizeit als auch
wenn es gearbeitet wird. Zu den wenigen wahrheitsgetreuen Sze-
nen in den rührseligen Kinofilmen über Pferde gehört die Freude
der Tiere, wenn sie nach Monaten oder Jahren der Trennung
wieder mit einem Freund vereint sind oder auf einen geliebten Hof
zurückkehren.

## Neugier

Die Neugier eines Pferdes ist genauso groß wie die einer Katze oder
eines Waschbären, und auch das Bedürfnis, sie zu befriedigen, ist
nicht geringer. Der große Unterschied jedoch ist, daß das Haustier
Pferd den größten Teil seines Lebens in Gefangenschaft oder unter
anderen Zwängen verbringt, so daß es das nicht näher untersuchen

kann, was es gern möchte, es sei denn, es bekommt die Erlaubnis seines Betreuers. Außerdem liegt beim Pferd die Betonung auf Verteidigung. Sein Hauptinteresse ist das Überleben.

Daher muß es unbedingt genau Bescheid wissen über alle Einzelheiten seiner Umgebung. Seine Neugier erwacht sofort, wenn es etwas Unbekanntes sieht, hört, riecht oder berührt, egal ob es sich bewegt oder nicht oder ob es sich um ein Lebewesen oder einen toten Gegenstand handelt. Was ist das für eine Bewegung? Was ist das da oben am Himmel? Jede unbekannte Sache muß sofort identifiziert und entsprechend eingeordnet werden. Wenn es dazu keine Erlaubnis bekommt oder wenn es für die Art und Weise, wie es einer Sache sofort auf den Grund geht, von einem ungeduldigen oder unwissenden Reiter bestraft wird, kann es Ärger geben. Es leidet nicht nur die Leistungsbereitschaft während des Vorfalls, sondern auch das Verhältnis zwischen Mensch und Pferd.

Wenn das Pferd nicht in der Lage wäre, zwischen wahrgenommenen Erscheinungen zu unterscheiden (z. B. den herabstürzenden Habicht als harmlos einzustufen), würde es sein ganzes Leben in Panik verbringen. Aber es macht diese Unterscheidungen und trifft Einstufungen. Das ist ein Zeichen für Intelligenz beim Pferd, ebenso wie bei seinem Reiter. Daß es manchmal ein oder zwei Minuten dauert, bis das Pferd seine Neugier befriedigt und die Sache eingeschätzt hat, ist ein Preis, den der kluge Reiter gern zahlt. Das zufriedene Pferd zahlt ihn zurück.

Wenn der erste Ausritt in eine fremde Umgebung führt, bleibt das lebhafte Pferd erst einmal stehen und sieht sich die Gegend an. Das Gerücht Lügen strafend, ein Pferd könne nicht gut sehen, blickt es nach oben und unten und in die verschiedenen Richtungen. Es atmet tief ein. Es lauscht aufmerksam. Ganz plötzlich bewegt es sich unter seinem Reiter vorwärts, nachdem es alle nötigen Beurteilungen gemacht hat. Unter denselben Umständen verzögert ein anderes Pferd den Ausritt vielleicht nicht so. Es kann sich dabei aber um ein stumpfsinniges Pferd handeln. Wahrscheinlich hat es aber aus schmerzhafter Erfahrung gelernt, die menschlichen Vorhaben nicht zu stören und deshalb unterdrückt es seine Neugier, wodurch es ein weniger lebhaftes und nicht so munteres Pferd ist. Das bedeutet, es ist kein richtiges Pferd mehr.

Brother Pete bemerkte die neue Anordnung der Ölfässer hinter der Sekunden. Wenn die Fässer noch nie dort gestanden hätten oder Scheune der Loudons und befriedigte seine Neugier in wenigen noch schlimmer, wenn es die ersten Fässer gewesen wären, die er in seinem Leben gesehen hätte, hätte er mehr Aufhebens darum gemacht und sie genauer untersucht. Er hätte ihnen seine volle Aufmerksamkeit geschenkt und sie langsam eingekreist, wobei er ab und zu zurückgegangen wäre, um herauszufinden, ob sie zum Angriff übergehen könnten. Wenn er sich ganz sicher gewesen wäre, daß es sich dabei nicht um Angreifer handelt, wäre er ganz langsam und vorsichtig näher gegangen. Zum Schluß hätte er seinen Hals so lang gemacht, wie es nur geht, so daß das Maul die Gegenstände berührt und er sie beriechen und belecken kann. Wie dem Leser schon bekannt ist, ist die Neugier des Pferdes eine harte Prüfung für die Geduld des Menschen. Und die Ungeduld läßt den Menschen leicht unbedacht handeln. Ein Reiter, der an einem neuen Hänger vorbeireitet, sieht und fühlt, wie sich der Kopf des Pferdes diesem Objekt zuwendet. Er möchte weiterreiten, das Pferd muß noch einen Moment verweilen. Das Pferd deswegen als dumm zu bezeichnen und es für seine Bedürfnisse zu bestrafen, bedeutet, es davon abzuhalten, ein Pferd zu sein. Bei solch einer Behandlung kann ein Pferd nicht so gut sein wie bei einer verständnisvolleren Behandlung. Der Reiter kommt pünktlich zum Stall zurück, aber nicht mit dem Pferd, mit dem er einige Zeit zuvor losgeritten ist.

## Spieltrieb

Im Alter von drei oder vier Wochen werden die Fohlen durch ihren Instinkt und die mütterliche Herrschaft nicht mehr dazu angeleitet, die ganze Zeit bei der Mutter zu verbringen. Sie fangen an, miteinander wie Welpen zu spielen. Sie balgen sich. Sie galoppieren von einem Zaun zum anderen. Sie steigen, buckeln und schnauben. Sie spielen Bergkönig auf dem Misthaufen, rennen hoch, lassen sich hinunterrollen und klettern zurück.

Auch wenn es größer und älter wird, bleibt es für das Pferd wichtig, Spaß zu haben. Es ist ein Schlüssel bei der erfolgreichen Ausbildung. Wenn man dem jungen Pferd erlaubt, die Arbeit als Vergnügen zu betrachten, erlernt es die gewünschten Fähigkeiten besonders schnell und führt sie äußerst willig durch. Wenn es nur selten Möglichkeiten zum Spielen hat, erfindet das Pferd seine eigenen Spiele. Es spielt mit Gegenständen in seiner Box. Und oft genug erfindet es einen Zeitvertreib, womit es den Menschen ärgern kann.

Wenn das einzig mögliche Spiel ist, einen ungeschickten Pfleger zu nerven, wird ein gesundes Pferd dies tun. Kurz bevor wir mit der Arbeit an diesem Buch begannen, sah Bonnie, wie ein frustrierter Trainer versuchte, ein äußerst verspieltes Pferd aufzutrensen. Sobald sich die Hand des Trainers mit der Trense näherte, riß es den Kopf hoch und außer Reichweite. Nach mehreren Wiederholungen sah der Trainer Bonnie mit rotem Kopf verzweifelt an.

»Haben Sie etwas Melasse?« fragte sie. In den meisten Ställen nimmt man Melasse, um das Futter ein bißchen süßer zu machen. Der Mann brachte ihr welche. Bonnie rieb eine Handvoll davon auf das Gebiß und ging zu dem Pferd. Es riß den Kopf hoch. Sie hielt ihre Hand hoch, so daß es die Melasse riechen konnte. Das Pferd senkte den Kopf, nahm bereitwillig das Gebiß ins Maul, und schon war es aufgezäumt.

»Der Teufel soll mich holen«, sagte der Mann.

Nicht jeder ist so geduldig wie dieser Trainer. Manch einer reagiert wütend auf die Mätzchen eines verspielten Pferdes. Einige hätten das Pferd bestimmt mit der Trense geschlagen, so daß sie aus einem neutralen Gegenstand eine gefürchtete Waffe gemacht hätten. Die körperliche Züchtigung hätte zwar das Spiel beendet, aber auch neue Probleme geschaffen.

Der liebste Spielkamerad des Pferdes ist ein anderes Pferd, aber es findet auch Gefallen daran, mit seinem Pfleger zu spielen. Sie jagen einander um einen Baum oder quer durch den Paddock, wobei sie eine Art Anrempeln und Fangen spielen und der Mensch sich manchmal strecken muß, wenn das Pferd mit hocherhobenem Schweif davonstolziert. Wenn das Verhältnis zwischen Mensch und Tier schon so weit gediehen ist, dann wird auch niemand verletzt. Auf ein einziges Wort hin verlangsamt das Pferd sein Tempo zum Trab. Kein Pferd sollte an seinem Spieltrieb gehindert werden. Das Pferd, dessen Bedürfnis nach Spiel ausreichend befriedigt wird, wird sich nicht selbst irgendwelche Mätzchen ausdenken.

Jiminy Cricket spielte mit Vorliebe mit einem Leinensack voller Blechdosen. Wenn er ein paar Zuschauer am Zaun hatte, schnüffelte er an dem Sack, schlug mit dem Huf danach, packte ihn mit den Zähnen und trabte mit lautem Getöse den Zaun entlang. Dann ging er in Galopp über. Wenn er die Stelle des Zaunes erreicht hatte, die gegenüber den Zuschauern lag, raste er genau auf sie los und schmiß den Sack in die Menge.

Wie wir bereits erwähnt haben und es in unserem Kapitel über die Ausbildung des jungen Pferdes noch näher erläutern werden, ist der Spieltrieb die Grundlage der Erziehung des Pferdes. Begreiflicherweise nutzen auch die Pferde selbst den Spieltrieb bei der Erziehung ihres Nachwuchses. Ob sie den Spieltrieb unter erziehungstechnischen Gesichtspunkten abstrakt in Hinsicht von Ursache und Wirkung betrachten, ist zweifelhaft und irrelevant. Aber betrachten wir einmal ein Pferd namens Willie.

Willie war ein schwerfälliger, älterer Wallach ohne besondere Abstammung, der zum offiziellen Baby-sitter bei den Loudons geworden war. Er verbrachte die Nachmittage bei den Jährlingen auf der Weide, wo er sich Spiele ausdachte, die ihm gefielen und zufällig oder nicht dazu beitrugen, die Jährlinge auf ihr späteres Leben vorzubereiten. Jeden Tag fast auf die Minute genau um 15.50 Uhr, wenn die Jährlinge ihr Mittagsschläfchen hielten und bald wieder fit sein würden für das nächste Spiel, gesellte sich Willie zu ihnen und knabberte einem von ihnen an der Kruppe herum. Aus dem Schlaf geschreckt sprang das Baby quietschend auf, wodurch auch die anderen aufwachten, während Willie vergnügt davontrottete. Dieses Spiel schärfte die Sinne der Jährlinge, denn sie reagierten nicht mehr so schreiend, nachdem sie drei oder vier Mal auf diese Art geweckt worden waren. Am wichtigsten ist, daß die heranwachsenden Pferde die potentiellen Gefahren kennenlernen, wenn man am hellichten Tage schlafend erwischt wird.

Die Eigenart des alten Wallachs, anderen spielend lästig zu werden, brachte ihn am späten Nachmittag immer auf eine angrenzende Weide mit einer kleinen Herde von Kühen und einem bösen Bullen. Um dort hinzukommen, mußte er bergauf über einen etwa 1,5 m hohen Zaun springen. Keine Kleinigkeit für ein Pferd seines Alters und seiner Größe. Er tat es immer dann, wenn die Kühe ruhten. Er schüchterte den Bullen so ein, daß er sich zurückzog. Als nächstes scheuchte er die Kühe hoch und zwang sie, den ganzen Weg über den Hügel und wieder zurück zu laufen. Dann verabschiedete er sich wieder. Eines Tages beklagte sich der Besitzer der Kühe bei Don Loudon, daß seine Kühe wegen irgend jemand oder irgend etwas abnehmen würden. Das Problem wurde gelöst, indem man die Herde auf eine weiter entfernte Weide stellte.

## Langeweile und Frustration

Die zweijährige Stute war immer lieb und umgänglich gewesen. Sie war es selbst an dem Tag, wo sie mit mehreren tiefen Schnittwunden an den Beinen von einem Rennen zurückkam. Um sie vor weiterem Schaden zu bewahren, während die Wunden heilten, ließ der Trainer sie eine ganze Woche im Stall stehen.

Als sie wieder gearbeitet werden konnte, wurde sie herausgeholt und gesattelt. Der Reiter stieg auf und ritt los in Richtung auf das Geläuf. Die Stute wollte nicht vorwärts gehen. Sie kämpfte wie ein Wildpferd. Der Reiter brauchte eine halbe Stunde für einen Weg von zwei Minuten. Als sie endlich am Eingang der Bahn ankamen, stieg die Stute und überschlug sich. Der Reiter war flink und hatte Glück. Er kam ohne Verletzung davon und kündigte auf der Stelle.

Eine Woche Gefangenschaft hatte die Stute vollkommen verändert. Wir haben schon davon gesprochen, daß ein Pferd regelmäßig Bewegung braucht und ein ebenso großes Bedürfnis nach Abwechslung hat, was aber nicht immer unbedingt dasselbe ist.

Die Stute wäre bereitwillig auf die Bahn gegangen, wenn ihren Betreuern die psychischen Auswirkungen von einer Woche Eingesperrtsein bewußt gewesen wären. Sie hätte nicht sofort zu ernster Arbeit herangezogen werden dürfen, ohne ihr die Möglichkeit zu geben, sich über ihre wiedergewonnene Freiheit zu freuen. Aber sie wurde so wie immer behandelt. Das heißt, man hat übersehen, daß es einen Unterschied gibt zwischen einem Pferd und einem Auto. Ein repariertes Auto fährt dorthin, wo es hin soll. Aber ein Pferd hat Verstand, der Gefühle und Neigungen hervorbringt.

Das Pferd ist ein Weidetier. Am besten geht es ihm, wenn es jeden Tag Abwechslung bekommt. Es muß so oft wie möglich aus seiner Box geholt werden, und es muß beschäftigt werden. Es möchte seine Nase in alle möglichen Dinge stecken, immer wieder mal anderen Boden unter den Hufen spüren und etwas anderes zu sehen bekommen. Wenn ihm das nicht möglich gemacht wird, langweilt es sich und ist frustriert, selbst wenn es ausreichend Bewegung unter dem Sattel bekommt (was auf die meisten Rennpferde zutrifft). Um der Monotonie eines 23-Stunden-Tages in der Box und einer Stunde harter Arbeit, Putzen und Abkühlen zu entkommen, tun die Pferde, was sie nur können. Sie neigen dazu, die haarsträubendsten Unarten zu entwickeln, wie z. B. zu versuchen, die Boxentür einzutreten oder anzufressen und nach jedem, der in Reichweite an ihrer Box vorbeigeht, zu schnappen.

Daraus läßt sich schließen, daß ein Pferd mit genügend Abwechslung williger bei der Arbeit mitmacht und sich im Stall besser benimmt. Um diese Tatsache zu akzeptieren, muß man die Leistungen des Pferdeverstandes nicht überschätzen oder aus romantischer Sicht sehen. Man muß einfach erkennen, daß das Verhalten von Lebewesen von ihrem Verstand geregelt wird.

## Auffassungsgabe

Pferde verstehen sich untereinander sehr gut. Wenn eine Zuchtstute auf der Weide sich Futter oder dem Gebiet nähert, das schon von der Leitstute in Beschlag genommen wurde, befiehlt diese dem Eindringling, sich zurückzuziehen. Das geschieht durch einfaches Ohrenanlegen. Ein Pferd mit Juckreiz verschafft sich Erleichterung, indem es zu einem Kameraden geht. Nachdem sie sich begrüßt haben, zeigt das bedürftige Pferd seinem Kumpanen die juckende Stelle, indem es ihn an der entsprechenden Stelle beknabbert. Dann putzen sie sich gegenseitig.

Die Auffassungsgabe des Pferdes, wenn es um Wünsche des Menschen geht, ist sogar noch beeindruckender. Obwohl das Pferd im Dienste des Menschen unausweichlich Leistungen erbringen muß, die seiner Natur widersprechen, versteht es meist, was es tun soll, und lernt, sich zu fügen.

Falls es sich nicht um ein ungewöhnlich stumpfsinniges Pferd handelt oder es durch falsche Behandlung verdorben ist, versteht es die Worte, mit denen seine Gänge und andere Lektionen benannt sind. Es versteht weitere Worte, die sich auf sein Verhalten beziehen und es gutheißen oder auch nicht. Es versteht und reagiert auf verschiedene Stimmlagen. Es versteht die Bedeutung von unterschiedlichem Druck auf sein Maul, Genick und Flanken. Es versteht die Bedeutung vieler verschiedener Situationen.

Wenn die herrschenden Zustände unpassend oder bedrohlich sind, drückt das Pferd sein Mißfallen unmißverständlich aus. Denken Sie zum Beispiel an die zweijährige Stute, die lieber mit ihrem Reiter kämpfte, als nach einer Woche Eingesperrtsein wie gewöhnlich zu arbeiten (siehe Langeweile und Frustration). Für sie war das Satteln und das Gewicht des Reiters Streß, womit sie zu dem Zeitpunkt nichts zu tun haben wollte.

Ihr Verhalten zeigt die normalen Grenzen der Auffassungsgabe eines Pferdes. Ein junges Pferd versteht die Forderung des Menschen nach Zusammenarbeit, lehnt sie aber ab, wenn ihm etwas als Bedrohung erscheint. Sehr oft sind die Befürchtungen des Pferdes grundlos. Der Mensch ist im Recht. Das Überleben des Pferdes ist nicht in Gefahr. Aber das Pferd kann das nicht verstehen. Ein lebhaftes Pferd wehrt sich und muß wegen seines Ungehorsams leiden. Wenn es nicht so lebhaft ist, gibt es auf. In jedem Fall leidet das Verhältnis zwischen Mensch und Pferd und mit der Zeit auch die Qualität des Pferdes.

Was uns wiederum zu einer bereits erwähnten Tatsache führt. Da die Auffassungsgabe des Pferdes im Vergleich zu seinem Betreuer beschränkt ist, kann derjenige, der es wirkungsvoll ansprechen will, dies nur im Rahmen der ihm zur Verfügung stehenden Verständigungsmöglichkeiten tun. Hätten diejenigen, die mit der tobenden Stute zu tun hatten, sich mehr um ihr langfristiges Wohlergehen gekümmert, als darum, kurzfristig eine Widersetzlichkeit zu bekämpfen, hätten sie vielleicht verstanden, warum sie sich so benahm. Sie wären mit ihr gemütlich spazieren gegangen und hätten sie grasen und sich wälzen lassen. Sie hätten ihr die physische und psychische Härte der Morgenarbeit erspart, bevor sie nicht zwei oder drei Tage Abwechslung und leichte Arbeit zur Erholung vom stressigen Eingesperrtsein bekommen hätte. Warum haben sie diese einfachere und produktivere Alternative nicht akzeptiert? Warum haben sie es vorgezogen, das Pferd in einem Kampf fertigzumachen? Vielleicht wußten sie nicht, daß es noch andere Möglichkeiten gibt. Wahrscheinlicher noch war es ihnen egal, ihre Würde in dem alten Kampf um die Vorherrschaft über ein vermeintlich dummes Tier zu verlieren. Also machten sie einem guten Pferd den Garaus. Bis zur Fertigstellung dieses Buches war die Stute kein einziges Mal mehr so gut gelaufen wie vor diesem Vorfall. Welchen Preis hat Würde?

Ein weiterer Bestandteil der Auffassungsgabe des Pferdes ähnelt unserem Gerechtigkeitssinn. Dazu gehört u. a. der berühmte Hunger von Boxenpferden, die zu geregelten Zeiten gefüttert werden. Hier treffen wir wieder auf den Selbsterhaltungstrieb. Wenn von der Routine abgewichen wird, z. B. zuerst das Pferd Futter bekommt, das normalerweise an fünfter Stelle gefüttert wird, machen die anderen ein Riesentheater. Oder wenn man eine Begrüßungsroutine eingeführt hat, indem man an fünf aufeinanderfolgenden Tagen dem Pferd eine Möhre oder einen anderen Leckerbissen mitbringt, und dies am sechsten Tag nicht geschieht, kann es sein, daß das Pferd schmollt. Wenn auch am siebten Tag keine Möhre auftaucht, kann es sein, daß sich das Pferd am achten Tag weigert, diese Person überhaupt noch anzusehen. Ähnlich provoziert ein Mensch Eifersüchteleien zwischen Weidepferden, wenn er einem von ihnen mehr freundliche Beachtung schenkt als den anderen. Wenn die anderen es in der Vergangenheit genossen hatten, von dieser Person beachtet zu werden, und es inzwischen erwarten, werden sie eifersüchtig. Es kann sein, daß sie den neuen Liebling umzingeln und wenn sie immer noch frustriert sind, nach dem menschlichen Besucher schnappen.

Die Fähigkeit des Pferdes, eins und eins zusammenzuzählen, wird laut und deutlich in jedem Stall demonstriert, wenn jemand ein Pferd aus der Box geholt hat, damit es einmal etwas anderes zu sehen bekommt, und nicht schnell genug wiederkommt, um die anderen zu holen. Das Wiehern, Scharren und Auskeilen ist eine deutliche Mitteilung. Solche Erlebnisse machen bestimmte Pferde recht erfinderisch und sie werden zu »Ausbrecherkönigen«. Sie öffnen sich selbst die Türen und reißen aus.

Don Loudon besaß einmal einen echten Satansbraten von einem Hengst, der herausgefunden hatte, wie man den Riegel an seiner Boxentür herausziehen kann. Um das zu verhindern, befestigte Don den Riegel mit dickem Ballendraht. Eine Woche später hörte Bonnie, wie sich die Tür öffnete, und sah den Hengst vom Hof rasen – ein Stück Draht aus seinem Maul hängend. Die anderen Hengste im Stall fingen wie verrückt an zu schlagen und zu wiehern. Es gefiel ihnen überhaupt nicht, dableiben zu müssen.

Don's nächster Schritt war schon etwas komplizierter. Er wickelte nicht nur Draht um den Riegel, sondern befestigte das Ende des Drahtes an einem Nagel in der Wand, ca. 1 m außer Reichweite des Pferdes. Als das Pferd das nächste Mal ausgebrochen war, hing der abgerissene Draht am Nagel.

Im Hinblick auf die Tatsache, daß ein Pferd Abwechslung braucht, überlegte Bonnie, ob er vielleicht vom Ausbrechen durch eine andere Beschäftigung abgelenkt werden könnte. Wahrscheinlich brauchte er nur etwas zum Spielen. Sie nahm einen weichen Strick und knüpfte mehrere Knoten hinein. Sie gab ihn dem Pferd, das scharrte, den Strick beroch und kurz ins Maul nahm. Dann begann es, mit seinen Zähnen die Knoten zu öffnen. Einen nach dem anderen, jeweils in etwa 5 Minuten. Als alle Knoten auf waren, öffnete das Pferd die Boxentür, kam heraus und zeigte Bonnie den Strick. Dann ging es zurück in seine Box. Diesmal hing Bonnie das Spielzeug mit den Knoten an einen Nagel in der Rückwand der Box. Wenn er neue Knoten brauchte, wieherte der Hengst, um jemanden zu rufen, der wieder ein paar Knoten für ihn machen sollte. Er versuchte nie wieder, auszubrechen.

Wir kommen noch einmal darauf zurück, daß ein Pferd $1 + 1$ zusammenzählen kann. Viele Pferde lernen, Worte wie »Trab« und »Hoh« oder bestimmte Tätigkeiten zu verstehen. Das kann man z. B. in Ställen beobachten, wo die obere Hälfte der Trennwand aus Maschendraht mit geringer Stromspannung besteht, damit es nicht so leicht zu Streitereien zwischen den Pferden kommt. Wenn die Leute bei der Stallarbeit sind, schalten sie den Strom ab. Wenn ein Pferd unruhig wird und anfängt auszukeilen, wird schnell für Ordnung gesorgt, indem einer auf den Stromschalter zugeht und sagt: »Okay, ich schalte jetzt wieder ein.«

Ein weiterer Beweis für das Auffassungsvermögen des Pferdes ist die Fähigkeit, zwischen Erwachsenen, Babies und kleinen Kindern unterscheiden zu können. Manch ein Reitstall hat einen alten Kämpen, der darauf spezialisiert ist, Kinder auf seinem Rücken zu tragen. Wenn eines der kleinen Kinder nach einer Seite rutscht, verlagert das Pferd sein Gewicht, damit das Kleine sein Gleichgewicht wieder erlangen kann und nicht herunterfällt.

Bonnie erinnert sich, daß einige Pferde viel Spaß daran hatten, mit ihrem Sohn Bradley zu spielen, als er noch so klein war, daß sie ihn auf dem Arm tragen mußte, wenn sie zum Stall kam. Von den Babylauten angelockt, steckten viele Pferde ihren Kopf über die Tür, um ihn sich näher anzusehen. Eines fand besonderen Gefallen an ihm. Wenn Bonnie mit dem Baby an seine Box ging, beroch es das Kind und stupste es mit der Nase. Das Baby quietschte vor Vergnügen. Das Pferd freute sich und stupste es immer wieder.

Nun ja. Wir haben erst an der Oberfläche der Intelligenz des Pferdes gekratzt, aber wir haben wohl einen Grundstein für das folgende Material gelegt. Es muß ganz klar gesagt werden, daß das Pferd nicht nur mehr weiß, als den meisten Menschen bewußt ist, sondern auch mehr hinzulernen kann. Vom schweren, phlegmatischen Kaltblut bis hin zum winzigen Minipferd findet man ein überraschend unterschiedliches Auffassungsvermögen. Wie bei anderen Spezies auch, sind manche Pferde schlauer als der Durchschnitt der Artgenossen und andere wiederum sind dümmer. Aber das Pferd im allgemeinen ist ein aufnahmefähiges und empfindsames Tier. Pferde lernen voneinander. Sie lernen vom Menschen. Sie lernen durch Erfahrung. Sie lernen durch das Beispiel anderer. Sie behalten, was sie gelernt haben. Wenn richtig mit ihnen umgegangen wird, lernen sie, zufriedene, vertrauensvolle Partner von vertrauenswürdigen Menschen zu werden.

## Soziale Eigenschaften

Entgegen aller Filme über edle Hengste sind die Stuten die dominierenden Mitglieder einer wilden Pferdeherde. Als Mutter, Lehrerin und Beschützerin des Fohlens ist ihr Einfluß der erste und dauerhafteste Eindruck im Leben eines jeden Pferdes. Hengstfohlen werden nie die Autorität einer erwachsenen Stute vergessen, u. a. auch nicht die Schläge, die sie austeilte, wenn sie belästigt wurde. Wenn eine Stute sich ihren Partner selbst aussuchen kann, schüchtert sie einen unerwünschten Hengst leicht ein und schlägt ihn in die Flucht.

Ein Kampf zwischen Hengsten besteht zum Großteil aus lautstarkem Imponiergehabe und ist beendet, wenn sich einer von ihnen zurückzieht, bevor es zu ernsten Verletzungen kommt. Ein Kampf zwischen Hengst und Stute endet auf dieselbe Art und Weise: Der Hengst zieht sich zurück. Auf ähnliche Art kann ein Hengst ein Raubtier von der Herde vertreiben, aber eine Stute geht auf dieses Tier mit der Absicht los, es zu töten.

Die Domestikation bedeutet nicht nur, daß das Pferd von seiner natürlichen Umgebung in die unnatürliche Umgebung von Stall und Paddock »verpflanzt« wird. Auch die Herde als solches existiert nicht mehr. Mit Ausnahme der kurzen Paarung sind Hengst und Stute strikt voneinander getrennt. Daher ist die Stute nicht nur das erste, sondern auch das einzige erwachsene Pferd, das Einfluß auf das Fohlen hat.

Eine Stute hat ihr Fohlen nur selten so viele Monate in ihrer Obhut, wie es in der Natur der Fall wäre. Auf den Gestüten werden die Fohlen nach Zeitplan abgesetzt, um die Kräfte der Stuten zu schonen, die schon das nächste Fohlen tragen. Auf großen Gestüten gehen die Hengstfohlen auf die eine Weide, die Stutfohlen auf die andere. Die beiden Geschlechter treffen nur im Vorbeigehen aufeinander, es sei denn, sie werden später als erwachsene Tiere in der Zucht eingesetzt.

Nachdem es zahllose Generationen in einer absolut unnatürlichen Umgebung verbracht hat, ist das domestizierte Pferd in keiner Beziehung mehr mit seinen Vorfahren oder seinen entfernten, wild lebenden Verwandten vergleichbar. Eine Zuchtauslese für die verschiedenen Disziplinen des Pferdesports oder bestimmte Arbeiten hat den Körper und in gewissem Maße auch den Geist des Pferdes verändert. Aber Millionen Jahre genetischer Erbanlagen sind nicht einfach auszulöschen. Das Pferd bleibt ein äußerst geselliges Tier, dessen ererbtes Bedürfnis nach Gesellschaft durch Erfahrungen an der Seite seiner Mutter in den entscheidenden ersten Lebensmonaten noch verstärkt wird.

Auf der Weide, im Paddock oder im Stall – das Pferd sucht Freundschaft und Gesellschaft bei seinen Artgenossen und bietet dasselbe an. Pferde schaffen es, körperlichen Kontakt mit dem Pferd in der Nachbarbox aufzunehmen. Wenn eines von ihnen aus dem Stall geholt wird, rufen sie einander. Auf der Weide bauen sie engere Beziehungen auf durch Spiel, gegenseitige Fellpflege und die Solidarität der Gruppe.

Obwohl Pferde dazu neigen, sich paarweise zusammenzuschließen, zeigen sie gegenüber der Herde als ganzes eine größere Loyalität und in praktischer Sicht auch gegenüber der eigenen Spezies als ganzes. Kommt ein Pferd – besonders ein Hengst – neu in eine Herde, macht es eine Probezeit durch, während derer es auch zu körperlichen Attacken kommen kann, bevor es seinen Platz in der Hierarchie findet. Andererseits zieht der Neuling Nutzen aus den Unterweisungen der anderen, auch wenn er erst einmal nur probeweise akzeptiert wird. Das klassische Beispiel dafür ist der Elektrozaun, an dem jedes Pferd einen erzieherisch wirksamen Schlag bekommt, wenn es versucht, durch oder unter dem Zaun her auszubrechen. Die älteren Pferde zeigen den Neulingen, daß man den Zaun meiden sollte. Die Neuen folgen unbeirrbar dem Beispiel.

Ein weiteres Phänomen: In der streng geordneten Hierarchie einer Mutterstutenherde auf der Weide gibt es Ausnahmen für eine blinde Stute. Wenn sie ihr Fohlen ruft, treiben es ihr die anderen Stuten zu. Ihnen fehlt sicherlich die Fähigkeit zu verstehen, was es bedeutet, blind zu sein. Aber sie verstehen die Botschaften des anderen. Da die blinde Stute ihr Fohlen nicht suchen kann, ruft sie besonders intensiv nach ihm, bleibt aber da, wo sie ist. Ihre Stimme und ihr Körper drücken große Anspannung und Besorgnis aus, was den anderen Pferden auf der Weide nicht verborgen bleibt. Wenn das Fohlen nicht von allein zu seiner Mutter zurückkehrt, sorgen andere Stuten für Ruhe und Ordnung, indem sie es ungeduldig zu ihr zurücktreiben.

In großen Herden adoptiert eine ruhige, ältere Stute manchmal ein frisch verwaistes Fohlen. Sie besitzt unweigerlich einen niedrigen Rang und führt ein vergleichsweise ruhiges Leben. Mit großer Sicherheit ist ihr Euter prallvoll und schmerzt. Das Geschrei des verwaisten Fohlens irritiert die anderen Fohlen und verunsichert sie, was die Leitstute und andere hochrangige Mitglieder der Herde ärgert. Bei der alten Stute aber trifft der Lärm auf Verständnis, denn ihr eigenes Fohlen braucht nicht so viel Milch, wie sie hat. Sie schnaubt und das mutterlose Fohlen eilt zu ihr, drückt sich an sie und labt sich an dem prallvollen Euter. Das tut dem schmerzhaft gefüllten Euter gut, und auf der Weide herrscht wieder Ordnung.

Die Leitstute hat den höchsten Rang aufgrund ihrer körperlichen und geistigen Überlegenheit, und zwar solange sie voller Lebenskraft ist. Ihre Kräfte dienen zwei Zielen: Futter und Lebensraum für sich (a) und ihr Fohlen (b) zu finden. Durch die natürliche Auslese bedingt ordnen sich die anderen Stuten in absteigender Rangfolge nach ihr ein, wobei die Stute mit dem niedrigsten Rang für sich und ihren Nachwuchs das letzte und schlechteste bekommt. Wenn die Weide nicht übersetzt ist, kann jeder leben. Aber die psychischen Auswirkungen auf die Fohlen sind von großer Bedeutung. Als Nummer eins in der jeweiligen Altersgruppe gewöhnt sich das Fohlen der Leitstute an die Ehrerbietungen seiner Altersgenossen und deren Mütter. Wenn es gut gezogen und vernünftig aufgezogen wurde und auch nicht durch zu frühes Absetzen Schaden genommen hat, wird aus dem Fohlen der Leitstute ein »Leit-Absetzer«, der mit ziemlicher Sicherheit sein Leben meistern wird, wie der Mensch so sagt. Obwohl ein Pferd natürlich die Gesellschaft seinesgleichen bevorzugt, begrüßt es vom Tag der Geburt an die Freundschaft des Menschen in jedem Lebensabschnitt. Mehr noch, wenn es von qualifizierten Leuten betreut wird, blüht es auf, auch wenn es keinerlei Pferdegesellschaft hat. Unter solchen oder ähnlichen Umständen reagiert ein normales Pferd auf menschliche Zuwendung mit Vertrauen, Loyalität und Empfindsamkeit.

# 2

# DIE SPRACHE DES PFERDES

Eine »kurze« Vokabelliste der Körpersprache zeigt deutlich, wie begrenzt die Bedürfnisse, Wünsche und Emotionen des Pferdes sind. Jeder Interessierte kann sich die Grundkenntnisse dieser Sprache schnell und problemlos aneignen.

Nach diesem Kapitel wird der Leser feststellen, daß ein gewisses Maß an praktischen Erfahrungen vonnöten ist, bevor man alles anwenden kann. Die größte Schwierigkeit liegt darin, die Wege zu ändern, auf denen wir normalerweise kommunizieren. Nachdem wir unser Leben lang versucht haben, andere Menschen zu verstehen, haben wir uns daran gewöhnt, auf Worte zu lauschen und währenddessen den Gesichtsausdruck des anderen zu studieren, der manchmal deutlicher als alle Worte ist. Das funktioniert nicht bei einem Pferd. Sein knochiges Gesicht ist nicht annähernd so ausdrucksvoll wie das unsere. Mit der Zeit lernen wir, in seinen Augen zu lesen, aber bis dahin haben wir auch gelernt, daß seine Botschaften nur dann gut zu verstehen sind, wenn wir dem ganzen Körper Aufmerksamkeit schenken.

Von Ohren, Augen und Maul bis zu Beinen, Hufen und Schweif ist es ein weiter Weg. Wenn wir zu lange bei den Ohren verweilen, kann uns das gesamte Bild entgehen. Ähnlich ist es, wenn wir uns auf den menschlichen Instinkt verlassen und uns zu sehr auf die Lautäußerungen des Pferdes konzentrieren. Das Schnauben, Wiehern, Schreien und Quietschen des Pferdes sagt nur in Verbindung mit der Körpersprache in dem jeweiligen Augenblick oder der jeweiligen Situation oder beidem etwas aus. Die Laute lassen sich am besten als die Satzzeichen oder Betonungen in einem Satz verstehen.

# Das zufriedene Pferd

Im Moment besonderer Freude senkt das Pferd seinen Kopf und wirft ihn dann hoch, wobei es mit seiner Nase einen ganzen Kreis himmelwärts beschreibt. Zwischendurch ist sein Verhalten neugierig, vorsichtig, verspielt, eifrig und aufnahmebereit.

Das gut bekannte Pferdelachen enthält manchmal Elemente von Spott. Dazu gehört dieselbe kreisende Bewegung des Kopfes plus gekräuselter Oberlippe. Die oberen Vorderzähne werden vollständig gezeigt, und eine Menge Schau mit erhobenem Schweif wird veranstaltet.

Der erhobene Schweif ist das Hauptmerkmal eines spielenden Pferdes. Die Schweife von spielenden jungen Pferden liegen regelrecht auf dem Rücken. Diese Haltung eröffnet das Spiel. Ein Jährling »hißt« seinen Schweif. Die anderen tun es ihm nach. Dann erheben sie die Köpfe, krümmen die Hälse mit den Nüstern nach unten, spitzen die Ohren und ab geht die Post. Wenn sie besonders übermütig sind, fangen sie an zu steigen, drehen sich auf der Hinterhand und rasen los.

Ein Renn- oder Turnierpferd, das mit erhobenem Kopf in die Prüfung geht, findet Gefallen an der ganzen Sache, einschließlich der Geräuschkulisse durch die Zuschauer.

# Das stolze Pferd

Wenn es vollkommen mit sich selbst und der augenblicklichen Situation zufrieden ist, zeigt das Pferd sich mit gespitzten Ohren, weit geöffneten Nüstern, erhobenem Schweif und nach unten weisendem Kopf mit rundem Hals. Im Galopp hebt es seine Hufe fließend und gleichmäßig und streckt die Beine ruhig und raumgreifend. Der Hals bleibt rund, der Kopf unten. Das ist die Körpersprache eines Pferdes, dessen Stolz gut begründet ist. Stuten präsentieren sich so, wenn sie ihr neues Fohlen in die Herde einführen. Der Hengst, der von den Stuten freundlich aufgenommen wird, schmeichelt mit demselben stolzen Imponiergehabe.

Die arglose Offenheit des Pferdes zeigt sich am schönsten in seiner stolzen, zufriedenen Selbstgefälligkeit. Pferde versuchen nur selten, andere Pferde zu täuschen, und sie führen auch den Menschen nicht absichtlich hinters Licht. Aber manchmal machen sie aus sich selbst einen Narren. Der stolzierende Hengst stellt nach näherer Begutachtung fest, daß ein anderer Hengst noch besser imponieren kann. Er rennt weg und gibt sein Imponiergehabe auf, bis seine verletzte Seele geheilt ist. Oder dieser Hengst wird von einer nicht zu beeindruckenden Stute auf den Boden der Tatsachen zurückgeholt.

Ein noch interessanterer Fall von Selbsttäuschung ist das Pferd mit dem Imponiergehabe eines Königs, ohne viele andere Pferde damit zu beeindrucken. Einer der Gründe, warum es nur wenige Pferde beeindrucken kann, ist, daß seine Körpersprache sich von richti-

gem Stolz unterscheidet. Stattdessen hat es eher die Aura eines
»gerissenen Hundes«, wie Bonnie sich auszudrücken pflegt. Seine
Augen sind schmal und wissend, sein Imponiergehabe recht spar-
sam. Es sieht sich ruhig um, fast schon geringschätzig, so als ob es
alles unter Kontrolle hätte. Das stolze Pferd, das in seiner Körpersprache viel mehr aus sich herausgeht, ist wesentlich erfolgreicher
in Wettbewerben jeglicher Art. Der gerissene Hund löst sich im
Nichts auf, wenn er gefordert wird.

# Das neugierige Pferd

Ob es sich nun für einen bekannten Vorgang interessiert oder
neugierig auf etwas absolut Neues reagiert, hat dieses Pferd vollkommen abgeschaltet. Nase, Augen und Ohren zeigen auf den
Gegenstand des Interesses, und das Pferd bewegt sich genau darauf
zu, wenn es kann. Wir haben schon das ausführliche Vor- und
Zurückgehen und Einkreisen des Objekts der Neugierde beschrieben.

# Das eifrige Pferd

Das eifrige Springpferd liebt seine Aufgabe und ist begierig darauf,
weiterzumachen. Weder die Geräuschkulisse noch der Anblick der
hohen Hindernisse macht ihm etwas aus. Es zeigt seine Ungeduld,
indem es mit dem Vorderhuf scharrt oder aufstampft. Dann mit
einem Hinterhuf. Es schüttelt den Kopf. Es tänzelt zur Seite. Sein
Verhalten wird oft mit Nervosität oder Gereiztheit verwechselt.
Aber es ist nicht wirklich ungebärdig, es ist nur so nervös wie ein
guter Schauspieler mit Lampenfieber. Das wird jedem klar, wenn er
beobachtet, daß dieses Pferd kaum schwitzt, während ein vor Angst
nervöses Pferd wahrscheinlich vor Schweiß trieft. Außerdem bleibt
das ungebärdige Pferd auch ungebärdig, wenn es zur Sache geht.
Das eifrige Pferd jedoch geht voller Enthusiasmus durch die
Schleuse. Sobald das Warten vorbei ist, ist es ganz ruhig und
erledigt seine Aufgabe voller Konzentration. Beim ersten Hindernis
springt es etwas zu hoch und zu weit vor lauter Erleichterung, daß

es endlich losgeht. Es konzentriert sich voll. Die Ohren sind nach hinten auf den Reiter gerichtet oder nach vorn in die Richtung, wohin es sich bewegt.

# Das gesunde Pferd

Das glänzende Fell spiegelt sich im Licht. Mähne und Schweif sind eher weich als stumpf, verfilzt oder rauh. Im Sommer ist die Hinterhand oft geäpfelt durch die intensive Färbung des Fells vor Gesundheit. Das Pferd frißt gut. Es neigt dazu, verspielt zu sein, freut sich über Zuwendung und zeigt an allem Interesse. Seine Hufe sind hart. Sie wachsen schnell und stark, und es kommt seltener zu Hornspalten als bei einem Pferd, das nicht so vor Gesundheit strotzt.

# Das »heiße« Pferd

Ob es nun einen sportlichen Wettkampf bestreitet oder einfach nur zur Erholung seines Besitzers einen Ausritt macht, das in diesem Buch als »heiß« bezeichnete Pferd ist körperlich und seelisch absolut fit. Seine Körpersprache drückt Eifer und strahlende Gesundheit aus. Wenn es nicht gerade gegen erfahrenere oder wesentlich bessere Pferde konkurrieren muß oder durch ein furchteinflößendes Erlebnis oder schlechte Behandlung aus der Bahn geworfen wird, kann man davon ausgehen, daß das heiße Pferd eine bessere Leistung zeigen wird als zu dem Zeitpunkt, wo es noch nicht heiß war. Wie unsere Erläuterungen sagen, kann ein Pferd gesund sein, ohne besonderen Eifer an den Tag zu legen oder umgekehrt. Wenn beide Faktoren zutreffen, geben Sie acht.

# Das trauernde Pferd

Wenn das Fohlen abgesetzt wird, bevor die Stute dazu bereit ist, trauert sie und sorgt sich. Das verärgerte Benehmen und die Körpersprache sind unverwechselbar. Jedes Pferd, das plötzlich von einem liebgewonnenen Kameraden (wie z. B. einem anderen Pferd, dem Stallhund oder dem geliebten Besitzer) getrennt wird, zeigt dasselbe Verhalten.

Das Pferd verbringt einige Zeit damit, in der Box unruhig hin- und herzurennen und seinen Kopf aus der Boxentür zu stecken. Mit gespitzten Ohren schaut es in die Richtung, in die der Kamerad verschwunden ist, nach dem es sich so sehnt. Es saugt dauernd die Luft ein, um den ersehnten Geruch in die Nase zu bekommen. Gelegentlich gibt es lange, schnorchelnde Laute von sich. Wenn die Trennung länger andauert, hört das Pferd auf zu fressen und zu schlafen und seine Leistungen lassen nach. In derselben Situation rennt das Weidepferd am Zaun hin und her, hält Ausschau und ruft. Andere Pferde erwidern das Rufen, aber die ersehnte Stimme ist nicht dabei.

# Das verängstigte Pferd

**Angst:** Die ganze Aufmerksamkeit gilt dem Gegenstand der Besorgnis. Ohren, Nase und Augen sind genau darauf gerichtet, obwohl der Kopf leicht zur Seite geneigt sein kann oder das Pferd tritt zur Seite, um den Gegenstand aus verschiedenen Blickwinkeln betrachten zu können. Es ist möglich, daß das Pferd den Gegenstand laut hörbar beriecht, selbst wenn er weiter entfernt ist. Über den Augen bilden sich Falten, so daß der Eindruck von Angst entsteht. Dieser Eindruck bestätigt sich, wenn man sich auch den Rest der Körpersprache ansieht. Ab und zu zieht das Pferd seinen Kopf mit ganz rundem Hals zurück. Aber Augen, Ohren und Nase bleiben auf das Objekt fixiert. Das Pferd fängt an, leichtfüßig und unruhig auf der Stelle zu tänzeln.

**Akute Nervosität:** Wenn ein verängstigtes Pferd seine Angst nicht loswerden und herausfinden kann, daß es sich doch in Sicherheit befindet, steigert sich seine Angst zunehmend. Wenn es keinen bestimmten Anlaß gibt, wie z. B. eine neue, laute Umgebung, werden die Bewegungen von Kopf und Ohren unkontrolliert. Der Kopf wird zu einer Seite gedreht, die Ohren gehen hin und her und versuchen, ein bestimmtes Geräusch einzufangen. Es gelingt ihm nicht, eine bestimmte besonders bedrohliche Sache festzustellen, die bedrohlicher ist als die allgemeine Situation. Da es dieser Art von Bedrohung nicht so begegnen kann, wie es das normalerweise (z. B. bei einem als bedrohlich empfundenen Gegenstand) tun würde, tänzelt das Pferd in Kreisen. Wenn die undefinierbaren Ängste und Frustrationen zunehmen, nimmt auch der Wunsch zu, im Kreis zu laufen. Wenn es gezwungen wird, nur in eine Richtung zu sehen, bewegen sich seine Hufe weiter. Es schlägt ziellos mit dem Schweif, einmal hin und her, das andere Mal auf und ab. Es beginnt zu zittern. Es hat nicht geschwitzt, als es Angst hatte, aber nun schwitzt es besonders über der Nierengegend zwischen den Hinterbeinen, möglicherweise auch an den Flanken und am Hals.

**Große Furcht:** Ein Pferd findet sich nicht gut mit einem lang anhaltenden Angstzustand ab. Um sich von der Bedrohung zu befreien, versucht es zu fliehen. Es möchte steigen, umdrehen und losstürmen. Es hört auf, mit dem Schweif zu schlagen, und der Kampf mit dem Menschen beginnt. Der Mensch zieht in die eine Richtung, das Pferd reißt den Kopf hoch, um in die andere Richtung auszuweichen. Der Mensch zieht stärker. Das Pferd stemmt sich in den Boden und wirbelt bei der kleinsten Möglichkeit herum. Ein Pferd, das nur nervös ist, umgeht Hindernisse, aber ein wirklich verängstigtes Pferd rast durch Hindernisse hindurch und kann Menschen oder andere Pferde umrennen. Wenn es freikommt, rast es mit langem Hals und nach hinten in Richtung des Angstauslösers gelegten Ohren zum Stall oder dem Ort, wo es sich sicher fühlt. Wenn ihm die Flucht verwehrt bleibt, wird es wütend und versucht womöglich, seinen Reiter abzusetzen oder den Pfleger zu schlagen. Sonst würde es vor Angst umkommen.

Inzwischen ist das Pferd naßgeschwitzt. Wahrscheinlich ist das Weiße in seinen rollenden, angstvollen Augen zu sehen. Wenn es von einem anderen Reiter vom Pferd aus weggeführt wird, bewegt es sich mit hohen, vollkommen unkontrollierten Tritten und legt seinen Kopf über den Widerrist des anderen Pferdes oder eventuell auch unnatürlich hoch an den Führstrick des anderen Reiters – eine Haltung, die ihm größere und dem Pferd geringere Hebelwirkung gibt. Das Pferd atmet heftig mit flatternden Nüstern. Es gibt ein ängstliches Schnauben von sich, so leise, als ob es mit sich selbst reden würde.

**Totale Panik:** Wenn nichts geschieht, um es von seiner Angst zu befreien – (z. B. es von dem Angst einflößenden Ort wegzubringen) und wenn der Zustand lange genug andauert, kann ein entsprechend veranlagtes Pferd an den Rand des Wahnsinns geraten. Seine Augen glänzen. Es schreit. Wenn es jetzt freikommt, besteht die Möglichkeit, daß es versucht, durch eine Stallwand zu rennen. Oder es zerfetzt sich an einem Stacheldrahtzaun. Oder es kollabiert unter Schock, fällt um und liegt von Kopf bis Fuß zitternd am Boden und atmet schwer.

Wenn die Panik vorbei ist, befindet sich das Pferd in einem Zustand nervöser Erschöpfung. Es steht mit gespreizten Beinen da, um sein Gleichgewicht halten zu können. Den Kopf läßt es fast bis auf den Boden hängen, die Augen sind geschlossen, die Ohren hängen zur Seite. Es bebt am ganzen Körper und atmet flach. Es nimmt weder Futter noch Wasser an. Dieser Zustand kann Minuten oder Stunden andauern. Zwei Tage wären tödlich. Wenn man versucht, es mit Hilfe eines Stricks o. ä. zum Aufstehen oder Laufen zu zwingen, taumelt es und fällt meist wieder hin.

# Das gelangweilte Pferd

Wenn es des Wartens auf die nächste Aktivität überdrüssig ist oder wenn es nicht genügend Bewegung oder Abwechslung bekommt, zeigt das Pferd seine Langeweile deutlich. Unruhig tritt es von einem Bein auf das andere. Den Kopf läßt es schläfrig hängen und bewegt ihn plötzlich energisch und spielt mit den Ohren. Es verfolgt irgend etwas Interessantes. Wenn es zwischen anderen Reitern und Pferden steht und es gar nichts zu tun gibt, dreht es sich um und kaut einen Zügel oder eine Strippe vom Sattel eines anderen Pferdes an. Oder es kneift ein anderes Pferd, um es wachzumachen oder die Aufmerksamkeit des Reiters zu erregen und irgend etwas in Gang zu bringen. Gelangweilte Pferde stellen besonders viel mit dem Maul an.

In seiner Box spielt das Pferd unruhig mit dem Maul an allem herum, was es finden kann, was meist jedoch nicht viel ist. Unter

Umständen gelingt es ihm, das Ventil der Selbsttränke zu zerstören oder den Riegel der Boxentür zu öffnen. Wenn seine Bedürfnisse nicht befriedigt werden, entwickelt es gewöhnlich mit der Zeit eine Stalluntugend und wird zum Krippensetzer, Weber, Kopper, oder es spielt ständig mit den Lippen.

# Das saure Pferd

»Früher reagierte er auf die leiseste Berührung mit dem Sporn, aber heute kann ich ihn regelrecht anstechen und nichts passiert. Ich glaube, er ist krank.« Oder: »Ich kann ihn zu gar nichts bringen. Er frißt auch nicht gut. Er reagiert nicht verärgert. Er reagiert einfach überhaupt nicht. Der Tierarzt meint aber, er sei nicht krank.« Das sind die Worte von frustrierten Pferdebesitzern, deren Pferde sauer geworden sind. Solche Pferde haben etwas gegen Stall, Hänger, Autos, Menschen und Bewegung. Sie möchten nichts mehr mit ihrem Tagesablauf oder mit den Menschen, die ihren Tagesablauf bestimmen, zu tun haben. Eine Sicherung brennt durch. Mit der Zeit wird aus der lustlosen Unzuverlässigkeit totale Verweigerung jeglicher Zusammenarbeit. Nach einer weiteren Zeit wird das Pferd sogar gefährlich.

Ein sicherer Hinweis auf beginnende Lustlosigkeit ist eine eindeutige Ablehnung. Sowie das Pferd sieht, daß sein Reiter den Stall betritt, dreht es sich um. Wenn möglich, bleibt es in dieser Haltung und zeigt dem unerwünschten Menschen sein Hinterteil für die Dauer des Besuchs. Zu Beginn kann es sein, daß das Pferd anderen Personen mit Interesse begegnet, da es noch nicht alle Vertreter dieser Rasse gleichermaßen ablehnt.

Ein häufiges Anzeichen für zunehmende Lustlosigkeit ist ein mürrisches Nachlassen der Leistungsbereitschaft. Ein Reißen am Zügel, und die Ohren werden angelegt oder der Schweif schlägt – Zeichen der Ungeduld. Die lustlosen Leistungen werden bald verdächtig schlecht. Das Pferd reagiert weniger schnell, weniger energiegeladen, weniger kraftvoll und vor allem weniger freudig. Dann kommt ein gereiztes Scheuen, das beste Zeichen für Unlust und Ablehnung jeglicher Zusammenarbeit.

Ein richtig saures Pferd macht nicht richtig mit, selbst wenn es die Peitsche bekommt. Aus dem leichten Anlegen der Ohren und dem kurzen, nervösen Schweifschlagen werden flach angelegte Ohren, und das Pferd nimmt eine wütende Haltung ein. Die Ganaschenmuskeln sind verspannt, so als ob es die Zähne zusammenbeißt. Die Oberlippe zittert. Das Auge blickt heiß und wütend.

Wenn ein Pfleger kommt, um die Box auszumisten, legt das stallmüde Pferd die Ohren an und hebt drohend ein Hinterbein, so als ob es schlagen wollte. Oder es schwenkt drohend den Kopf herum, so als ob es beißen wollte. Es ist nicht mehr an Futter interessiert. Wer auch immer das Futter bringt, sieht angelegte Ohren, gekräuselte Lippen und Schweifschlagen. Das Pferd rührt sein Futter erst an, wenn es wieder allein ist. Es verfolgt den Pfleger sogar mit seinen Augen, um sich zu vergewissern, daß er nicht zurückkommt.

Am gefährlichsten ist eine saure Stute. Wenn sie ihren Unmut lange mit sich herumträgt, kann sie der Außenwelt als friedlich erscheinen, aber der verhaßte Pfleger kommt ihr besser nicht zu nahe. Wenn das Opfer ihres Grolls ein anderes Pferd ist, egal ob männlich oder weiblich, macht sie sich dessen Einschüchterung regelrecht zur Lebensaufgabe.

# Das wütende Pferd

Nachdem wir das Verhalten des sauren Pferdes als Zustand chronischer Leistungsverweigerung, in dem sich aggressive Reaktionen leicht hervorrufen lassen, beschrieben haben, werden wir uns nun mit der Körpersprache in den verschiedenen Abstufungen der Wut beschäftigen. Ein Pferd muß nicht sauer sein, um wütend zu reagieren. Ein äußerst umgängliches Pferd kann durch unfaire Behandlung, Zwang oder ein anderes Pferd, das es ärgert, in Wut geraten.

Ein hübscher, junger Hengst durfte sich seine Zeit damit vertreiben, daß er an der Selbsttränke herumspielte. Schließlich war sie kaputt. Sein Pfleger band den Deckel fest, damit er daran herumspielen konnte. Als der Hengst es schaffte, den Strick zu zerreißen, schlug der Pfleger ihn. Seine Laune schlug sofort von der Faszination durch den metallenen Gegenstand in Wut auf den Pfleger um. Dasselbe kann passieren, wenn eine Umstellung im Tagesablauf im Stall ein längeres Eingesperrtsein und kürzeren Weideaufenthalt als gewohnt für das Pferd bedeutet. Oder es kann Ärger geben, wenn ein Pferd beim Training für ein Western Pleasure-Turnier dazu gezwungen wird, ohne Vorbereitung durch Gummireifen zu gehen, die sich unangenehm anfühlen. Je abrupter und weniger nachvollziehbar die Veränderung für das Pferd ist und je mehr Zwang ausgeübt wird, desto größer kann die Wut werden. Wenn es für seine Wut eine ungerechte Strafe bekommt, kann sich derjenige auf einen ordentlichen Kampf einstellen.

**Gereizt:** Die Ohren werden leicht nach hinten gelegt. Der Schweif schlägt zur Seite, wie nach einer Fliege. Die Hinterhand ist angespannt, bereit zum Ausschlagen.

**Sehr gereizt:** Die Ohren liegen flacher an. Der Schweif schlägt heftiger nach einer Seite, und der Hinterhuf auf dieser Seite ist schon leicht angehoben.

**Äußerst gereizt:** Die Ohren sind nun regelrecht angepreßt. Der Schweif schlägt hin und her. Die Augen sprühen vor Wut. Das Pferd schlägt aus und zielt genau auf das, was seine Wut auslöst.

**Großer Zorn:** Der Schweif schlägt hin und her, schnell genug, um menschliche Haut aufzureißen und Blut fließen zu lassen. Manchmal schlägt der Schweif auch auf und ab, und das Pferd schlägt sich selbst aufs Hinterteil. Der Kopf ist auf das Objekt des Zorns gerichtet, die Ohren angelegt, die Oberlippe gekräuselt oder zitternd (ein Zeichen dafür, daß das Pferd die Absicht hat zu beißen), die Augen blicken wild und starr auf ein Ziel. Das Pferd verlagert sein Gewicht auf die Vorhand und schlägt mit beiden Hinterbeinen aus. Wenn das noch nicht genug ist, dreht es auf einem Hinterfuß und springt mit gesenktem Kopf und geöffnetem Maul nach vorn auf das Objekt zu, so etwa wie eine angreifende Schlange. Die Zähne schlagen mit der Kraft einer Bärenfalle zu. Oder der Angriff ist ein Versuch, mit den Vorderhufen zu schlagen. Währenddessen schwitzt das Pferd nicht im geringsten. Es gibt auch keinen einzigen Laut von sich. Wenn es seine Stimme einsetzt, dann stößt es einen Schrei aus, wie man ihn von kämpfenden Hengsten in Kinofilmen hört.

**Blinde Wut:** Wenn die Situation andauert und das Pferd sich nicht abreagieren kann, wird es langsam verrückt vor Wut. Sein wütender Schrei wird zu einem tiefen Bellen. Die Augen wirken glasig und unkonzentriert. Durch die körperliche Anstrengung beginnt es, heftig zu schwitzen. Es wirft sich auf das Objekt seiner Wut oder gegen alles, was ihm den Weg zum Ziel versperrt. Sein Gefühl für Selbstschutz ist weg, und es ist sehr wahrscheinlich, daß es sich verletzt und sich den Hals bricht und stirbt. Wenn man sich seiner nicht annimmt und es beruhigt, kollabiert es schließlich unter Schock und Erschöpfung, was etwa dem Zustand ähnelt, der auch häufig durch große Furcht hervorgerufen wird.

# Das Pferd hat Schmerzen

**Leichtes Unbehagen:** Wenn ihm ein Insektenstich, eine Scheuerstelle von Sattel oder Sattelgurt, eine beginnende Arthritis in einem Gelenk oder ein Stein im Huf Unbehagen bereitet, dann reagiert das Pferd mit einer Reihe von Gegenmaßnahmen. Es schüttelt sich oder zuckt mit dem entsprechenden Muskel in der Hoffnung, das unbehagliche Gefühl loszuwerden. Wenn das fehlschlägt, stampft es mit dem Fuß auf. Oder es schlägt mit dem Schweif so nahe wie möglich an die betreffende Stelle. Wenn auch das nichts nutzt, dreht es seinen Kopf nach hinten, um mit dem Maul an die Stelle zu schlagen. Dann sucht es nach dem nächsten Baum, einer Mauer oder einem Zaunpfahl und versucht, es abzuscheuern. Wenn das Bein betroffen ist, versucht das Pferd, sich daran zu scheuern oder es knabbert daran herum. Wenn man es nicht davon abhält, würde es ein arthritisches Vorderfußwurzelgelenk regelrecht abnagen.
Wenn es auch keine richtigen Schmerzen hat, fühlt das Pferd sich unwohl und ist ungewöhnlich aktiv. Wenn es nicht mit Knabbern oder Nagen beschäftigt ist, schlägt es ständig unruhig mit dem Kopf auf und ab. Das macht es dauernd, besonders wenn der Kopf selbst betroffen ist. Um sich von einem unangenehmen Insektenstich zu befreien, schlägt es wiederholt mit dem Kopf. Wenn die Stelle an einer Seite oder an der Unterseite des Kopfes liegt, schüttelt es Kopf und Ohren seitlich oder im Kreis, oft beides.
In einem solchen Fall ist das Pferd nicht in der Lage, sich auf andere Dinge zu konzentrieren. Das macht sich besonders bemerkbar, wenn die unbehagliche Stelle außerhalb seiner Reichweite liegt, wie z. B. Bauchweh oder eine Scheuerstelle unter dem Sattel. Wenn es einen Reiter tragen soll, wird es sich wahrscheinlich fügen, aber es zeigt keine Lust, vorwärtszugehen. Es möchte stehenbleiben und sich mit seinem Problem beschäftigen. Wenn es galoppieren soll, verkürzt es die Galoppsprünge.
**Größeres Unbehagen:** Wenn ein Pferd zum ersten Mal die Peitsche spürt, benimmt es sich, als ob es von einer Biene gestochen worden

wäre. Seine Ohren sind nach hinten gerichtet, es schlägt mit dem Schweif in die Richtung und springt zur Seite, weg von dem unangenehmen Gefühl. Kein Pferd braucht lange, um die Verbindung zwischen Reiter und Peitsche zu begreifen, was aber kaum seine Zuneigung zu diesem Lebewesen steigert. Auch wenn die Gerte von Reitern jeden Niveaus häufig benutzt wird und sich manch einer regelrecht nackt vorkommt ohne Gerte, wird sie in den seltensten Fällen vernünftig eingesetzt. Meist wird mehr Schaden angerichtet, als daß etwas Gutes dabei herauskommt. Z. B. ruft ein Schlag mit der Peitsche immer eine Seitwärtsbewegung hervor, aber nur selten erreicht man die gewünschte Beschleunigung nach vorn. Um die Gefahr eines Zusammenstoßes mit anderen Pferden oder Hindernissen zu reduzieren und um eine bessere Wirkung zu erzielen, zeigt ein guter Reiter seinem Pferd lediglich die Peitsche, indem er sie an der Seite des Pferdes von hinten nach vorn zieht, so daß das Pferd glaubt, ihr entfliehen zu können.

Zurück zu dem körperlichen Unbehagen. Wenn es innerlich ist, wie eine beginnende Kolik, macht das Pferd einen schwermütigen Eindruck. Seine Ohren sind nach hinten auf die Stelle des Unbehagens gerichtet. Seine Augen sind leer, so als ob es geistesabwesend wäre. Versunken in seinen Problemen, reagiert das Pferd kaum, wenn man eine Hand vor seinem Gesicht hin- und herbewegt. Es tritt von einem Hinterbein aufs andere. Ab und zu dreht es sich um und berührt seinen Bauch mit der Nase. Und es stöhnt.

**Starkes Unbehagen:** In den meisten der vorher erläuterten Fälle kann sich der beschriebene Zustand verschlimmern, wobei die Körpersprache des Pferdes dann viel eindeutiger und eindringlicher wird. Eine Druckstelle ist eine Art Unbehagen, das sich wahrscheinlich verschlimmern wird, bevor es sowohl vom Pferd als auch vom Menschen großartig bemerkt wird. Wenn ein Pferd etwas am Huf oder Bein hat, möchte es stehenbleiben und das entsprechende Bein entlasten. Es setzt den Huf nicht auf. Es ist kaum zu sehen, aber es berührt den Boden nicht. Man kann ein Blatt Papier darunter schieben. Die Muskeln des anderen Beins sind angespannt durch die zusätzliche Belastung. Ein erfahrener Beobachter kann zwischen dieser Haltung und dem Einknicken der Hüfte und nach unten gerichteter Zehe unterscheiden, wenn das Pferd schläfrig ist und döst.

**Schmerzen:** Wenn es geführt wird, muß das Pferd den schmerzenden Huf bzw. das Bein belasten. Es wird sich so langsam wie möglich bewegen, wobei es das betroffene Bein so wenig und so kurz belastet, wie es geht. Wenn der Huf auffußt, nickt das Pferd auf der anderen Seite mit dem Kopf, um sein Gleichgewicht halten zu können, damit es nicht noch mehr Schmerzen bekommt. Wenn der Schmerz zunimmt, trägt das Pferd den Kopf tiefer als gewöhnlich, und das Lahmen wird auffälliger. Bei starken oder andauernden Schmerzen wird aus dem Lahmen ein Hüpfen auf drei Beinen. Das verletzte Bein wird nie aufgesetzt. Die Ohren hängen zur Seite, parallel zum Boden wie die Tragflächen eines Flugzeugs. Die Augen sind glasig und reagieren nicht, wenn eine Hand direkt vor dem Gesicht auf und ab bewegt wird.

Wenn es traben oder galoppieren soll, zeigt ein Pferd mit mittelstarken Schmerzen absolut keinen Vorwärtsdrang. Es setzt so wenig Energie wie möglich ein und versucht, den Schmerz mit langsamen, abgehackten, unregelmäßigen Bewegungen mit Taktfehlern zu kompensieren. Die Ohren läßt es zur Seite in »Tragflächenhaltung« hängen und nickt mit gesenktem Kopf. Wenn es die Schmerzen eher im hinteren Körperbereich hat als vorne, werden die Ohren auf die schmerzende Stelle gerichtet und kaum in eine andere Richtung bewegt. Wenn es Schmerzen in einem Huf oder Bein hat, empfindet das Pferd den Trab als besonders schmerzhaft, weniger aber den Galopp. Interessanterweise kann die erhöhte Blutzufuhr während der Bewegung die Schmerzen lindern, und das Pferd fühlt sich einigermaßen wohl, wenn es sich nur um eine wunde Stelle und nicht um Gewebeschäden wie beim Riß einer Sehnenscheide oder bei Schienbeinen (Schienbeine = Knochenhautentzündung an der Röhrbeinvorderseite) handelt. Das ist sehr wahrscheinlich der Fall, wenn das Pferd mit großer Geduld behandelt wird und man es gut aufmuntert und unterstützt während der unangenehmen Aufwärmphase.

Hat ein Pferd die starken Schmerzen einer Kolik, dann zeigt es dies viel deutlicher in seiner Körpersprache als zu Beginn der Kolik. Wenn sich der Zustand verschlimmert, wird das Stöhnen tiefer und es legt sich hin, wälzt sich heftig und beißt sich selbst. Wenn es nicht daran gehindert wird, kann es sein, daß es sich Löcher in den Körper beißt. Während des Wälzens kann es zu einer Darmverschlingung kommen, und das Pferd stirbt.

Wenn ein Schmerz, egal welcher Art, lange andauert, ohne gelindert zu werden, ist das natürlich anstrengend für das Pferd. Ein auf diese Art und Weise geschwächtes Pferd bricht in Schweiß aus, steht mit gespreizten Beinen da, läßt die Ohren und den Kopf hängen, und es muß sich anstrengen, um nicht umzufallen. Irgendwann fällt es schließlich doch um und bleibt mit steif von sich gestreckten Beinen liegen. Es versucht nicht, wieder aufzustehen. Sein Leben kann nur gerettet werden, wenn es nicht zum Liegen kommt oder wenn das liegende Pferd rechtzeitig entdeckt wird und man es wieder auf die Beine bringt und seine Schmerzen durch eine Injektion lindert.

Manche Pferde geraten in Panik und fügen sich weitere Verletzungen, eventuell tödliche zu, wenn sie ein gebrochenes Bein oder eine andere ähnlich schwere Verletzung haben. Andere bekommen einen Schock, stehen mit gespreizten Beinen da und lassen den Kopf fast bis auf den Boden hängen. Die Ohren hängen zur Seite, das Maul ist geöffnet und der Blick ist leer.

# Das kranke Pferd

Ein Pferd kann krank sein, ohne daß es tatsächlich Schmerzen fühlt oder äußert oder man die Symptome sehen kann, wie tränende oder geschwollene Augen, Nasenausfluß, Darmgeräusche oder eine Blutung. Vielleicht ist es durch verdorbenes Futter oder Wasser erkrankt, weil es zu viel oder zu wenig gefressen hat oder weil es von einer giftigen Pflanze gefressen hat, wie z. B. Oleander. Oder es hat ein organisches Leiden. Was auch immer die Ursache ist, man kann eindeutig sehen, ob man ein krankes Pferd vor sich hat.

**Leichte Erkrankung:** Das Pferd ist teilnahmslos, lustlos und energieloser als sonst. Sein Fell wird plötzlich stumpf. Es steht da mit gesenktem Kopf, halb geschlossenen Augen und zur Seite abgekippten Ohren (es sei denn aufgrund körperlicher Schmerzen nach hinten gelegt).

**Schwere Erkrankung:** Je kranker das Pferd ist, desto tiefer läßt es den Kopf hängen und desto weniger reagiert es auf Menschen, Tiere und sonstige Vorgänge. Es ist in sich gekehrt und stöhnt häufig. Es zittert und schwitzt. Es fühlt sich unwohl, egal ob es liegt oder steht, und es wechselt ständig die Lage. Wenn es ihm extrem schlecht geht, wechseln starkes Schwitzen und fiebrige Austrocknung einander ab. Wenn es steht, kann es sein, daß es mit gespreizten Beinen taumelnd sein Gleichgewicht zu halten versucht. In diesem

Stadium ist es kaum noch erreichbar durch Stimme oder Berührung des Menschen.

Im Anfangsstadium der Krankheit ist das offensichtlichste Symptom das Fell. Egal wie stark die Sonne scheint, das stumpfe Fell eines kranken Pferdes spiegelt nichts davon wider. In der Rekonvaleszenzphase bedeutet ein glanzloses Fell, daß das Pferd immer noch nicht ganz gesund ist.

# Das hungrige Pferd

Zu den Fütterungszeiten drückt ein normales Pferd seinen Hunger auf irgendeine Art und Weise aus. Es rennt in seiner Box hin und her. Es wiehert. Es tritt vor die Tür. Es schnappt sich den leeren Futtereimer und schleudert ihn so geräuschvoll wie möglich hin und her. Wenn das Heu gebracht wird, steht das Pferd wahrscheinlich an seiner Krippe, hält begierig Ausschau, wiehert und nickt ab und zu mit dem Kopf oder wirbelt mit dem Kopf herum so wie beim Spielen. Wenn die Boxentür geöffnet wird und das Heu kommt, nimmt es ein Maulvoll, bevor der Pfleger es in die Heuraufe legen kann. Das meiste von diesem Maulvoll Heu landet allerdings auf dem Boden.

In Ställen, wo die Pferde absolut identische Futterrationen zu streng eingehaltenen Fütterungszeiten bekommen, sind einige immer noch hungrig, wenn sie ihre Ration aufgefressen haben. Sie benehmen sich wirklich wie ausgehungert. Da sie nicht das kleinste Haferkorn oder sonst irgend etwas zu fressen finden, fangen sie ein Wieherkonzert an, begleitet von heftigen Tritten gegen die Wand.

Wenn ein Pferd ernsthaft unterernährt ist, sieht es auch so aus. Seine Rippen sind zu sehen. Sein stumpfes Fell sieht regelrecht räudig aus. Stellenweise geht das Haar aus, ebenso wie Büschel von Mähne und Schweif. Das Pferd steht apathisch da, in sich gekehrt, mit dem Kopf nach unten, hängenden Ohren und halb geschlossenen Augen. Es stirbt fast vor Hunger, zeigt aber kein übermäßiges Interesse an Futter. Wenn es gefüttert wird, hebt es vielleicht den Kopf und spitzt die Ohren, aber es frißt selten ohne gutes Zureden.

# Das durstige Pferd

Wer auch immer für ein Pferd verantwortlich ist, muß unter allen Umständen sicherstellen, daß es ausreichend Wasser bekommt oder Zugang dazu hat. Wenn man sich nicht sicher ist, beantwortet das durstige Pferd die Frage mit beträchtlichem Kopfschütteln und indem es seine Lippen leckt.

Wie ein Pferd säuft, ist absolut unterschiedlich und hängt vielleicht von dem Verhalten seiner Vorfahren ab. Manche Pferde saufen freiwillig aus einem vollen Eimer, ohne vorher Theater zu veranstalten. Andere verbringen eine ganze Zeit damit, mit dem Maul an der Oberfläche herumzuspielen und Wasser zu verspritzen, bevor sie tatsächlich saufen. Das kann noch aus einer Zeit herrühren, wo Pferde ihren Durst an einem Teich stillten und das süße, frische Wasser erst unter einer Algenschicht zu finden war.

Manche Pferde tauchen ihr Maul ein ganzes Stück in den Eimer, so daß die Nüstern teilweise bedeckt sind. Andere fangen mit dem rituellen Herumplanschen an und rammen ihre Nase dann auf den Boden des Eimers, wobei sie die Luft anhalten und schlürfend vom Boden saufen. Bonnie besaß einen exzentrischen Vollblüter namens Moose, der es liebte, seinen Kopf ganz in das Wasserfaß zu tauchen. Wenn er seinen Durst gestillt hatte, machte er sich einen großen Spaß daraus, viele Blasen zu machen und umherstehende Personen vollzuspritzen.

Wenn ein Pferd nur ein paar Tage gedurstet hat, sind an seinem Körper schon die ersten Anzeichen von Austrocknung sichtbar. Tiefe Löcher zeigen sich in den Flanken, genau vor den Hüftknochen. Der normalerweise von der Mitte bis zu den Flanken leicht gewölbte Bauch erscheint nun spitzer, was dem Pferd eine Wespentaille bzw. Ähnlichkeit mit einem Windhund gibt.

# Das untergewichtige Pferd

Früher oder später frißt ein überarbeitetes Pferd nicht mehr richtig und verliert an Gewicht. Ebenso ein ängstliches, nervöses, krankes, verletztes oder unterernährtes Pferd oder eine Stute mit einer problematischen Trächtigkeit.

Zuerst sieht man, daß das Pferd an der Hinterhand, im oberen Bereich der Hinterbeine, Flanken und Brust an Fleisch verliert. Der Hüfthöcker steht besonders vor. Dann wird die Brust wabbelig, so als ob die Haut zu groß wäre für den Inhalt. In der Nähe des Widerrists kann man den oberen Teil des Rippenbogens sehen. Im Extremfall kann man sogar alle wichtigen Skelettknochen sehen.

# Das überhitzte Pferd

Wenn es plötzlich in heißes Klima kommt, nachdem es monatelang an Kälte gewöhnt war, oder wenn es dick eingedeckt wird, nachdem es lange Zeit auf der Weide zubrachte, oder wenn es plötzlich auf eine sonnige Weide ohne jeglichen Schatten gestellt wird, leidet das Pferd schnell akut. Es wird lethargisch. Es döst viel. Wenn ihm eine Anstrengung abverlangt wird, schwitzt es übermäßig stark, seine Flanken pumpen, die Nüstern sind weit gebläht, seine anderen Körperbewegungen aber langsam und spärlich. Wenn ein Reiter aufsitzt, schlägt es wahrscheinlich ungeduldig mit dem Schweif.

# Das Pferd in der Kälte

Pferde werden von den Leuten als kälteunempfindlich bezeichnet, die es für erforderlich, entschuldbar oder vernünftig halten, ihnen bei Temperaturen unter dem Gefrierpunkt sportliche Leistungen abzuverlangen. Das in der westlichen Welt populäre, warmblütige Pferd mit seinen leichten Knochen stammt größtenteils aus Nordafrika. Das heißt, daß seine Vorfahren selten einen Tag erlebten, wo die Temperatur unter 10 Grad Celsius lag. Wenn das Pferd inzwischen kälteunempfindlich geworden sein sollte, dann sind sämtliche Regeln der biologischen Evolution über den Haufen geworfen worden.

Man muß zugeben, daß manche Pferde sportliche Aktivitäten bei Kälte besser tolerieren als andere. Den anderen sieht man an, was sie empfinden. Sie zittern. Ihre Muskeln sind verspannt. Sie klappern mit den Zähnen. Aber sie zeigen nicht die Munterkeit eines vor Nervosität zitternden Pferdes. Stattdessen bewegen sie sich widerwillig und langsam, reagieren kaum auf ihre Umwelt, lassen die Ohren zur Seite oder nach hinten hängen und haben die Augen halb geschlossen. Diese Haltung ist typisch für ein Pferd, das sich nicht für seine Umwelt interessiert, sondern in sich gekehrt ist.

# Das lethargische Pferd

Wir beschreiben nun Zustände, die von gelangweilt und mutlos bis hin zu kaum vorwärts zu bewegen reichen. Die Ursache kann irgendeine schwächende Krankheit, Streß oder ein Verlust (körperlicher oder seelischer Art) sein. Oder es handelt sich um einen körperlichen Defekt, wie z. B. extrem geringe Intelligenz.

In diesem Zustand reagiert ein Pferd träge auf seine Umwelt. Etwas, das ein anderes Pferd wahnsinnig machen würde, ruft bei dem lethargischen Pferd nur eine geringe Reaktion hervor. Die Ohren läßt es gewöhnlich zur Seite hängen und bewegt sie nur selten. Sein Schritt kann so schleppend sein, daß Staub aufgewirbelt wird. Wenn es seine Hufe höher hebt, läßt es sie wie ein Tölpel wieder fallen. Kopfbewegungen sind selten und schläfrig, die Augen sind trüb und die Lider schwer. Im Sommer ist das Fell glanzlos, im Winter rauh und struppig. Der schlaffe Schweif ist wahrscheinlich strähnig oder verfilzt.

Niemand kann von einem Pferd in diesem Zustand erwarten, daß es irgend etwas gut macht. Der Einsatz eines solchen Pferdes kann sogar bedeuten, daß aus einem lethargischen Pferd ein saures Pferd wird, ohne die Qualität seiner Leistungen im geringsten zu verbessern.

# Das müde Pferd

**Schlaflosigkeit:** In einem Zustand seelischen Aufruhrs oder wenn es an einem lauten Ort untergebracht ist, kann es sein, daß das Pferd sich nicht hinlegt und schläft. Es döst stehend oder versucht es zumindest. Aber Dösen ist kein ausreichender Ersatz für Schlaf. Nach ein paar Tagen fängt das Pferd an zu dösen, wenn man von ihm Wachsamkeit oder sogar Vorsicht erwarten würde. Dieses Phänomen geschieht hinter den Kulissen auf Turnieren, und gelegentlich kann man es auch auf dem Sattelplatz auf Rennbahnen beobachten.

Das schlafende Pferd steht mit hängendem Kopf, fast oder ganz geschlossenen Augen und hängenden Ohren da (zur Seite hängend mit der Muschel nach unten). Es steht meist schief: Eine Hüfte ist eingeknickt, und das meiste Gewicht lastet auf dem gegenüberliegenden Hinterbeinen. Das andere Bein wird geschont, und nur die Zehe berührt den Boden. Von Zeit zu Zeit verlagert das Pferd sein Gewicht. Der Huf des geschonten Beins wird ganz aufgesetzt, und das Pferd stellt sich wieder gerade hin. Dann wird die andere Hüfte eingeknickt und das andere Bein entlastet, so daß die Hufspitze kaum noch den Boden berührt. Ab und zu schlägt es mit dem Schweif oder zuckt mit einem Muskel, um eine Fliege zu verjagen.

**Überanstrengung:** Wenn ein Pferd Rennen läuft oder andere große Leistungen im Rahmen seiner Kräfte erbringt, sind seine Ohren gespitzt oder nach hinten auf die Stimme seines Reiters oder Fahrers gerichtet. Bei starker Anstrengung kurz vor dem körperlichen Zusammenbruch werden die Ohren flach an den Kopf gelegt. Die Nase ist nach vorn gestreckt, und mit geblähten Nüstern, in denen man das Rote sieht, versucht das Pferd, so viel Sauerstoff wie möglich aufzunehmen. Jeder einzelne Muskel tritt hervor, und bei dünnhäutigen Rassen schwellen die Adern am ganzen Körper verdächtig an, besonders jedoch am Hals, um die Augen herum und im Gesicht. Wenn es erschöpft ist, läßt das Pferd den Kopf ermattet hängen und hebt ihn nur ab und zu, um besser Luft holen zu können. Wenn das Maul geöffnet ist und das Pferd anfängt zu keuchen, kämpft es praktisch ums Überleben, da es zu weit getrieben wurde. Zu diesem Zeitpunkt konzentriert es sich mehr aufs Luftholen als auf die Arbeit, so daß die Wahrscheinlichkeit eines

Fehltritts und eines gebrochenen Beins zunimmt. Wenn das Pferd nicht sofort anhalten darf, steigt das Risiko, daß es zu Herzversagen oder inneren Blutungen kommt.

Wird es zum Stehen gebracht, bevor es zum Schlimmsten kommt, steht das verausgabte Pferd mit gespreizten Beinen da und versucht, sein Gleichgewicht zu halten. Die Nase hängt fast auf dem Boden, die Ohren sind angelegt oder hängen zur Seite, und es pumpt heftig. Der Atem geht laut pfeifend. Der Körper ist immer schweißbedeckt. Die Schweifrübe zuckt verkrampft. Wenn man versucht, das Pferd zum Stall zu traben, ist es nicht in der Lage, die Hufe richtig anzuheben, sondern es geht schleppend und stolpert. Häufig kollabiert das Pferd, liegt flach da mit leeren, glasigen Augen, steif zuckenden Beinen und hervorstehenden Adern.

# Das Leittier

Um größere Sicherheit, Wasser, Futter oder einen Salzleckstein zu finden, führt die Leitstute manchmal die anderen Stuten und ihre Fohlen von Ort zu Ort. Ihr gesenkter Kopf geht hin und her und berührt fast den Boden. Die Ohren sind gespitzt, der Schweif wird hoch getragen, und die Augen sind drohend auf eventuelle Nachzügler gerichtet. Sie treibt die anderen in die gewünschte Richtung, wobei sie gelegentlich ihre Autorität untermauert, indem sie diejenigen, die sich zu langsam zurückziehen, in die weichen Sprunggelenke und den oberen Bereich der Hinterbeine kneift. Diese Haltung kann man in besonders ausgeprägter Form bei den Cutting-Pferden beobachten, wenn sie ihre Fähigkeiten beim Zusammentreiben von Rindern zeigen. Wunderbare Fotos von wilden Hengsten, die ihren Harem von rivalisierenden Hengsten wegtreiben, sind in dem bemerkenswerten Buch »Such is the Real Nature of Horses« zu sehen, das 1972 bei William Morrow Company erschienen ist.

# Das unterwürfige Pferd

Ein Einzeltier will eventuell nicht von einem bestimmten Teil der Weide an einen anderen getrieben werden, aber es beugt sich der größeren Autorität und zieht friedlich von dannen. Das ist ein Akt der Unterwerfung, so wie die Flucht eines Hengstes aus dem Hoheitsgebiet eines anderen. Um den tatsächlichen oder möglichen Zorn älterer Pferde zu beschwichtigen, zeigen Absetzer und Jährlinge oft ihre Unterwürfigkeit, indem sie eine saugende Haltung nachahmen und ihr Maul wie ein Saugfohlen hin- und herbewegen. Das sieht man selten bei älteren Pferden, mit Ausnahme von extremen Streßsituationen, wenn z. B. ein bisher nicht gelaufenes, 3jähriges Rennpferd vor dem Rennen im Führring auf ein erfahrenes, ausgekochtes älteres Pferd trifft und seine Unterlegenheit durch diese Gebärde zeigt.

# Das sexuell erregte Pferd

Pferde zeigen sexuelle Gefühle, selbst wenn Mitglieder des anderen Geschlechts nicht zugegen sind. So kann z. B. eine Stute dadurch erregt werden, daß sie eine rossige Stute sieht. Die aufregende Atmosphäre vor einem Wettbewerb kann auf einen jungen Hengst sexuell erregend wirken.

**Weibliche Pferde:** Die Stute stellt sich mit gesenktem Kopf breitbeinig hin und quietscht ab und zu. Sie trägt den Schweif zur Seite und läßt die Ohren mit der Muschel nach unten zur Seite hängen. Die Schamlippen sind gut durchblutet. Ab und zu zeigt die Stute ihre Ungeduld, indem sie mit einem oder beiden Hinterbeinen auskeilt und quietscht.

**Männliche Pferde:** Wenn ein Hengst den Geruch einer rossigen Stute in die Nase bekommt, hebt er seinen Kopf und zieht die Oberlippe hoch, was allgemein als Flehmen bezeichnet wird. Mit rundem Hals und hoch getragenem Schweif bekommt er eine Erektion. Wenn er nur den Urin einer rossigen Stute zu riechen bekommt, flehmt er, und wenn er kann, markiert er die Stelle mit seinem eigenen Urin, so als wolle er sein Gebiet abgrenzen. Das

Flehmen ist nicht nur auf sexuelle Empfindungen begrenzt, sondern die normale Reaktion auf einen starken Geruch jeglicher Art. Es kann ausgelöst werden durch den Geruch einer Medizin, eines Parfums und sogar durch Zigarettenrauch.

# Das gedopte Pferd

Wenn ihm Depressiva, wie z. B. ein Beruhigungs- oder schmerzstillendes Mittel, verabreicht wurden, zeigt das Pferd das eindeutig in seiner Körpersprache. Vollkommen anders, aber ebenso eindeutig ist die Körpersprache eines Pferdes, das mit Stimulanzien vollgepumpt wurde.

Leider gibt einem das Verhalten eines gedopten Turnier- oder Rennpferdes keinen Aufschluß über den Namen des illegalen Mittels, das durch seine Adern fließt. Alles, was der Fachmann erkennen kann, ist, daß das Pferd von seinen Freunden ein bißchen Unterstützung bekommen hat oder gedopt wurde, um zu verlieren (auch diese Form des Dopings ist möglich). Das zu wissen, ist schon besser, als gar nichts. Die Verantwortlichen auf Turnieren und Rennbahnen, die sich für ehrlichen Wettkampf einsetzen, sollten die Körpersprache der Pferde erlernen.

**Depressiva:** Jedes Pferd reagiert anders auf Medikamente. Die Dosis Beruhigungsmittel, die das Springpferd beruhigt und es in die Lage versetzt, seine Bestleistung zu zeigen, kann aus seinem Cousin eine taube Nuß machen. Diese Medikamente, die bei dem einen Pferd lediglich den Gemütszustand positiv beeinflussen, können die körperliche Reaktionsfähigkeit eines anderen lähmen. Daraus kann man schließen, daß niemand in der Lage ist, sich eine Gruppe von Pferden anzusehen und immer eindeutig alle herausfinden kann, die gedopt wurden. Aber man kann diejenigen erkennen, auf die das Doping verdächtige Auswirkungen hat.

Die seltsamen Bewegungen seiner Ohren zeigen, daß ein Pferd unter dem Einfluß starker Depressiva steht. Als ob das Medikament seine Muskeln oder Nerven lahmgelegt hätte, hat ein Pferd mit einer Überdosis Tranquilizer keine richtige Kontrolle mehr über seine Ohren. Sie hängen unbeweglich zur Seite mit der Muschel nach unten. Auch wenn das Pferd auf etwas vor ihm reagiert, es beriecht oder sogar vor ihm zurückweicht, werden die Ohren nicht in die entsprechende Richtung gespitzt. Sie bleiben hängen. Außer Doping können nur schlecht passende Scheuklappen, die die Ohren einklemmen, der Grund sein, daß ein Pferd auf einen Reiz mit Augen und Nase ziemlich schnell reagiert, seine Ohren von den Sinneswahrnehmungen aber abgetrennt scheinen.

Mit einer geringeren Dosis kann es sein, daß sich die Ohren in Koordination mit dem Maul bewegen, aber träge. Das Pferd spitzt die Ohren nie richtig und läßt sie bald wieder hängen. Wenn das Pferd Schritt geht oder trabt, kann es sein, daß die Ohren auf und ab wippen wie bei einem Hund.

Ein weiteres Anzeichen für die Verabreichung von Depressiva sind leicht glasige Augen und eine vergleichsweise träge Reaktion auf visuelle Reize. Der Kopf wird hängen gelassen, der Schritt ist schleppend und der Schweif bewegt sich langsam. Es kann sein, daß dünn der Speichel aus dem Maul tropft, was darauf hindeutet, daß das normale Schluckvermögen des Pferdes gestört ist.

Wenn die Depressiva eine starke Wirkung haben, kann es sein, daß das Pferd sich so benimmt, als habe es keinen Selbsterhaltungstrieb mehr. Manchmal kann man ein Renn- oder Turnierpferd dabei beobachten, wie es unbeirrt in das Hinterteil eines anderen Pferdes läuft, das aufgrund dieser Zudringlichkeit auskeilt. Das ist ein ganz extremes Verhalten. Selbst ein blindes Pferd läuft nicht in die auskeilenden Hufe eines anderen Pferdes.

**Stimulanzien:** Wieder einmal geben die Ohren den Aufschluß. Sie bleiben in der Stellung, in der sie sind, wenn das Medikament zu wirken beginnt. Meistens sind sie gespitzt und bleiben so, egal was kommt. Die anderen Reaktionen des Pferdes können relativ normal sein, aber die unbeweglichen Ohren sind ein eindeutiger Hinweis. Wenn sich z. B. der Reiter nach vorn beugt, um am Zaumzeug etwas zurechtzuziehen, bewegen sich die Pferdeohren nicht. Auch wenn ein anderes Pferd von hinten auf dieses Pferd zugaloppiert, bewegen sich seine Ohren nicht.

Je nach Höhe der Dosis kann das Pferd auch mit Hyperaktivität reagieren. Es bewegt den Kopf übermäßig viel, tänzelt nervös, und seine Muskeln zucken verkrampft. Im Schritt, Trab oder Galopp hat das Pferd eine ungewöhnlich hohe Beinaktion, so daß die Hufe in einem seltsamen Winkel, wie nach einer Fliege stampfend aufgesetzt werden. Die Atmung ist schneller und unregelmäßiger als normal. Selbst ohne große Anstrengung bewegen sich die Flanken heftig und ungleichmäßig.

Die Augen sind glasig, wie »weggetreten«. Am Gebiß sammelt sich viel Schaum, und dicke Speichelfäden tropfen dem Pferd auf die Beine. Männliche Tiere tragen den Schweif gerade oder nach oben, manchmal wippt er wie verkrampft.

Wenn ein Pferd nicht so stark gedopt ist, daß es alle Anzeichen aufweist, kann man meinen, es auf den ersten Blick an seinen verräterisch unbeweglichen Ohren erkennen zu können. Aber dann kann es sein, daß sie sich doch ein bißchen bewegen. Beobachten Sie das Pferd weiter genau. Wenn die Ohren immer wieder die ursprüngliche Stellung einnehmen und wenn diese Stellung nicht als normale Reaktion auf die herrschende Situation angesehen werden kann, können Sie davon ausgehen, daß das Pferd gedopt ist.

**Überdosis:** Wir haben schon erwähnt, daß man nach Verabreichung von Stimulanzien oder Depressiva unter Umständen feststellt, daß die Substanz einen gegenteiligen Effekt erzielt hat. Genau wie beim Menschen kann ein mittelstarker Tranquilizer ein empfindliches Pferd durchdrehen lassen. Oder milde Stimulanzien bringen es um.

Einem Pferd, das eine Überdosis bekommen hat, kann man dies ansehen. Die Augen können sich nicht auf einen Punkt konzentrieren, sondern blicken wild und orientierungslos. Aufgrund der Überdosis kann es sein, daß das Pferd absolut unangemessen wütend oder aggressiv wird, so daß es sich selbst oder seinen Betreuer umbringt. Oder es verweilt in einer Standbild-Haltung, bis es umfällt.

# Das Pferd bekommt einen Stromschlag

Wenn ein Pferd rückwärts in einen Elektrodraht läuft, schnellt es durch den Schock mit einem großen Sprung nach vorn. In diesem Augenblick versteift sich der Schweif, beschreibt eine ganze Drehung und geht dann hoch in die Luft, bevor er auf das Hinterteil klatscht. All das geschieht in ein oder zwei Sekunden und ähnelt keiner anderen Reaktion eines Pferdes. Man kann dieses Verhalten also nur in der Nähe eines Elektrozaunes oder auf der Rennbahn und ähnlichen Orten beobachten, wo Reiter Elektro-Peitschen benutzen, um die Pferde schneller zu machen. Unter der Bezeichnung Treiber oder Schock-Peitsche und mehreren anderen Ausdrücken aus der Knastsprache, haben die batteriebetriebenen Peitschen den vorwärtstreibenden Effekt von Viehtreibern. Aus diesem Grund sind sie in jeder Disziplin des Pferdesports verboten. Aus demselben Grund werden sie heimlich weiter benutzt von Leuten, die sich illegal Vorteile verschaffen wollen.

Wenn ein Rennbahnbesucher einmal sieht, wie ein Pferd plötzlich einen Satz nach vorn macht und dann mit dem Schweif dreht und auf und ab schlägt, kann der Grund nur ein solches Gerät in der Hand des Reiters sein.

Der Reiter muß aber berücksichtigen, daß das Pferd genau in die entgegengesetzte Richtung springt. Der Sprung wird daher wahrscheinlich zur Seite erfolgen, da es dem Reiter kaum möglich sein wird, es genau mitten auf dem Hintern zu treffen, sondern eher an der Seite.

# Stimme und Lautäußerungen

Hier benutzen wir das Wort »Sprache« etwas lockerer als zuvor. Die Körpersprache des Pferdes ist sehr präzise. Die Lautäußerungen sind es nicht. Obwohl es Unterschiede in Tonlage, Lautstärke und Klang gibt, scheint es sich hauptsächlich um Rufe zu handeln, die die Bedürfnisse, Wünsche oder Gemütsbewegungen zum jeweiligen Zeitpunkt ausdrücken sollen. Je jünger das Pferd ist, desto höher ist seine Stimme.

Auch wenn Wissenschaftler eines Tages vielleicht herausfinden, daß die Laute selbst bestimmte Botschaften beinhalten, müssen wir uns mit den heutigen, geringeren Erkenntnissen begnügen. Wir können uns nicht anmaßen, eine Liste von Lauten und ihrer möglichen Bedeutung aufzustellen. Wenn z. B. ein zweijähriger Hengst in eine fremde Gegend kommt, wird er wahrscheinlich unsicher wiehern. Man könnte davon ausgehen, daß er sagt: »Ich will zu meiner Mama.« Oder »Hier gefällt es mir nicht.« oder »Ich wäre jetzt lieber in Philadelphia.« Wir wissen aber nur, daß Pferde unter bestimmten Umständen ihre Not mitteilen. Um sicher sein zu können, daß die Botschaft Not ausdrücken soll, müssen wir die näheren Umstände als Notsituation einstufen und erkennen, daß die Körpersprache des Pferdes ebenfalls Not ausdrückt. Selbst wenn feststeht, daß der Laut mit Not zu tun hat, ist ein Anthropomorphismus wie »Ich will zu meiner Mama.« nicht gerechtfertigt.

Mit anderen Worten: Ein Wörterbuch der Pferdesprache funktioniert nicht. Wir sollten uns daher damit begnügen, die Laute und einige beispielhafte Situationen zu beschreiben, in denen man sie hören kann.

**Schnauben:** Wenn es sich dabei nicht einfach nur um den Versuch handelt, Staub aus den Luftwegen zu bekommen, kann man ein Schnauben hören, wenn das Pferd spielt, ungeduldig, ängstlich oder verärgert ist.

**Begrüßungs-Wiehern:** Ein im allgemeinen nicht aggressiver Laut. Er ist nasaler und nicht so laut oder langanhaltend wie das normale Wiehern. Man kann es oft als Rufen und Antworten vernehmen, wenn z. B. einige Pferde außerhalb des Stalles sind und ihre Kameraden sich im Stall befinden. Oder wenn Pferde einander oder einen menschlichen Freund begrüßen. Oder wenn ein Pferd in fremder Umgebung ist und sich z. B. auf dem Sattelplatz oder Führring einer Rennbahn den anderen Pferden vorstellt. Oder wenn Pferde in ihren Boxen hungrig werden. Wenn Don Loudon spät abends in den Stall kam, imitierte er immer ein Begrüßungs-Wiehern, um die Stallbewohner wissen zu lassen, daß nur er es war und sie sich keine Sorgen machen mußten.

**Unsicheres Wiehern:** Ein höherer Ton mit mehr Spannung und Aufregung in der Stimme als das Begrüßungs-Wiehern.

**Ortungs-Wiehern:** Um sich über eine größere Entfernung als mit einem Begrüßungs-Wiehern zu verständigen, hebt das Pferd seinen Kopf, öffnet sein Maul und wiehert. Die Mutterstute ruft, wenn ihr Baby außer Sicht ist. Es antwortet mit einem unsicheren Wiehern, da es noch nicht in der Lage ist, so laut und selbstsicher wie ein erwachsenes Pferd zu wiehern. Ein Pferd, das auf sein Begrüßungs-Wiehern keine Antwort bekommen hat, wird ein- oder zweimal mit einem Ortungs-Wiehern rufen, um weiter entfernt bemerkt zu werden. Auch ein Pferd, das nach längerer Abwesenheit wieder nach Hause kommt, wird mit einem Ortungs-Wiehern rufen, wenn es den heimatlichen Stall am Horizont auftauchen sieht.

**Werbungs-Wiehern:** Meist lauter und tiefer als ein Ortungs-Wiehern. Diesen Laut kann man hören, wenn ein Hengst seine Anwesenheit kundtut und ein anderer Hengst diese anmaßende Überlegenheit mit einem Werbungs-Wiehern seinerseits herausfordert.

Wütende Stuten und Wallache geben ebenfalls solche Laute von sich. Ein noch tieferer Ruf aus dem Bauch heraus, aber nicht so heiser, kann ein absolut friedliches Werbungs-Wiehern als Bitte um sofortige Zuwendung sein. Das Pferd, das immer die Knoten aufmachte, war nur für kurze Zeit mit dem glatten Seil zufrieden, bevor es gegen die Boxentür trat und nach jemandem rief, der kommen und neue Knoten machen sollte.

**Schreien oder schrilles Wiehern:** Man kann sie sofort eindeutig als Schreie identifizieren, obwohl sie von Lautstärke und Tonhöhe von Pferd zu Pferd unterschiedlich sind und natürlich je nach Situation. Unterschiedliche Schreie werden ausgestoßen, wenn das Pferd wütend ist, Angst hat oder Schmerzen.

**Quietschen:** Aus dem Hals, aber ein richtiges Quietschen. Diesen Laut geben Fohlen während des Spielens von sich oder eine Stute, wenn sie droht, ein ungebärdiges Fohlen zu beißen. Es ist ebenfalls ein charakteristischer Laut für eine rossige Stute.

**Seufzen:** Wenn sie sich zum Ausruhen hingelegt haben, geben Pferde oft ein Seufzen aus der Brust von sich, dem eines Hundes oder Menschen ähnlich.

# 3

# DIE KÖRPER-SPRACHE VON PFERD UND REITER

Wenn man ein Pferd aus etwa ein bis zwei Meter Entfernung von der Seite betrachtet, kann man sich ein komplettes Bild von dem ganzen Pferd von den Nüstern bis zum Schweif machen. Der Reiter hat es nicht so einfach. Im normalen Sitz sieht er auf dem sich vorwärts bewegenden Pferd nur den Widerrist, etwas von der Brust, den Mähnenkamm und ein paar Zentimeter des Halses, das Genick, die Ohren und ein wenig von den Ganaschen. Die Richtung, in die das Pferd die Ohren spitzt, zeigt, wofür es sich gerade am meisten interessiert. Wenn der Reiter auf die Schultern schaut, kann er erkennen, welches Vorderbein gerade vorgeht und welches nicht. Und das ist auch schon alles, was er sehen kann. Selbst wenn das Pferd seinen Kopf oder der Reiter sich im Sattel dreht, spielt das Sehvermögen eine untergeordnete Rolle bei dem Versuch zu erfahren, wie das Pferd gelaunt ist und welche Bedürfnisse es hat. Der größte Teil des Pferdekörpers und seine Mitteilungen in Form von Körpersprache bleiben dem Reiter verborgen, d. h. auch die körperlichen Ankündigungen, daß es bald Ärger gibt, kann er nicht sehen.

Aber er kann manches hören, und er kann noch mehr erfühlen. Wenn ein Pferdefachmann als »halbes Pferd« bezeichnet wird, ist das nicht hoffnungslos wirklichkeitsfremd, sondern eine Anerkennung. Ein guter Reiter funktioniert wie ein Teil seines Pferdes, wobei Gehör und (vor allen Dingen) Gefühl die Kommunikation so unterstützen, wie es das Sehvermögen nicht kann.

Deshalb glauben viele gute Reitlehrer, daß es der richtige Weg sei, Anfänger ohne Sattel reiten zu lassen. Andere wiederum empfehlen, ohne Sattel zu reiten, wenn der Schüler die Grundbegriffe von Gleichgewicht und Koordination gelernt hat. Der Hautkontakt beim Reiten ohne Sattel macht aus jedem Anspannen der Muskulatur oder einer Gewichtsverlagerung von Reiter oder Pferd ein wichtiges Kommuniktionsmittel. Die so erlangte Sensibilität verliert sich nicht, wenn man wieder mit Sattel reitet. Selbst mit einem schweren Westernsattel von fast 70 Pfund kann ein guter Reiter spüren, wenn das Pferd seine Rückenmuskulatur anspannt und den Rücken krümmt, um zu bocken.

Neben einer gesteigerten Sensibilität für Berührungen, einem wachen Ohr und einem eingeschränkten Sichtfeld besitzt der gute Reiter noch Pferdeverstand. Bei einem lauten Geräusch von hinten erwartet ein guter Reiter regelrecht, daß das Pferd nach vorn springt und sich dann nach dem Geräusch hin umdreht, um es zu erforschen. Während des Moments schon, wo er das Geräusch hört, verlagert er sein Gewicht in Erwartung der Reaktion des Pferdes, so daß er durch den Satz nach vorn nicht aus dem Sattel geworfen wird. Er ist darauf vorbereitet, daß das Pferd seinen Kopf herumwerfen wird bzw. sich eventuell sogar ganz umdreht. Diese natürliche Reaktion des Pferdes verhindern zu wollen, würde bedeuten, einen Kampf heraufzubeschwören.

Ein anderes Beispiel: Beim Abteilungsreiten hören Sie, daß ein anderer Reiter zu dicht aufreitet. Wenn Ihr Pferd das nicht mag, können Sie sehen, wie es seine Ohren anlegt, und hören, wie es mit dem Schweif schlägt oder dreht und eventuell fühlen Sie sogar, wie sich sein Körper spannt, um auszuschlagen. Um derartige Probleme zu vermeiden, treiben Sie sofort Ihr Pferd energisch vorwärts und raten dem Reiter hinter Ihnen, nicht mehr so dicht aufzureiten. Ihnen bleiben nur ein oder zwei Sekunden zum Handeln. Wenn Sie zu langsam sind, könnte es sein, daß Sie bald den Erdboden küssen. Das Pferd hinter Ihnen wirft womöglich ebenfalls seinen Reiter ab bei dem Versuch, den Hufen Ihres Pferdes auszuweichen.

Wenn Ihr Pferd langsamer wird und seine Ohren spitzt, hat es etwas entdeckt, das es untersuchen muß. Wenn Sie direkt durch die gespitzten Ohren hindurch auf ihr Ziel schauen, werden Sie herausfinden, was Ihr Pferd so fesselt. Für Sie mag es sich um etwas ganz Banales handeln, nicht aber für Ihr Pferd. Wenn es seinen Kopf senkt und anfängt, dauernd vor- und zurückzugehen und zu schnauben, ist es Zeit für Sie, abzusteigen und das Pferd mit Ihrer Hilfe entdecken zu lassen, daß ihm nichts passiert.

Eine besonders schwierige Lektion für ein Reitpferd ist das Rückwärtsrichten, ohne den Kopf zu drehen, damit es den Weg hinter sich sehen kann. Es besitzt nämlich die natürliche Neigung, den Kopf so weit zu drehen, bis es hinter sich sehen kann. Aber die meisten Pferde sind so weit geschult, daß sie das nicht mehr tun, sondern dem Reiter vertrauen. Der Reiter unterstützt diese Lektion, indem er die Zügel leicht annimmt und dem Pferd wiederholt mit ruhiger, vertrauenerweckender Stimme Zutrauen einflößt. Die Öffnung der Pferdeohren sollte dabei voller Aufmerksamkeit nach hinten gestellt sein. Wenn das nicht der Fall ist, ist die Aufmerksamkeit des Pferdes auf etwas anderes gerichtet, und es kann sein, daß es als nächstes unter dem Reiter wegspringt.

Der Reiter muß immer aufmerksam bleiben, er darf auch nicht vorübergehend abschalten. Es ist schön, während eines Ausritts das Tempo zurückzunehmen und ein kleines Schwätzchen zu halten, aber am besten steigt man vorher ab. Wenn man voll auf die Unterhaltung konzentriert ist, schaltet man total ab und achtet auf nichts anderes mehr, auch nicht auf die Körpersprache seines Pferdes. Wenn sich eines oder mehrere Pferde erschrecken, muß der Reiter es bemerken, bevor das Pferd tatsächlich scheut – d. h. sobald die Ohren gespitzt werden, das Pferd den Kopf hochwirft und schnaubt. Für einen unachtsamen Reiter besteht somit ständig das Risiko eines Sturzes.

Ein Pferd, das begierig darauf ist, schneller vorwärtszugehen, zeigt dies, indem es mit dem Kopf nach unten stößt und dann seinen Hals nach vorn streckt. Genau dieselbe Bewegung ist jedoch auch typisch für ein Pferd, dessen Maul durch ein zu enges Gebiß verletzt wurde. Der Unterschied liegt darin, daß das vorwärts drängende Pferd die Ohren spitzt und es versucht, so schnell wie möglich zu gehen. Das Pferd hingegen, daß mehr Zügelfreiheit will, verlangsamt sein Tempo. Seine Ohren zeigen nach hinten zum Reiter oder sind sogar angelegt. Außerdem kann man hören, wie es ungeduldig mit dem Schweif gegen die Hinterbeine schlägt.

Im allgemeinen ist es einfacher, festzustellen, ob das Pferd sich unwohl fühlt, wenn man im Sattel sitzt. Von unten aus bemerkt man, daß das Pferd im Schritt ein bißchen auffälliger mit dem Kopf nickt. Solange es jedoch nicht offenkundig lahmt, kann man nur schwer sagen, welches Bein bevorzugt wird. Im Sattel (oder besser noch: ohne Sattel) werden Sie sicherlich bemerken, daß das schmerzende Bein etwas schneller abfußt. Sie können ebenfalls die besondere Spannung und das schwere Auffußen fühlen.

Wenn Sattel oder Gurt scheuern oder das Pferd innerlich Schmerzen hat, verkürzt es seine Tritte in der Hoffnung, anhalten zu können. Man kann fühlen, wie der Körper sich dem Schmerz zu entziehen versucht. Die Ohren zeigen nach hinten genau auf die Stelle, wo es ihm unbehaglich ist.

Beim überanstrengten Pferd ist es ähnlich. Man kann fühlen, wie es seine Tritte verkürzt, und an den bebenden Flanken spürt man, wie es nach Luft japst. Es senkt den Kopf und legt die Ohren an. Wenn es den Kopf dreht, kann man die weit geöffneten Nüstern sehen. Der pfeifende Atem ist gut zu hören.

# 4

# PROBLEM-LÖSUNGEN

Die folgende Geschichte ereignete sich in einem recht bekannten Institut für Tierverhaltensforschung in den USA. Mit dem Spitzenhengst schien irgend etwas nicht in Ordnung zu sein. Seit über einem Tag hatte er weder gefressen noch geschlafen, noch war er dazu zu bewegen, aus der hintersten Ecke seiner Box hervorzukommen. Eine kleine Gruppe von Experten kam darin überein, daß das Tier erkrankt war. Aber woran?

Eine vorbeikommende Studentin sah die ratlosen Gesichter vor der Box des Hengstes. Sie spähte in die Box und sah ihren guten Freund, den Hengst, bedeckt mit Schweiß, bebenden Flanken und rollenden Augen.

»Wovor hat er denn Angst?« fragte sie.

»Er hat keine Angst. Er ist krank. Wir sind uns noch nicht einig, was ihm fehlt.«

Aber die Studentin blieb bei ihrer Meinung: »Der hat fürchterliche Angst. Das ist Angst und keine Krankheit.«

»Das könnte stimmen«, gab jemand schulterzuckend zu. »Aber wovor sollte er denn Angst haben?«

»Lassen Sie mich einmal probieren, ob ich mit ihm zurecht komme«, bot die Studentin an.

Sie bekam einen Führstrick und ging in die Box, wobei sie beruhigend auf ihren Freund einredete: »Ist schon gut, mein Junge. Ich bin's nur. Ich bin hier, um Dir zu helfen.«

Sie hatten oft zusammen gearbeitet. Als sie näher kam, preßte er seinen Kopf an sie und zitterte bemitleidenswert. Sie versuchte, ihn zu trösten. Als sie ihn aber aus der Box führen wollte, stemmte er seine Vorderbeine in den Boden und war nicht dazu zu bewegen, auch nur einen Schritt zu tun.

Ziehen würde nicht helfen, aber vielleicht gutes Zureden. Sie klopfte ihn und redete bettelnd auf ihn ein. Wollte er nicht so lieb sein und mit ihr aus der Box gehen? Nach einer Weile nahm er sich zusammen und sprang heraus. In zwei Sätzen war er vier Meter vor der Tür und zog sie hinter sich her. Dann drehte er sich um und starrte auf die Tür, schnaubte und ging zurück.

»Haben Sie gesehen, wie er aus der Box sprang?« fragte sie. »Dann ist er herumgewirbelt, um die Box ins Visier zu nehmen. Da ist irgend etwas, das ihm Angst macht! Gibt es hier etwas, das neu und unbekannt für ihn ist?«

Am vorhergehenden Tag waren mehrere Heuballen neben der Boxentür gestapelt worden. Nase und Ohren des Pferdes waren auf das Heu gerichtet. »Wir sollten das Heu wegräumen und sehen, was dann passiert«, schlug die junge Frau vor.

Als der unterste Ballen weggenommen wurde, kam eine große Schlange zum Vorschein. Das Pferd stieg und ging weitere 1,5 m zurück.

Großes Erstaunen. »Ich werde verrückt. Wie kommt denn die hierher?«

Einer der Männer tötete die Schlange mit einer Schaufel. Als sie sich nicht mehr bewegte, bat die Studentin den Mann, sie nicht gleich wegzubringen.

»Der Hengst glaubt, daß sein Gebiet, sein Lebensraum bedroht wurde. Er muß ihn verteidigen. Er hat stundenlang Angst gehabt, und er muß diese Angst jetzt abreagieren. Lassen wir ihn selbst die Schlange vernichten.«

Als sie den Hengst zu den Überresten des Reptils führte, änderte er sofort sein Verhalten. Er nahm den Kopf hoch und spitzte die Ohren. Seine Augen sprühten. Mit einem lauten Schnauben und einem noch lauteren Schrei stieg er kerzengerade in die Luft und stampfte die Schlange kurz und klein.

Einer der Männer fing an, die Heuballen wieder dort hinzulegen, wo sie gewesen waren.

»Nein,« rief die Studentin. »Vor seine Box legen Sie besser nie mehr Heuballen hin, sonst würde er nämlich denken, es sei wieder eine Schlange darunter.«

Als das Heu weg, die Überreste der Schlange ausführlich berochen, das Problem gelöst und Ruhe wieder eingekehrt war, ging der Hengst zurück in seine Box, müde, aber zufrieden.

Die Geschichte von dem Hengst und der Schlange zeigt uns, daß Kenntnisse von Körpersprache der Pferde heutzutage nicht gerade weitverbreitet, aber eine Grundvoraussetzung zur Lösung von Problemen sind. Man hat nur selten so viel Glück wie mit der Schlange im Heu. Meist hat man die Lösung nicht so schnell. Aber die Vorgehensweise ist immer gleich:

1. Sie müssen erkennen können, daß ein Problem existiert: Wer sich wirklich für die Körpersprache des Pferdes interessiert, wird wesentlich empfänglicher für seine Gefühle und erkennt Probleme unter Umständen schon, bevor es zu Schwierigkeiten kommt.

2. Stellen Sie fest, welcher Art das Problem ist: Die Körpersprache ist meist eindeutig: Angst? Wut? Langeweile?

Finden Sie heraus, was die wirkliche Ursache ist: Das ist nicht immer möglich. Das Problem kann schon vor Monaten oder Jahren entstanden sein, als das Pferd noch jemand anderem gehörte. Umfangreiche Nachforschungen können erforderlich sein. Die Nachforschungen führen aber zu nichts, wenn man nicht weiß, welche Art von Erlebnis höchstwahrscheinlich zu dem jeweiligen Problem führen kann. Das heißt, daß es (wie immer) gut ist, etwas über das Wesen des Pferdes zu wissen, und daß es am besten ist, alle Probleme aus der Sicht des Pferdes zu betrachten.

4. Beheben Sie die Schwierigkeiten im Rahmen einer gut funktionierenden Pferd-Mensch-Beziehung: Das ist die grundlegende Voraussetzung. Der Hengst, der sich vor der Schlange fürchtete, kannte die hilfsbereite Studentin und vertraute ihr. Gewöhnlich ist das Nichtvorhandensein einer guten Beziehung zwischen Mensch und Pferd der Hauptgrund, daß ein Problem entsteht, andauert und größer wird. Auf keinen Fall ist das Problem in den Griff zu bekommen, ohne daß es jemandem gelingt, das Vertrauen des Pferdes zu gewinnen. Das ist keine einfache Angelegenheit und geschieht nicht von heute auf morgen. Wenn es gelungen ist, muß man alles tun, um das Vertrauen zu erhalten und zu pflegen. Das Geheimrezept lautet wiederum Geduld und Verständnis.

5. Drängen Sie ein Pferd niemals dazu, etwas zu tun, wozu es weder bereit ist noch Lust hat. Wenn es eine neue Sache verweigert, greifen Sie auf etwas zurück, das es kennt und schon beherrscht. Es braucht etwas mehr Zeit und Vorbereitung. Dieser Rat wird denjenigen widersinnig vorkommen, die ein Pferd als Lebewesen ohne Verstand betrachten, das nur unter Zwang lernt. Aber wie wir schon gesagt haben und noch oft wiederholen werden, reagieren Pferde aller Rassen angemessen und begeistert auf eine Ausbildung, die ihre Instinkte respektiert. Wenn eine neue Aufgabe so lange aufgeschoben wird, bis das Pferd einfach bereit dafür ist, kommt der Erfolg schneller und ist befriedigender und dauerhafter. Wer nicht bereit ist, kurzzeitige, taktische Zugeständnisse an ein Pferd zu machen, sollte nicht versuchen, sich mit Problempferden abzugeben, da er wahrscheinlich eher Probleme schafft als löst.

6. Versuchen Sie niemals, sich mit einem schwierigen Pferd zu beschäftigen, wenn Sie verärgert, angespannt, ängstlich oder müde sind oder sich fürchten. Pferde verstehen schnell die Körpersprache der sie betreuenden Personen. Wer ruhig und sachlich ist, erreicht am meisten. Eine solche Person versteht es, Neugier und Spieltrieb

des Pferdes in Einklang zu bringen und weiß, daß man mit der Arbeit aufhören sollte, bevor sich einer von beiden langweilt, müde oder gereizt ist.

Um zu sehen, wie das alles funktioniert, werden wir uns nun mit einem Pferd beschäftigen, dessen unerkannte und/oder unbehandelte Angst allgemein, chronisch und lähmend geworden ist.

# Das verängstigte Pferd

Wenn die Angst vor einem Menschen oder Menschen allgemein anfängt, überhand zu nehmen, verkriecht sich das Pferd in die hinterste Ecke seiner Box, sobald sich ein menschliches Wesen nähert. Um jeglichen Kontakt mit den verhaßten Wesen zu vermeiden, wendet es Kopf und Augen ab, bis der Eindringling verschwindet. Sogar demjenigen gegenüber, der ihm Futter und Wasser bringt und seine Box ausmistet, benimmt sich das Pferd genauso. Aber achten Sie auf seine Ohren. Sie sind auf den Besucher gerichtet, registrieren jede Bewegung und offenbaren seine Angst. Es bringt nichts, wenn Sie versuchen, dieses Pferd anzufassen. Zu Anfang konzentrieren sich alle Bemühungen darauf, das Pferd dazu zu bewegen, aus der Ecke herauszukommen und Sie in Augenschein zu nehmen. Das kann Tage dauern, ist aber unerläßlich. Solange das Pferd nicht begreift, daß Sie da sind, weil Sie ihm helfen wollen, ist alles sinnlos.

Bonnie's erster Schritt ist es, eine ruhige und interessante Umgebung zu schaffen. Sie wählt die Zeit am Tage, wo am wenigsten los ist im Stall und niemand in der Nähe der Box zu tun hat. Sie taucht mit einem Kofferradio auf und läßt irgendeinen Sender mit schmalziger Musik laufen. Pferde lieben das. Sie selbst nimmt auf der anderen Seite der Stallgasse Platz, mindestens 3 m von der Boxentür entfernt. Warum so weit weg? Sie nennt es den »Sicherheitsabstand« des Pferdes. Durch die Körpersprache des Pferdes weiß sie, wie weit weg sie sein muß, damit sich das Tier sicher fühlt. Sie setzt sich auf den Boden und summt leise mit. Sie sagt nichts.

Das Pferd weiß, daß etwas Angenehmes stattfindet, aber es ist nicht bereit, sich umzudrehen und nachzusehen. Noch nicht. Vielleicht tagelang nicht. Um die Sache zu beschleunigen, macht Bonnie es neugierig, indem sie Macramé macht, einen Strick ölt oder einen

Sattel reinigt, während sie den Abstand beibehält, das Radio anläßt und leise mitsummt. Zwei Stunden davon pro Tag, ohne die Anwesenheit anderer Personen, beeindrucken das Pferd nachhaltig. Die Geräusche und Gerüche sind unwiderstehlich. Das Pferd richtet seine Ohren mehr und mehr nach hinten. Ab und zu wendet es den Kopf für einen flüchtigen Blick. Lange nachdem Bonnie Macramé-Hängetöpfe leid geworden ist, kommt sie zur täglichen Routine in den Stall und stellt fest, daß ihr Patient nicht mehr in seiner Box zurückspringt. Diesmal dreht er sich ganz langsam weg. Die nächste Stufe ist, daß er sich ganz der Tür zuwendet. Er steht zwar immer noch in der Ecke, aber der Kopf ist nach vorn gerichtet und das Pferd sieht sie an, während seine Ohren ängstlich spielen. Und dann macht es einen oder zwei Schritte zur Tür, hält inne, sieht sie an, und seine Ohren sind mit wirklichem Interesse gespitzt. Bonnie reagiert freundlich und macht weiter mit ihren Stricken usw., aber jetzt spricht sie direkt mit dem Pferd, begrüßt es, beglückwünscht es zu seinem Interesse an seiner Umwelt, beschreibt ihm ausführlich, wie sie Sattelzeug fettet und umgibt es mit ruhigen, freundlichen Geräuschen und Interesse weckenden Dingen.

Das Pferd hat angebissen. Eine freundschaftliche Beziehung hat begonnen. Ein paar weitere, zögernde Schritte und es kann aus der Box spähen und feststellen, daß es in Sicherheit ist und ruhig seinen Kopf aus der Tür stecken kann. Das heißt, daß niemand angesprungen kommt und nach ihm greift. Nun endlich ist sein Kopf draußen, die Ohren gespitzt und der Sicherheitsabstand freiwillig auf 1,5 m reduziert.

Jetzt kann sich Bonnie bewegen. Sie tut es sehr langsam und redet immer weiter. Sie stellt sich hin und bietet ihm ein Ende des Macramés an (oder den Strick etc.), wobei sie den Abstand auf Armlänge reduziert, aber nicht weiter auf ihn zugeht.

»Möchtest Du mal daran riechen und gucken, was das ist?«

Das Pferd reckt den Hals, und sie streckt ihm den Gegenstand so weit sie kann entgegen, bis seine Nase ihn berührt. Nachdem sie seine Neugier ausgenutzt hat, spricht sie seinen natürlichen Spieltrieb an. Wenn er den Strick zwischen die Zähne nimmt, läßt sie los. Entweder verschränkt sie die Arme oder läßt sie ruhig und ungefährlich hängen und bleibt stehen, während sie das Pferd beobachtet, wie es mit seinem neuen Spielzeug spielt.

Das Pferd hat einen Strick oder Lederteil von Bonnie angenommen und akzeptiert, aber es hat noch nicht Bonnie akzeptiert. Um das zu erreichen, versucht sie, mitzuspielen. Wenn sie das baumelnde Ende des Stricks erreichen kann, schlägt sie mit der Hand dagegen und macht eine große Sache daraus. Das Pferd ist mittlerweile voll dabei und hat seinen Spaß, wenn es sieht, was man mit dem Strick alles anstellen kann. Bonnie lacht dazu. Pferde lieben Lachen.

Sie hält den Strick kurz, läßt ihn los und ergreift ihn wieder. Früher oder später geht das Pferd mit der Nase hoch und runter, sieht sie direkt an und lädt sie ein, mit dem Spielen weiterzumachen. Nun hat es richtig Kontakt zu ihr aufgenommen. Sie ist auf dem besten Weg, mit ihm Freundschaft zu schließen. Sie geht bis auf 90 cm an das Pferd heran und nimmt einen 60 cm langen Strick. Wenn das Pferd den Strick fallen läßt, was unausweichlich ist, läßt sie ihn da liegen, wo er hingefallen ist. Das Spiel findet nun zwischen Bonnie und dem Pferd statt.

Es streckt ihr seine Nase entgegen mit freundlichem Blick und gespitzten Ohren in der klassischen Kennenlern-Haltung. Sie geht noch einen Schritt weiter auf es zu und bläst ihm sanft in die Nüstern. Es bläst zurück. Sie ist willkommen, an seine Boxentür zu treten. Es riecht an ihrem Kopf und ihrer Kleidung. Sie krault es an Kinn und Hals, wobei sie darauf achtet, nicht mit der Hand über seinen Kopf zu gehen, da es das beunruhigen könnte.

Nun ist die Zeit für eine Wassermelone gekommen. Die Rinde einer Wassermelone ist eine große Delikatesse. So wie die richtige Menge Champagner die Einstellung eines Menschen ändert, erliegt das Pferd der Wassermelonenrinde. In diesem Fall, wo ein Pferd Wochen oder Monate in einer Art Panik zubrachte, ist es sehr verlockend, mit einem Menschen Freundschaft zu schließen. Dieser Mensch greift nun in seine Tasche und holt ein saftiges Stück Melonenrinde hervor, was den guten Eindruck noch steigert.

Nachdem all diese Fortschritte so schnell gemacht wurden, glaubt Bonnie, daß es nun an der Zeit sei, dem Pferd etwas Zeit und Platz zu lassen, damit es keinen Rückfall bekommt. Sie nimmt ihr Macramé und geht, aber das Radio läßt sie da. Eine Stunde später erscheint sie wieder, diesmal ohne Macramé, aber mit mehr Wassermelonenrinde. Das Pferd kommt wahrscheinlich an die Tür, sobald es sie kommen sieht. Ohne Zweifel überprüft es genau, ob sie auch alleine kommt. Dann streckt es ihr seinen Kopf mit einem leisen Schnauben entgegen, was eine Einladung ist, näherzukommen. Es bekommt seine Melone, ein paar Streicheleinheiten und viele gute Worte. Dann läßt sie das Pferd wieder allein.

Die Aktivitäten der nächsten Tage beginnen gewöhnlich außerhalb des Stalls, werden aber im Stall beendet. Bonnie bringt eine weiche Kardätsche mit, mit der sie das Pferd mit einer Hand gründlich bürstet. Mit der anderen krault sie es. Die ganze Zeit spricht sie leise und ermutigend mit ihm. Sie ist willkommen in der Box. Es handelt sich immer noch um ein verängstigtes Pferd, aber vor dieser einen Person hat es keine Angst mehr. Jede Erfahrung mit dieser Person war ein Trost oder eine Ermunterung. Aber wenn jemand anders mit Futter oder Wasser kommt oder die Box ausmisten möchte, verkriecht sich das Pferd immer noch in der hintersten Ecke. Bonnie stellt sicher, daß sie zu diesen Zeiten nicht anwesend ist. Außerdem achtet sie darauf, daß das Pferd mit der Person, die die genannten Tätigkeiten durchführt, nicht nur unangenehme Erfahrungen gemacht hat. Wenn sie nämlich merkt, daß das Pferd eine bestimmte Person mehr fürchtet als andere, verbietet sie (in der Annahme, daß das die Ursache des Problems ist), daß derjenige sich noch in Sicht- oder Hörweite des Pferdes aufhält. Selbst wenn das bedeutet, daß der Besitzer seinen eigenen Stall nicht mehr betreten darf. Wenn Bonnie zum normalen Putzen übergeht, ist aus dem Pferd ein kooperativer Partner geworden. Die Betonung wird langsam verlagert von Wassermelone auf die übliche Beschäftigung mit dem Pferd, was bedeutet, daß es nun die Routinearbeiten akzeptiert, ohne sich in der Ecke zu verkriechen. Um die Routine auszudehnen und das Pferd langsam wieder an einen normalen Tagesablauf zu gewöhnen, spricht sie nun sein Bedürfnis nach Bewegung an. Auf ähnliche Weise hatte sie seine natürliche Neugier und seinen Spieltrieb geweckt.

Sie führt es am Strick in der Box herum. Dann lädt sie es ein, ihr durch die offene Tür zu folgen. Wenn es sich weigert, besteht sie nicht darauf, sondern geht zurück in die Box und macht mit der vorherigen Sache weiter. Sie beherzigt immer das oberste Prinzip: »Drängen Sie ein Pferd niemals dazu, etwas zu versuchen, wozu es weder bereit ist noch Lust hat. Wenn es eine neue Sache verweigert, greifen Sie auf etwas zurück, das es kennt und schon beherrscht.«

Wenn Bonnie merkt, daß das Pferd noch nicht bereit ist, den Stall am Strick zu verlassen, wartet sie den richtigen Augenblick ab. Sie beschäftigt sich weiter in der Box, führt das Pferd von Wand zu Wand, putzt, krault und ermutigt es. Wachsendes Vertrauen und sein Bewegungsdrang lassen es bald schon hinter Bonnie aus dem Stall treten.

Bonnie bringt das Pferd überall dorthin, wo es frei umherlaufen kann – Reitplatz, Paddock oder Wiese. Sie setzt sich auf die Umzäunung und läßt das Radio laufen, während sich das Pferd wälzt und herumtollt. Wenn es zu ihr kommt, spricht sie mit ihm. Schließlich kommt es angetrabt, um sich von ihr kraulen zu lassen. Danach verabschiedet sie sich von ihm und läßt es bis zur Fütterungszeit allein auf der Wiese. Nach zwei oder drei Tagen dieser Spiel-Therapie am Morgen und am Nachmittag ist das Pferd normalerweise so weit, daß man mit ihm auf der Straße spazieren gehen kann. Es wird zwar am Strick geführt, aber es darf ab und zu ein bißchen grasen. Eine andere gute Sache ist leichte Arbeit an der Longe, d. h. daß das Pferd auf dem Zirkel geht, die Gangart wechselt (wenn es die Kommandos versteht), rückwärts tritt und sich überhaupt wie ein normales Pferd verhält.

Wenn es einem gelungen ist, die Person oder Sache herauszufinden, die das Pferd am meisten fürchtet, muß alles getan werden, um diesen negativen Einfluß abzustellen. Das Pferd wird z. B. noch nicht geritten, wenn ein Zusammenhang mit der Gewichtsbelastung beim Reiten bestehen könnte.

Früher oder später wird irgend etwas auftauchen, das dem Pferd Angst einjagt. Entweder ein vorbeifliegender Vogel, ein plötzliches Geklapper oder ein raschelndes Stück Papier. Sobald es scheut oder wegspringt, geht man sehr nahe an es heran, lehnt sich an, klopft und beruhigt es. Der tröstende Körperkontakt, die Hand oder die Stimme entspannen das Pferd. Das Pferd scheint überzeugt davon zu sein, daß der Mensch seine Furcht verstehen kann (aber wir behaupten nicht, daß wir die Gedanken eines Pferdes lesen können). Mit der Häufigkeit dieser täglichen Ausflüge steigt auch das Risiko solcher Zwischenfälle. Um das Pferd zu beruhigen, läßt sein Betreuer alles fallen, aber beim fünften oder sechsten Mal wird es schon weniger.

Das Pferd ist nun vertrauensvoll genug, um mit seinem Betreuer zusammen furchterregende Sachen zu untersuchen. Zum Beispiel beauftragt man jemanden, mit einem Eimer hinter dem Stall großen Lärm zu machen. Zuerst wird das Pferd wohl einen großen Schreck bekommen, aber dank der Ermutigungen beruhigt es sich und kann durchaus bereit sein, hinter das Gebäude zu dem störenden Eimer zu gehen, ihn zu beriechen und seine Harmlosigkeit festzustellen. Dabei lernt es, daß sein Betreuer immer recht hat und es sich in jedem Fall auf ihn verlassen kann.

Erfolg kommt durch Erfolg, und Vertrauen wächst durch Vertrauen. Dem Betreuer mag es gelungen sein, den Lebensweg des
Pferdes bis zu einem gewissen Ereignis oder einer Reihe von
Vorfällen mit einer bestimmten Person oder einem Gegenstand
zurückzuverfolgen – Erzfeind Nr. 1. Nun ist das Pferd in der Lage,
sich mit diesem Angstauslöser auseinanderzusetzen und seine
Angst zu überwinden.

Vielleicht hat alles angefangen mit wiederholten Zwischenfällen in
der Startbox oder im Hänger oder Lkw oder mit einem ungeduldigen Reiter. Das Pferd hat genügend Vertrauen in seinen Betreuer,
um die Konfrontation durchzustehen, vorausgesetzt man vergißt
nie die Regel, einem Pferd niemals mehr abzuverlangen, als es zu
leisten vermag. Wenn es sich jetzt noch davor fürchtet, in den
Hänger zu gehen, dann wird es das wahrscheinlich morgen oder
übermorgen tun. Vielleicht will es den Reiter, dem es mißtraut,
heute nachmittag nicht näher bei sich haben, als in einem Abstand
von neun Metern. Pferde sind lernfähig. Sie lernen besonders gut,
wenn es ihnen gestattet ist, dies in ihrem eigenen Lerntempo ohne
Zwang zu tun.

Wie immer sieht man an der Körpersprache die Einstellung des
Pferdes. Nehmen wir an, der gefürchtete Mensch ist bis auf etwa
15 Meter herangekommen und bleibt auf Anweisung stehen. Der
Betreuer putzt das Pferd. Das Pferd richtet seine Ohren auf den sich
zurückhaltenden Besucher. Wenn es ein oder beide Ohren in diese
Richtung gestellt läßt und mit einem Auge herüberblinzelt, dann ist
es ängstlich. Wenn es ungebärdig wird, sollte der Besucher wieder
gehen und es am folgenden Tag noch einmal versuchen. Wenn es
sich aber gleich wieder auf seinen Betreuer konzentriert, toleriert
es den Besucher jetzt – in einer Entfernung von 15 Metern.

Bald schon bleibt das Pferd ruhig und gelassen, selbst wenn die
gefürchtete Person nur 4,5 m entfernt Platz genommen hat und sich
lebhaft mit dem Betreuer unterhält, während dieser putzt. Bald
wird die ehemals gefürchtete Person auch näher kommen, in eine
Nüster ausatmen und eine vollkommen neue und konstruktivere
Beziehung aufbauen dürfen.

An dieser Stelle müssen wir ausdrücklich betonen, daß solch ein
Ergebnis nur möglich ist, wenn dieser Mensch das Pferd nicht
wiederholt mißhandelt hat. Die einzige Lösung bei solch irrepara-
blen Schwierigkeiten zwischen Pferd und Herrn wäre, ein neues
Zuhause für das Pferd zu finden und ihm einen neuen Anfang zu

ermöglichen. Wenn die Schwierigkeiten aber ihre Ursache in Ungeduld haben und noch weiter verstärkt wurden, dadurch daß sie nicht erkannt und behoben wurden, dann ist eine Besserung möglich. Jemand ist z. B. verärgert über irgend etwas, das nichts mit dem Reiten zu tun hat. Während einer Cutting-Prüfung verliert er die Beherrschung und verprügelt sein Pferd so unerwartet, daß beide zu Boden gehen. Wochenlang hat das Pferd Angst vor diesem Mann. Nach der hier beschriebenen Therapie aber haben die beiden ein besseres Verhältnis zueinander als zuvor.

Und nun einige Tips für die Fälle, wo die Angst aus einem traumatischen Erlebnis herrührt, das nicht unbedingt etwas mit Grausamkeit oder Ungeduld des Menschen zu tun hat.

**Das kopfscheue Pferd:** Es bekommt einen Anfall, wenn jemand versucht, ihm eine Trense oder Halfter über den Kopf zu ziehen oder seinen Kopf überhaupt nur zu berühren. Vielleicht hat ein unvernünftiger Reiter einmal das Pferd mit den Zügeln an einem Zaun festgebunden. Irgend etwas beunruhigte das Pferd, es riß seinen Kopf hoch und das Gebiß riß sein Maul kaputt. Oder das Problem begann, als es sich den Schädel an einem niedrigen Türbogen aufschlug. Wie immer wird nach den bekannten Regeln verfahren.

Um das Problem zu lösen, muß der Betreuer das Vertrauen des Pferdes gewinnen und durch viel Geduld erhalten, d. h. nie mehr von ihm verlangen, als es leisten kann. Mit der Zeit akzeptiert das Pferd eine Hand an seinem Kopf, nachdem es sich zuerst an anderen Stellen putzen und kraulen ließ. Das Pferd aufzuzäumen, ist nun keine große Sache mehr. Vielleicht gibt man etwas Melasse auf das Gebiß. Oder wenn das Pferd besonders empfindlich an den Ohren ist, kann man das Kopfstück aufschnallen, das Gebiß ins Maul legen und dann das Kopfstück hinter den Ohren wieder zuschnallen. Oder das Pferd akzeptiert das Halfter nur, wenn es die begehrte Wassermelone vom Boden aufnimmt und dabei seinen Kopf durch das ehemals verhaßte Halfter steckt.

**Das wasserscheue Pferd:** Es kann sein, daß es einmal ausgerutscht und gestürzt ist, als es von einem Reiter durch eine Pfütze gezwungen wurde. Oder das Pferd wurde ungewollt an einem Auge oder Ohr getroffen, als es mit dem Wasserschlauch abgespritzt wurde. Müssen wir wiederholen, daß das erstgenannte Problem nur gelöst werden kann, wenn ein Vertrauensverhältnis aufgebaut und schrittweise vorgegangen wird, bis das Pferd eines Tages so weit ist, daß es bereit ist, sich einer Pfütze zu nähern? Was das Pferd angeht, das den Wasserschlauch abbekam, so gibt es keinen vernünftigen Grund, es dieser speziellen Gefahr auszusetzen. Man sollte Schwamm und Eimer vorziehen.

**Das sattelscheue Pferd:** Hat es tatsächlich Angst vor dem Sattel oder beginnen die Schwierigkeiten, wenn jemand ein großes Stück Stoff auseinanderfaltet, wie z. B. eine Schabracke? Um es schneller an den Stoff zu gewöhnen (**nachdem** es sich an fundamentalere Aufmerksamkeiten gewöhnt hat), kann man ihn mit seinem eigenen Geruch versehen. Das geht ganz einfach, indem man etwas von dem Mist des Pferdes daran reibt. Wenn es um den Sattel selbst geht, lassen Sie den Rücken solange in Ruhe, bis das Pferd dazu bereit ist. Beginnen Sie mit einem kleinen, leichten Tuch in der Sattellage. Achten Sie darauf, daß nichts herumbaumelt. Wenn es soweit ist, daß ein richtiger Sattel aufgelegt wird, nehmen Sie Gurt und Steigbügel ab, so daß die Last sofort entfernt werden kann, wenn das Pferd nicht mehr will. Beginnen Sie mit einem normalen Sattel, statt gleich einen mächtigen Westernsattel zu nehmen. Wenn es den Sattel akzeptiert, legen Sie einen 5 Pfund schweren Mehlsack darauf. Und so weiter.

# Das wütende Pferd

Das erste Pferd, das wir im Vorwort dieses Buches erwähnt haben, war ein gutes Springpferd, das durch seine Körpersprache akute Verärgerung zeigte.

Der Reiter dieses Pferdes war ein grober junger Mann mit harter Hand, den es schließlich abwarf.

Zufällig war der Reiter aber auch der Besitzer des Pferdes. Das heißt, daß dieser Reiter das weiche Maul des Pferdes schon lange mit seiner harten Hand traktiert hatte. Zweifellos hat das Pferd seinen Ärger mehr als einmal mitgeteilt. Aber nichts geschah, so daß es unvermeidlich so weit kommen mußte, daß der Reiter eines Tages auf einem Turnierplatz unfreiwillig sein Pferd verließ.

Wie hätte er diesem Vorfall entgegenwirken können? Betrachten wir diesen Fall einmal unter Berücksichtigung der empfohlenen Vorgehensweise.

**1. Sie müssen erkennen, daß ein Problem existiert:** Wenn der Besitzer-Reiter oder jemand aus dem Umfeld die Körpersprache des Pferdes verstanden hätte, wäre dessen Verärgerung schon beim ersten Mal aufgefallen.

**2. Stellen Sie fest, welcher Art das Problem ist:** Die Verärgerung des Pferdes hing eindeutig mit seiner Aufgabe, dem Springen, zusammen.

**3. Finden Sie heraus, was die wirkliche Ursache des Problems ist:** Das Pferd war wesentlich besser als sein Reiter. Er fügte dem Pferd Schmerzen im Maul zu und zwang seinen Kopf in eine Haltung, die das Springen schwierig machte. Es war richtig, davon auszugehen, daß die Unzufriedenheit des Pferdes sich gegen seinen Reiter richtete.

**4. Beheben Sie die Schwierigkeiten im Rahmen einer gut funktionierenden Beziehung:** Leichter gesagt als getan. Die meisten Pferdeleute neigen dazu, die Schuld eher beim Pferd zu suchen als bei der Art und Weise, wie es behandelt wird. Der junge Pferdebesitzer würde wahrscheinlich zugestimmt haben, daß das Pferd auf ihn wütend war, aber gleichzeitig die Meinung vertreten haben, daß es nicht mehr so reizbar sein dürfte und alles hinnehmen müßte. Aber der einzige Weg, diese Ziele ohne Zwang zu erreichen, ist, das Vertrauen des Pferdes durch besseres Reiten zu erlangen. Mit Gewalt kann man das Pferd tatsächlich in seinen Reaktionen behindern, was dem unfähigen Reiter einige Stürze ersparen würde. Aber durch die Gewaltanwendung würde das Pferd auch nicht mehr in der Lage sein, Hindernisse zu überwinden, wenn ihm z. B. eine falsche Kopfhaltung aufgezwungen wird. Der Reiter wäre nicht besser dran als vorher und hätte ein mutloses Pferd.

Das Rezept lautet, den Reiter mit der harten Hand vom Pferd zu holen! Der junge Mann soll erst einmal seine Reitkunst verbessern. In der Zwischenzeit sollte das Pferd von jemandem geritten werden, der eine weichere Hand hat. Wenn der Besitzer nicht in der Lage ist, ein besserer Reiter zu werden, sollte er sein temperamentvolles Pferd verkaufen und sich ein phlegmatischeres zulegen. Das erinnert uns daran, daß die stolzen Eltern eines jungen Reiters sich den Rat eines Fachmanns holen sollten, bevor sie sich von jemandem zum Kauf eines größeren und kernigeren Pferdes überreden lassen, mit dem der ungestüme Jugendliche gar nicht fertig werden kann.

**5. Drängen Sie ein Pferd niemals dazu, etwas zu tun, wozu es weder bereit ist noch Lust hat.** Wenn es eine neue Sache verweigert, greifen Sie auf etwas zurück, das es schon kennt und beherrscht: Wenn unser wütendes Springpferd zu oft von seinem Besitzer und Reiter verärgert wird, kann es sein, daß sich sein Zorn nicht länger nur auf den jungen Mann selbst konzentriert. Es ist möglich, daß es schon wütend wird, wenn jemand mit einem Sattel ankommt, da es ihn unweigerlich als Bestandteil unangenehmer Erfahrungen ansieht.

Der Versuch, solch einem Pferd zu helfen, unterscheidet sich in einem wichtigen Punkt von dem Programm für ein verängstigtes Pferd. Wenn das Pferd ganz generell wütend ist, kann seine Laune mit nur geringer Vorwarnung umschlagen. Nur eine extrem vorsichtige und erfahrene Person sollte sich einem solchen Pferd nähern. Selbst ein nur leicht verärgertes Pferd ist für eine unerfahrene Person gefährlich. Solange sich die Probleme nicht gelegt haben, hat der Betreuer immer die angelegten Ohren, den leicht angehobenen Hinterhuf und die angespannte Hinterhand im Auge, was auf einen Angriff schließen läßt.

Ansonsten konzentriert man sich wie immer darauf, das Vertrauen des Pferdes zu gewinnen. Da ein wütendes Pferd keine weiteren Ärgernisse gebrauchen kann, wird der Betreuer diese schnell entfernen – oder das Pferd von ihnen entfernen. Wenn die Probleme des Pferdes z. B. mit Stechfliegen zusammenhängen, ist es wichtig, sie zu reduzieren. Bestellen Sie jemanden, der sie ausrottet. Bringen Sie das Pferd an einen Ort, wo es weniger Fliegen gibt. Sprühen oder reiben Sie das Pferd zweimal täglich mit Fliegenspray ein. Wenn die Fliegen sich hauptsächlich an die Augen setzen, besorgen Sie sich ein Stirnband mit langen Lederfransen. Wenn das Pferd den Kopf schüttelt, werden die Fliegen durch die Fransen verscheucht. Obwohl ein Pferd nie ein Essay schreiben oder eine Rede halten wird über Ihre guten Taten, wird es Ihnen doch alles hoch anrechnen, was Sie für sein Wohlbefinden tun.

Wir haben erwähnt, daß das Pferd möglicherweise durchdreht, wenn es nur einen Sattel sieht. Sorgen Sie dafür, daß es keinen Sattel zu Gesicht bekommt. Später einmal, wenn das gute Verhältnis sich gefestigt hat, wird es eine Satteldecke auf seinem Rücken akzeptieren, und danach wird es nur wenig dagegen haben, für eine kurze Zeit den richtigen Sattel aufgelegt zu bekommen. Nun haben Sie es geschafft.

Oder das Pferd haßt es, in seiner Box eingesperrt zu sein. Vermeiden Sie auf jeden Fall die Stallhaltung. Eines Tages wird es freiwillig den Stall betreten, um dort zu fressen.

Vielleicht sollten wir betonen, daß es nicht das Ziel ist, das Pferd davon abzuhalten, auf schlechte oder verkehrte Behandlung wütend zu reagieren. Das Ziel ist, die Wut auszuschalten, indem wir die Ursachen ausmerzen. Zurück zu unserem Beispiel mit dem Springpferd und dem schlechten Reiter/Besitzer. Nehmen wir einmal an, daß der junge Mann besser reiten lernt, während das Pferd von jemandem mit weicher Hand geritten wird. Ihre Wiedervereinigung wäre recht herzlich. Sobald das Pferd feststellt, daß der Reiter ihm keine Schmerzen mehr zufügt, ist alles in Ordnung. Wenn man ihnen eine kleine Chance läßt, können Pferde gut verzeihen.

Ein Anfänger sollte Pferde meiden, die Aggressionen gegenüber der gesamten menschlichen Rasse zeigen. Nur wenige Leute halten sich solche Pferde, und daher sind sie nicht an vielen Orten anzutreffen. Dennoch reagieren selbst sie manchmal auf richtige Behandlung, wie wir in Kapitel 6 sehen werden.

Nun einige Tips, wie man den Umgang mit einem wütenden Pferd vereinfachen kann.

**Nachforschungen:** Wenn der Leser anfängt, nachzuforschen, wie ein Problempferd so geworden sein könnte, kann er auf frühere Besitzer oder Reiter treffen, die ihm darüber nichts sagen können. Wie schon gesagt, fällt es den meisten Menschen sehr schwer, die Schuld für ein Problempferd bei sich zu suchen. Der Leser stellt vielleicht fest, daß etwa eine Stunde Aufenthalt im ehemaligen Stall des Pferdes ausreicht, um die Antworten auf seine Fragen zu erhalten. Wenn man sieht, wie die Leute andere Pferde behandeln, erhält man Aufschluß darüber, welche Auswirkungen dies auf das eigene Pferd gehabt haben könnte.

**Abreagieren der Wut:** Trotz bester Absichten ist es nur selten möglich, von einem gereizten Pferd alles fernzuhalten, was es wütend machen könnte. Wenn es wütend wird, wird so schnell wie möglich der Auslöser entfernt – oder das Pferd. Dann muß das Pferd seine Wut auslassen können, und zwar total und so schnell wie möglich. Am besten stellt man es einfach in einen Paddock und läßt es frei laufen, so daß es sich auf seine Weise abreagieren kann. Das ist wesentlich besser als eine Bestrafung. Selbst wenn Gewaltanwendung ein Pferd scheinbar gefügiger macht, so nimmt der Unmut des Pferdes zu und seine Leistungsbereitschaft sinkt.

# Das saure Pferd

Im Jahre 1977 gewann der Dreijährige Silver Series im Laufe von 28 Tagen das Hawthorne Derby, das Ohio Derby und das American Derby, und er schlug so gute Vollblüter wie Run Dusty Run, Cormorant, Jatski und Affiliate. Gegen Ende der Saison wurde er im Woodward Handicap Zweiter nach dem unsterblichen Forego.

Im Alter von vier Jahren gewann der Schimmelhengst das Widener Handicap und wurde jeweils Zweiter (Nase) nach Run Dusty Run im Seminole Handicap und im Hialeh Challenge Cup Handicap. Er war ein außergewöhnliches Pferd. Und eine ganze Zeitlang war er das sauerste Spitzenpferd, das Florida je gesehen hatte. Er scheute, war widerwillig, reizbar und empfindlich. Er reagierte unwirsch und war allem gegenüber negativ eingestellt. Er mochte nichts und niemanden mehr leiden. Er haßte die Morgenarbeit. Danach jedoch hatte er überhaupt keine Lust, in den Stall zurückzukehren. Er legte die Ohren an und buckelte. Er versuchte, durchzugehen. Die Rennbahn-Leitung bat Silver Series' Trainer an den Tagen, wo Leute zum Frühstück auf der Rennbahn eingeladen wurden, um dabei die Pferde bei der Morgenarbeit zu beobachten, dieses Pferd im Stall zu lassen. Man wollte nicht, daß die Öffentlichkeit zu sehen bekam, wie ein gutes Pferd gegen seine Betreuer kämpft.

Im Frühjahr hörte der saure Silver Series auf, sich in seinen Rennen anzustrengen. Er wurde von Pferden geschlagen, die im Grunde keine Gefahr für ihn darstellten. Aber William duPont III erkannte den großen Zuchtwert des Hengstes. Außerdem war es auf keinen Fall schon zu spät, ihn wieder zu einem erstklassigen Rennpferd aufzubauen. Unter diesen Gesichtspunkten kaufte sich duPont die Mehrheit der Anteile an dem Hengst für 1,5 Mio. Dollar und gab ihn bei Peter M. Howe in Training. Howe wußte schon, daß Silver Series ein absolut saures Pferd war. Ihm war auch klar, daß die Ursache des Problems eindeutig eine Reaktion auf zu harte Rennen, hartes Training zwischen den Rennen, grobe Bestrafungen und sture Routine war – keine Minute Freizeit oder Freiheit für das Pferd.

Howe versuchte, Silver Series in seinem eigenen Stall zu »bekehren«, aber dafür war es schon zu spät. Der Hengst blieb bei seiner negativen Einstellung. Eines unschönen Nachmittags bekam er einen Anfall und setzte sich tatsächlich hin – um zum Ausdruck zu bringen, daß es ihm widerstrebt, ein Rennen zu laufen.

Das war's dann! Howe brachte Silver Series nach Montpelier in Virginia, wo Mrs. Marion duPont Scott eine Farm hat, und ließ ihn in einem Paddock lose laufen. »Er ging in die Mitte, stand eine Weile ruhig da und sah sich um. Dann wälzte er sich«, erinnert sich Howe. »Dann stand er auf, warf den Kopf hoch und wälzte sich noch einmal. Die nächsten Wochen kam er nicht einmal in die Nähe einer Rennbahn. Manchmal ritten wir ins Gelände, bergauf und bergab.«

Sein nächster Aufenthaltsort war eine Farm in Kentucky von William duPont III. Dort wurde er von Kate Bell, einer Trainerin und ehemaligen Rennreiterin, geritten. »Ich machte nicht mehr, als ihn in offenem Gelände zu galoppieren, wo er mehr oder weniger machen konnte, was er wollte«, sagte sie. Als in Keeneland, der Rennbahn von Kentucky, die Oktober-Renntage begannen, war Silver Series seit August nicht einen einzigen Tag trainiert worden. Aber er war ein ganz anderes Pferd geworden. Er gewann drei Rennen an aufeinanderfolgenden Samstagen, u. a. das Fayette Handicap, wo er über 1700 m den Bahnrekord von Keeneland wiederholte. »Zwischen den Rennen war er wieder bei uns auf der Farm«, sagt Peter Howe. »Wir spielten mit ihm und ließen ihn grasen.«

Das war eine absolut unorthodoxe Behandlung eines Vollblut-Rennpferdes, aber es war Problemlösung in Vollendung. Howe hatte erkannt, daß man nichts für Silver Series tun konnte, wenn er nicht aus dem Stall genommen und von der Alltagsroutine befreit würde und die Möglichkeit bekäme, seine Lebensgeister in natürlicher Umgebung neu zu wecken. Daß Silver Series darauf mit drei Siegen nacheinander und einem davon in Bahnrekordzeit reagierte, sollte die Vollblutwelt aufhorchen lassen.

# Das unartige Pferd

Gesunde Pferde sind außerordentlich verspielt. Wenn sie nicht mit Fressen, Schlafen oder ihrer Arbeit beschäftigt sind, suchen sie sich Beschäftigung und sind recht erfinderisch dabei, aus ihrem Alltagseinerlei Spiele zu entwickeln. Wir haben schon gezeigt, daß zu wenig Ablenkung ein Pferd unter Langeweile leiden läßt. Von dort ist es ein kurzer Weg zu Stalluntugenden. Ähnlich ist es auch, wenn ein Pferd auf ungeeignete Art oder zu unpasssender Zeit spielen möchte und die negative Reaktion eines verärgerten Betreuers bei ihm das Gegenteil erreicht. Für das unartige Pferd ist das Ziel des Spiels, den Menschen verrückt zu machen.

Das Benehmen ähnelt dem eines Kindes, das ausprobieren will, wie weit es gehen kann. Wir haben schon von dem Pferd berichtet, das aus Zeitvertreib seine Trainer daran hinderte, es aufzutrensen. Oder das Pferd tritt ein, zwei Schritte zur Seite, wenn man den Sattel auflegen möchte. Regt man sich darüber auf, verfolgt das Pferd diese Sache weiter und ruft heftige Reaktionen durch kleine Dinge hervor. Wenn der Sattel endlich da ist, wo er hingehört, kann es sein, daß das Pferd zur Seite tänzelt, sobald man versucht, einen Fuß in den Bügel zu setzen und aufzusteigen. Ein weiterer bekannter Zeitvertreib eines unartigen Pferdes ist das Aufpumpen, wenn man den Sattelgurt anziehen will. Wenn das Pferd wieder ausatmet, stellt man fest, daß der Sattelgurt ganz und gar nicht angezogen ist. Wenn ein solches Pferd auf der Weide steht, amüsiert es sich auf Kosten des Menschen, indem es immer wieder den Zaun an einer bestimmten Stelle beschädigt, sobald er repariert worden ist. Wahrscheinlich steht es friedlich da und beobachtet, wie ein Handwerker den Schaden behebt. Beim nächsten Mal steht es nicht mehr so feierlich da, sondern genießt es, daß der Mensch sich königlich aufregt.

Solange der Mensch mitspielt und sich über die Untaten des Pferdes aufregt, genießt es das Spiel und betrachtet den Menschen dabei als eine Art Spielgefährten, wobei es durchaus sein kann, daß es unter dem Sattel ein gehorsames, williges Pferd ist. Andererseits gibt das Pferd sein Spiel bald auf, wenn die Person nicht reagiert und kein Theater macht, da es dann uninteressant geworden ist.

Von allen Reaktionen ist Verärgertsein die schlechteste. Wenn sich der Ärger in körperlicher Bestrafung äußert, ist das Pferd mit Sicherheit entmutigt, seine Spielchen fortzuführen. Aber es ist auch entmutigt, was seine Intelligenz, Temperament und Interesse angeht (Merkmale eines verspielten Pferdes). Schlimmer noch, die Beziehung zwischen Mensch und Pferd gerät auf eine Schiene, die weitaus weniger wünschenswert ist als die Spielchen. Ängstliche, verärgerte oder saure Pferde werden nicht von ganz allein so.

Wenn der Betreuer erkannt hat, daß die Unartigkeit des Pferdes eher ein unangebrachtes Spielen ist und er sich nicht aufregt, aber das Pferd sein Spiel nicht aufgeben will, muß ein anderer Weg gefunden werden, um der Sache ein Ende zu bereiten. Die ruhige Aufforderung »Laß es sein« kann Ordnung schaffen, wenn sie zusammen mit einem Schlag auf die Rippen erfolgt. Dadurch werden weder die Rippen des Pferdes noch seine Würde verletzt, aber es weiß, wo es langgeht.

Eine andere gute Taktik ist es, einen anderen Zeitvertreib als Ersatz zu finden. Z. B. kann man ein loses Brett zum »Losschlagen« am Zaun anbringen, statt ihn wie üblich zu reparieren. Oder Sie bestükken die Weide mit Spielsachen, wie etwa einem Sack mit Blechdosen.

Aber es braucht nicht besonders erwähnt zu werden, daß man die Körpersprache so weit beherrschen muß, daß man ein verspieltes Ärgern nicht mit Feindseligkeit verwechselt. Ein Pferd mit flach angelegten Ohren, das mit dem Schweif schlägt, ist nicht verspielt.

# Das trauernde Pferd

Es läuft unruhig hin und her, wiehert langanhaltend und blickt starr in die Ferne, d. h. daß es irgend jemanden oder etwas vermißt. Der Betreuer weiß sicherlich, worum es geht und ob die Trennung endgültig ist.

Selbst wenn die Trennung nur von kurzer Dauer ist, tut einem trauernden Pferd zusätzliches Futter und besondere menschliche Zuwendung gut. Andernfalls würde es sich in ein Knochengerüst mit stumpfem Fell verwandeln. Manchmal reichen hochwertiges Futter und besondere Zuwendung aber nicht aus. Bonnie kann sich an ein Pferd erinnern, dem es äußerst schlecht ging, als sein Herr im Krankenhaus lag. Beiden ging es gleich viel besser, als das Krankenhaus erlaubte, daß das Pferd auf das Gelände des Krankenhauses geführt wird und seinen glücklichen Besitzer durchs Fenster sehen kann.

Wenn der Kamerad nicht zurückkehrt, kann es sein, daß sich das Pferd in ein paar Tagen, Wochen oder Monaten von seiner Trauer erholt – oder niemals. Das hängt u. a. davon ab, wie sehr das Pferd diesen Kameraden braucht. Außerdem spielt auch die Umgebung, in der das trauernde Pferd lebt, eine Rolle. In guten Ställen mit ausgezeichneten Einrichtungen kann man eine typische Reaktion beobachten. Das einsame Pferd hört schließlich auf, nach seinem vermißten Freund zu rufen, und wird zum Einzelgänger, der sich von anderen Pferden fernhält und noch nicht einmal an den Tobereien auf der Weide teilnimmt.

Ein Einzelgänger frißt ausreichend und zeigt befriedigende Leistungen, aber ohne richtig Freude daran zu haben. Sein Körper ist wahrscheinlich hager, das Fell stumpf. Seine Lebensfreude kehrt erst zurück, wenn es einen neuen Freund gefunden bzw. man ihm einen neuen gegeben hat. Diesmal sollte es für länger sein, denn zwei schmerzliche Trennungen können bleibende Schäden hinterlassen und das Pferd in ein seelisches und körperliches Tief stürzen.

Ein Pferd, das sich kaum von den schweren Auswirkungen einer traumatischen Trennung erholt hatte, wurde von den Eltern eines 15jährigen Mädchens gekauft. Der Stallmeister sprach mit dem jungen Mädchen und erklärte ihr: »Du solltest Dich nur mit diesem Pferd anfreunden, wenn Du sicher bist, daß es eine längere Freundschaft wird. Noch eine Trennung wird es kaum verkraften.«

Das Mädchen war sich nicht sicher, ob es die Zeit haben würde für eine enge Freundschaft mit dem Pferd. »Okay«, sagte der Stallmeister. »Dann sei einfach nur sein Freund. Sei nett zu ihm, aber er darf nicht den Glauben bekommen, daß Du Dich nur für ihn interessierst und er sich darauf verlassen kann, daß Du regelmäßig viele Stunden mit ihm verbringst.«

Die anfängliche Begeisterung des Mädchens nahm nach wenigen Wochen ab, und sie kam nur noch unregelmäßig. Ihr Pferd bekam nie diesen besonderen Glanz im Fell und ihm fehlten auch immer die gewissen 25 Pfund Fleisch auf den Rippen. Als die Eltern das Pferd verkaufen wollten, fiel dem Stallmeister ein möglicher Käufer ein: ein Ferienlager ganz in der Nähe. Außerhalb der Saison lebten die Pferde auf der Weide. Eines von ihnen war ein Schimmelwallach, der sich nie ganz erholt hatte von dem Tod seines besten Freundes. Der Stallmeister hoffte, daß die beiden sich zusammentun würden. Er hatte recht. Innerhalb von zwei Wochen tobten sie durch die Gegend wie junge Hengste und sahen gesünder aus als die ganzen Monate zuvor.

# Das schlaflose Pferd

Ohne eine ausführliche Untersuchung durch den Tierarzt läßt sich schwer sagen, ob ein teilnahmsloses Pferd krank ist oder einfach nur Schlaf braucht. In jedem Fall wird das Pferd schlecht fressen, abnehmen und ungewöhnlich viel Zeit in dösender Haltung verbringen, mit dem Kopf nach unten und zur Seite hängenden Ohren. Wenn das Pferd Hinterbeine und Hüften abwechselnd belastet, döst es mit Sicherheit. Andauernde Schläfrigkeit am Tage bedeutet, daß das Pferd entweder krank ist oder unter Schlaflosigkeit leidet. Wenn die Ohren aber ab und zu aufgestellt werden und auf irgendeinen Bereich des Körpers zeigen, dann ist das Pferd verletzt oder krank.

Der Besitzer eines Pferdes, das extrem unter Schlaflosigkeit litt, beklagte sich, daß es früher außergewöhnlich munter war, aber plötzlich teilnahmslos wurde. Die meiste Zeit des Tages verbrachte es mit Dösen. Der Tierarzt konnte weder eine Infektion noch Anzeichen für eine organische Erkrankung oder eine Verletzung feststellen.

Der Besitzer versicherte Bonnie, daß das Pferd nicht überlastet war. Sie antwortete ihm, daß sich aber etwas ereignet haben müßte, das das Pferd davon abhielt, sich nachts hinzulegen und zu schlafen. Aber der Besitzer hatte keine Ahnung, was dazu geführt haben könnte. Kein Pferde-Kamerad hatte den Stall verlassen. Kein neues Pferd war in den Stall gekommen und hatte das Pferd verunsichert. Keine neuen Hunde. Kein neuer Zaun. Keine Änderung im Flugverkehr oder andere nächtliche Störungen.

»Warten Sie einen Moment«, sagte Bonnie. »Was ist mit der Eisenbahnlinie da draußen? Sie verläuft genau hinter dem Stall. Fährt nicht neuerdings nachts ein Zug hier vorbei?« Die Strecke wurde nur noch selten genutzt, wie der Besitzer zu berichten wußte. Aber dann fiel ihm ein, daß er etwas von einem Güterzug gehört hätte, der neuerdings nachts dort durchfuhr.

»Durch« war das richtige Wort. Ein paar Nachforschungen ergaben, daß ein Güterzug sechsmal die Woche um 4 Uhr morgens am Stall vorbeifuhr. Der Stall lag so, daß die grellen Scheinwerfer direkt auf das arme Pferd leuchteten und es aus dem Schlaf rissen. Das anhaltende Geratter und der Schein der vorbeihuschenden Lichter des rasenden Zuges gaben dem Pferd den Rest. Um 4 Uhr morgens gleicht das einer Folter. Verständlicherweise verwandelte sich das Pferd in ein Nervenbündel.

Bonnie und der Besitzer konnten natürlich nicht den Fahrplan ändern oder den Zug umleiten. Auch das Pferd konnte nicht woanders untergerbacht werden, denn der Besitzer hatte keinen anderen Stall.

»Wird er sich nicht an den Krach gewöhnen?« fragte der Besitzer.

»Sicherlich«, sagte Bonnie. »Aber er wird sich nie an das Licht gewöhnen. Vielleicht können wir irgend etwas konstruieren, um es vor dem Licht zu schützen.«

Noch vor Einbruch der Nacht war die Arbeit getan. Innerhalb einer Woche bekam das Pferd wieder Appetit, war kerngesund und hörte auf, den ganzen Tag zu dösen. Es legte sich auch wieder hin und hatte einen guten Schlaf.

# Das genesende Pferd

Die seelischen Auswirkungen einer Verletzung heilen unter Umständen langsamer als die Wunde selbst. Solange das Pferd seelisch noch nicht in der Lage ist, wieder zu arbeiten, kann man es nicht als von seinem Unfall genesen betrachten. Wir haben dieses Problem schon erwähnt. Ein gutes Beispiel ist die Stute, die eine Woche lang in ihrer Box eingesperrt war und sich absolut weigerte, unter dem Sattel zu gehen, obwohl es geheißen hatte, sie sei so weit wieder in Ordnung, daß sie den Stall verlassen und wieder trainiert werden könne. Nachdem es so lange eingesperrt war, kann es sein, daß ein Pferd nicht nur seine Arbeit verweigert, sondern auch noch verzweifelt darum kämpft, danach nicht wieder zurück in den Stall zu müssen. Das kann man besonders häufig bei Pferden beobachten, die wochenlang im Stall bleiben mußten, weil sie wegen eines gebrochenen Beines in einer Schlinge hingen. Nach einer solchen Prozedur haßt das Pferd seinen Stall, und ein einfühlsamer Besitzer wird es in einen anderen Stall oder zumindest in eine andere Box im selben Stall stellen, um seinen Stallhaß etwas zu dämpfen.

Verletzt sich ein Pferd in seiner Box, kann es gut sein, daß es fortan jeden Stall fürchtet. Schlägt es z. B. mit dem Kopf an die Decke, wenn es in seiner Box steigt, wird es sich wahrscheinlich überall fürchten, wo eine niedrige Decke ist. Wenn solche Pferde wieder so wie früher werden sollen, muß man außerordentlich viel Geduld aufbringen. Der erste Schritt ist wie immer das Erkennen, daß ein Problem vorhanden ist. Die nächsten Schritte (ebenfalls wie immer) wären die Klärung des Problems und seiner Ursachen. Das Pferd darf nichts mehr mit dieser Ursache zu tun haben. Das heißt, daß es auf einen Paddock oder eine Weide gestellt wird und nicht in einem geschlossenen Hänger transportiert werden darf. Dann wird der Betreuer langsam, aber mit großer Aussicht auf Erfolg die einzelnen Schritte durchgehen, wie man aus einem ängstlichen ein vertrauensvolles, williges Pferd macht.

In manchen Fällen ist die seelische Erholung unmöglich. Ein altes Rennpferd hat dreimal eine Sehnenentzündung gehabt und sich zweimal so gut erholt, daß es wieder an den Start gehen konnte. Auch das dritte Mal kam es wieder ins Training. Das Pferd schien so willig und leistungsbereit wie immer zu sein, aber es lief nicht so gut bei der Morgenarbeit und kam immer lahmend zurück zum Stall. Sobald es in der Nähe des Stallgebäudes war, hörte es auf zu lahmen. Es lahmte nicht, wenn es auf der Stallgasse geführt wurde oder in der Führmaschine. Es lahmte auch nicht auf dem Weg zum Geläuft. Der Tierarzt konnte keine Anzeichen für eine neue Entzündung feststellen. An keiner Stelle eines Beins gab es vermehrte Wärme. Offensichtlich verband das Pferd die Rennbahn in seiner Erinnerung mit Schmerzen. Es lahmte nach der Arbeit, da es damit rechnete, daß es danach lahmen würde. Natürlich läßt sich das nicht beweisen, ebenso wenig wie die alternative Theorie, daß das Pferd lahmte, um seine Besitzer davon zu überzeugen, es aus dem Training zu nehmen. Auf jeden Fall wurde das Pferd aus dem Training genommen, weil man nicht wußte, wie man ihm das Lahmen nehmen könnte.

# Die Untugenden

Verschiedene Arten unerwünschten Verhaltens des Pferdes werden als »Untugenden« bezeichnet.

**Koppen:** Auch bekannt als Krippensetzen. Das gelangweilte Pferd beschäftigt sich damit, auf der Stalltür, der Futterkrippe oder etwas anderem aus Holz aufzusetzen. Manchmal versucht man, das Problem durch entsprechende Halsriemen (Kopperriemen) zu lösen, aber dadurch wird das Pferd nur frustiert, ohne daß das eigentliche Problem behoben wäre. Krippensetzen schadet den Zähnen des Pferdes, aber das Hauptproblem dabei ist das Luftschlucken, das Koppen. Das bläht den Magen, stört eine geregelte Verdauung und führt mit der Zeit zu einem Lungenschaden.

Am besten wird man mit diesem Problem fertig, bevor es sich manifestiert. Ein gelangweiltes Pferd braucht mehr Bewegung, mehr Abwechslung, mehr Spiel, mehr Ermüdung. Unabhängig von den positiven Auswirkungen eines geänderten Tagesablaufs müssen alle Dinge aus der Box entfernt werden, auf die das Pferd aufsetzen könnte. Die obere Boxentür muß geschlossen bleiben, denn das ist die beliebteste Stelle zum Aufsetzen. Viele Krippensetzer lassen sich durch einen Volleyball auf dem Boden der Box ablenken.

**Weben:** Das Pferd verbringt seine Zeit damit, sein Gewicht immer wieder von einem Vorderbein auf das andere zu verlagern. Gewöhnlich schwingen Kopf und Hals dabei von einer Seite zur anderen. Wenn es aus Langeweile geschieht, muß das Pferd so oft wie möglich aus dem Stall geholt werden. Wenn es auf die Weide kann, um so besser. Wenn nicht, sollte es nur zum Fressen und Schlafen im Stall sein. Manche Weber beginnen mit der Untugend allerdings auch, weil sie schmerzende Vorderhufe oder -beine haben. Das sollte vom Tierarzt abgeklärt werden, sobald man das Pferd weben sieht.

**Schweifscheuern:** Wenn es von Juckreiz im Analbereich in Verbindung durch Wurmbefall oder mangelnde Fellpflege gequält wird, kann ein Pferd sich angewöhnen, sein Hinterteil an der Stallwand zu scheuern. Mit der Zeit sind Schweifrübe und die »Pobacken« in Höhe des Hüfthöckers wundgescheuert. Wenn ein gut gepflegtes Pferd, das wurmfrei ist und ausreichende Bewegung hat, diese

Angewohnheit hat, kann es erforderlich werden, ein Brett an allen Stallwänden anzubringen. Versucht das Pferd nun, sich den Schweif zu scheuern, ist immer das Brett dazwischen und es kommt nicht mit dem Schweif an die Wand.

**Kopfscheuern:** Pferde verspüren manchmal einen überwältigenden Drang, sich den Kopf an etwas zu scheuern. Das kann anfangen mit Juckreiz durch angetrockneten Schweiß oder nachlässiges Putzen, oder Nase und Augen sind durch Staub oder eine Erkältung verklebt. Scheuern wird zu einem Problem für den Menschen und für andere Pferde, besonders wenn es eine Angewohnheit geworden ist. Der Pferdekopf ist so schwer, daß der Versuch, ihn am Körper eines anderen Pferdes zu scheuern, fast einem tätlichen Angriff gleicht. Ein Mensch kann dadurch sein Gleichgewicht verlieren. Eine Lösung ist, eine Gummi-Fußmatte an einer geeigneten Stelle des Zaunes aufzuhängen, damit das Pferd sich daran scheuern kann. Manchmal hilft auch eine weniger empfindliche Alternative. Der Betreuer stellt sich vor eine Wand, beugt sich nach vorne und stützt sich mit den Armen ab, so daß sich das Pferd am Hinterteil des Menschen scheuern kann.

**Ausschlagen:** Manche Pferde, besonders stallmüde, versuchen, ihre Betreuer zu schlagen. Eine besonders wirkungsvolle Gegenmaßnahme ist ein ca. 1,2 m langer, altmodischer Gummischlauch (kein Plastik). Wenn das Pferd anfängt, nach hinten auszuschlagen, tritt man zur Seite und schlägt mit dem Schlauch auf die Sprunggelenke. Der laute, hohle Klang irritiert das Pferd so, daß es herumwirbelt, um den Schlauch und Sie sehen zu können. Das wird nur wenige Male wiederholt werden müssen, und es bereitet dem Pferd keinerlei Schmerzen. Unter Umständen erteilt man dem Pferd auch eine Lektion, indem man zurücktritt und dann mit der Stiefelspitze in den Pferdeleib tritt. Das tut einem Pferd bei weitem nicht so weh wie einem Menschen, aber es läßt das Pferd aufhorchen. Ein Anfänger sollte nicht versuchen, sich mit dieser Untugend auseinanderzusetzen. Auf jeden Fall muß man sehr wachsam und flink sein. Wenn das Pferd schneller ist, bleibt einem nur, sich auf das Pferd zuzubewegen, denn es ist besser, mit seinen Sprunggelenken zu kollidieren als mit seinen Hufen.

**Treten gegen die Stallwand:** Ein Pferd mit Beschwerden am Sprunggelenk stellt unter Umständen fest, daß es ihm Erleichterung verschafft, wenn es gegen die Stallwände tritt. Es dauert dann meist nicht lange, bis es zur Angewohnheit wird. Manchmal ist die Ursache auch Langeweile, Hunger oder Wut. Manchmal ist es aber auch einfach nur eine schlechte Angewohnheit. Aber das Pferd kann sich die Eisen losschlagen, die Hufe ausbrechen und Muskeln und Gelenke zerren. Diese Untugend muß im Keim erstickt werden, indem das Pferd so viel Arbeit und Abwechslung bekommt, daß es gut beschäftigt ist.

**Beißen:** Junge Pferde müssen an alles mit dem Maul gehen. Sie untersuchen Gegenstände, indem sie daran herumknabbern. Selbst ein kleines Fohlen kann fest genug zubeißen, um die Haut zu verletzen. Später kann es sogar Knochen brechen. Man sollte keine auffälligen Knöpfe oder Pullover mit weichem Flaum tragen. Um dem Fohlen das Beißen zu verleiden, drücken Sie einen Fingenagel leicht in den weichen Bereich des Mauls. Dabei sagen Sie mit tiefer, fester Stimme: »Laß es sein!« Wenn Sie ein paarmal den Fingernagel eingesetzt haben, brauchen Sie nur noch mit dem Finger auf es zu deuten und das Fohlen weiß, daß es Sie nicht beißen darf. Dennoch kann auch ein gut erzogener Drei- oder Vierjähriger wieder mit dem Knabbern anfangen. Auch hier zeigt der Fingernagel seine Wirkung. Wenn das Pferd weitergeht und Sie wirklich mit geöffnetem Maul beißen will, gibt es eine Schnellkur: Streuen Sie ihm etwas roten Pfeffer direkt ins Gesicht. Oder wenn es dem Pferd große Freude macht, an der Hand zu knabbern, die den Führstrick hält, wird es schnell seine Meinung ändern, wenn Sie ihm ein paarmal kurz Mundspray aufs Maul sprühen. Es wird das Geräusch, den Geruch und den Geschmack hassen.

**Wichtige Sicherheitsvorkehrungen:** Inzwischen dürfte es jedem klar sein, daß die Untugend eines Pferdes eine unangenehme, unbequeme Eigenschaft ist, die ihren Ursprung im Konflikt zwischen der Natur des Pferdes und den unnatürlichen Lebensumständen durch die Domestikation hat. Das Problem, mit dem wir uns jetzt beschäftigen wollen, wird eigentlich nicht als Untugend betrachtet, aber es ist gefährlicher als die meisten Untugenden und hat die schlimmsten Auswirkungen, wenn man unvorbereitet ist und nicht damit rechnet. Wenn Sie ein Pferd auf seine geliebte Weide führen, nachdem es lange im Stall gestanden hat, sollten Sie mit Temperamentsausbrüchen rechnen und sich vor den Folgen hüten. Führen Sie das Pferd durch das Tor und drehen Sie es dann um, so daß es aus der Weide heraussieht. Dann machen Sie es los und gehen **rückwärts** durch das Tor. Ihre Augen bleiben dabei auf das Pferd gerichtet. Es wird wahrscheinlich ein bißchen steigen, auf der Hinterhand herumwirbeln, vor Freude nach hinten ausschlagen und losstürmen. Wenn Sie anders vorgehen als oben beschrieben, können Sie von seinen Hufen getroffen werden.

# Verwirrung

Ein großes Hindernis bei der Behebung eines Problems ist die Unfähigkeit des Pferdes zu verstehen, warum sein Betreuer von ihm verlangt, etwas aufzuhören, was bislang akzeptiert wurde. Je älter das Pferd und je länger es die Untugend hat, desto größer sind die Schwierigkeiten.

Gehen wir einmal davon aus, daß seine Vorbesitzer Spaß daran hatten, wenn das Pferd ihnen ein Taschentuch aus der Hosentasche holte. Das kleine Spielchen lief jahrelang und bereitete beiden Parteien große Freude und war ein fester Bestandteil ihrer Beziehung. Aber nun ist das Pferd in den Stall des neuen Besitzers gezogen, und dieser ist nicht über das Taschentuch-Spiel aufgeklärt worden. Schlimmer noch, er kennt sich auch nicht mit der Körpersprache eines verspielten Pferdes aus. Nachdem er ein paarmal in den Po gekniffen wurde, holt der neue Besitzer (der kein Taschentuch in der Gesäßtasche hat) aus und schlägt das Pferd für sein offensichtliches Fehlverhalten.

Das Pferd ist irritiert und fängt an, sich über seinen Besitzer zu ärgern. Wenn sich der neue Besitzer nicht beim Vorbesitzer beklagt, von dem Spiel erfährt und lernt, sein Hinterteil in Sicherheit zu bringen, wird sich die Sache mit Sicherheit verschlimmern. Andererseits kann ein geduldiger, neuer Besitzer ersatzweise für einen neuen Zeitvertreib sorgen, wenn er von dem Taschentuch-Spiel erfahren hat.

Ein anderes Pferd hat vielleicht Monate gebraucht, bis es gelernt hatte zu tänzeln. Der neue Besitzer mag das gar nicht und meint, daß das Pferd sich auf Schritt, Trab und Galopp beschränken sollte. Da er nicht weiß, daß es sich hierbei um eine erlernte Fähigkeit handelt, kann der neue Besitzer glauben, daß es sich um eine Widersetzlichkeit handelt und sogar fürchten, daß das Pferd vorhat, durchzugehen. Wenn sich der Mensch verkrampft und zu Bestrafungen greift, ist das Pferd vollkommen verwirrt. Es ist gut möglich, daß ein erfahrener Betreuer erkennt, daß das Pferd normalerweise umgänglich ist und daß das Tänzeln einfach nur eine Vorstellung für den Vorbesitzer war, dem das gefiel. Die Angewohnheit ist dann weniger bedrohlich und verliert sich vielleicht mit der Zeit, wenn man sich vermehrt auf die anderen Gangarten konzentriert.

Totaler Erfolg ist nicht immer möglich. Manche Verhaltensmuster sind schon zu lange existent. Ein gängiges Beispiel ist die Angst, die ein älteres Pferd davon abhält, in einen Lkw oder geschlossenen Hänger zu gehen. Ein geduldiger Betreuer ist vielleicht irgendwann in der Lage, das Pferd in einen offenen Hänger zu bekommen, besonders wenn er es auf der Fahrt begleitet. Aber es wird wohl nie dazu zu bewegen sein, in einen Lkw zu gehen.

Im Anhang A werden wir erklären, wie man ernste Probleme nach dem Pferdekauf lösen kann. Es macht keinen Spaß, herauszufinden, daß das neu erworbene Pferd, so überzeugend es sich auch in der Reitbahn des Verkäufers präsentierte, ein Problem hat, das seine Leistungen beeinflußt, seine Liebenswürdigkeit schmälert und die Frage aufkommen läßt, ob es ratsam ist, es weiterhin zu füttern und im Stall stehen zu haben. Wirklich gravierende Probleme können eventuell nicht mehr behoben werden, aber normalerweise schafft es ein Fachmann, der (a) weiß, wie man damit umzugehen hat, und (b) die Zeit dazu hat, doch.

In Kapitel 6 werden wir die Umerziehung eines sogenannten »Killer-Pferdes« besprechen, eines Verbrechers durch und durch, der mit niemandem etwas zu tun haben wollte. Am Anfang stand wie immer der Aufbau einer funktionierenden Mensch-Pferd-Beziehung, was auch schon nicht so leicht war. Dann mußte das Pferd regelrecht neu erzogen werden, als ob es ein kleines Fohlen wäre.

Ohne weiter darauf einzugehen, was es heißt, ein Pferd zu besitzen, haben ohne Frage nur wenige Besitzer die Gelegenheit, ein Fohlen zu erziehen oder einen Verbrecher umzuerziehen. Dennoch glauben wir, daß die Prinzipien und Methoden, die in den nächsten beiden Kapiteln erläutert werden, auch in den alltäglicheren Situationen im Umgang mit Pferden vonnutzen sein werden.

# 5

# DIE ERZIEHUNG DES FOHLENS

Die Ausbildung bzw. Erziehung eines Pferdes beginnt bei seiner Geburt, wenn es lernt, auf die belehrende Berührung oder Stimme seiner Mutter zu hören. Häufig ist auch der Mensch an der Versorgung des Neugeborenen beteiligt, so daß es seine Autorität als vollkommen natürlich empfinden wird. Das ist eine Tatsache, obwohl manch einer die Rolle der Stute dabei zu übersehen versucht. Wenn man ein williges, freundliches Fohlen haben möchte, ist es unerläßlich, erst einmal die Anerkennung der Stute zu gewinnen. Das kann kaum am Tag des Abfohlens geschehen. Am besten ist es, sich schon viele Wochen vor dem Abfohltermin mit der Stute anzufreunden.

Ob das Fohlen nun Umgang mit dem Menschen hat oder nicht, die Stute hat den meisten Einfluß auf sein Leben. Es lernt schnell von ihr und wird diese Lektionen auch nicht so schnell wieder vergessen. Es eifert ihr in seinem Verhalten nach und eignet sich ihre Fertigkeiten an. Derjenige, der das Fohlen später einmal erziehen bzw. ausbilden möchte, sollte viel Zeit mit der tragenden Stute verbringen und sie putzen, füttern und bewegen. In manchen Zuchtstätten kann das schwierig werden, wenn die Mitarbeiterzahl nicht erhöht wird. Zuchtstuten bekommen oft nur geringe Beachtung.

Gehen wir einmal davon aus, daß Sie sich dazu entschlossen haben, das noch ungeborene Fohlen einer Stute zu kaufen, die auf einem guten Gestüt steht. Sie haben sich mit ihr angefreundet. Sie akzeptiert Ihre Anwesenheit in der Abfohlbox, wenn das Fohlen geboren wird. Sie gehören zu der ersten Lebenserfahrung, die das Fohlen macht, und helfen es zu säubern, sprechen leise mit ihm, unterstützen es bei seinen Stehversuchen und helfen ihm, das Euter zu finden. Sie bleiben allerdings nicht übermäßig lange in der Box. Mutter und Kind brauchen Ruhe und Platz. Aber Sie schauen während der ersten drei Tage häufig vorbei und beschäftigen sich ruhig und liebevoll mit dem Fohlen. Sie reden immer mit ihm. Es darf sich an Sie anlehnen, wenn es versucht, auf seinen wackeligen Beinen zu stehen. Es gewöhnt sich an Ihre Berührungen, Ihre Stimme und Ihren Geruch.

Meist kommen Stute und Fohlen nach drei Tagen zum ersten Mal auf die Weide. Die Umgebung ist nun viel natürlicher, und Sie können langsam die Vorteile nutzen, die Sie in den letzten Wochen der Trächtigkeit für sich aufgebaut haben.

Zuerst einmal verdoppeln Sie die Aufmerksamkeit, die Sie der Stute vor dem Abfohlen schenkten. Wenn Sie bislang eine Stunde mit Füttern und Putzen verbrachten, nehmen Sie sich jetzt zwei Stunden Zeit. Das neugierige Pferdebaby wird fasziniert sein vom Putzzeug und was Sie damit machen. Mit der Zeit wird es hingerissen sein von dem Spezialfutter, das Sie seiner Mutter bringen. Es wird eine Kaffeedose voll von dem süßen Futter oder Beifutter oder was auch immer akzeptieren und mit diesem zusätzlichen Futter besser wachsen.

Da es Sie hochinteressant findet, hängt es Ihnen wie ein Welpe ständig an den Fersen. Wenn es sich für irgend etwas interessiert, sollten Sie dieses Interesse befriedigen. Zeigen Sie ihm den Kamm oder die Bürste und benutzen Sie sie kurz. Ganz ruhig natürlich. Und leise. Wenn Sie amüsiert sind, lachen Sie anerkennend. Es ist für ein Fohlen von einer Woche ganz und gar nicht ungewöhnlich, das Kichern eines Menschen herauszufordern und es als eine Art Sympathiebekundung zu deuten. Z. B. geht das Fohlen davon aus, daß es die Haltung seiner Mutter beim Grasen nachahmen kann, so als ob es sich für Gras interessierte. Wenn Sie darüber lachen, gefällt ihm diese Reaktion vielleicht so gut, daß es bei Ihrem nächsten Besuch prompt diese Haltung wieder einnimmt, um Ihr Lachen zu ernten.

Oder es kommt mit seinen Beinen durcheinander und fällt in einen Graben. Sie helfen ihm auf die Beine, lachen ein bißchen in sich hinein und sagen. »Alles in Ordnung, kleiner Mann. Jetzt wollen wir Dich mal wieder auf die Beine stellen. Stell dieses Bein mal dort hin, und dann gehen wir zurück zu Mama und Du erholst Dich von dem Schreck.«

Einerseits versteht das Fohlen nicht ein einziges Wort von dem, was Sie gesagt haben. Andererseits aber hat es jede Silbe als ein Zeichen freundschaftlicher Hilfsbereitschaft einer vertrauenswürdigen Kreatur verstanden.

Solange Sie nicht vergessen, daß die Beziehung als Freundschaft zwischen Ihnen und der Stute begann, und Sie sie weiterhin wie eine Freundin behandeln, werden Sie ein gern gesehener Teil der Familie sein. Manche Stuten werden eifersüchtig, wenn ein Mensch – besonders ein Freund – das Fohlen zu bevorzugen scheint. Manch eine Stute gerät außer sich, wenn ein Mensch ihr Fohlen auch nur für ein paar Sekunden zurückhält, wenn sie es gerufen hat. Machen Sie das Fohlen nicht zum Spielball. Achten Sie gut auf die Körpersprache der Stute. Beim geringsten Anzeichen von Aufregung, gehen Sie zu ihr, beruhigen sie und gehen wieder weg. Zeigen Sie Verständnis für Ihre Sorge um das Fohlen.

Wenn Sie sich mit der Stute anlegen, schaffen Sie ein großes Problem, dessen Lösung Sie mehrere Tage kosten kann. Die Änderung spiegelt sich im Verhalten des Fohlens wider. Wenn es Ihnen nicht gelingt, die Stute zu beschwichtigen, werden Sie wahrscheinlich nie das volle Vertrauen des Fohlens erlangen können.

Als ob das nicht ausreichen würde, um die Schwierigkeiten einer Beziehung zwischen Mensch, Stute und Fohlen darzustellen, müssen wir uns nun mit dem ungebärdigen Wesen des Fohlens beschäftigen. Es sind zappelige, kleine Lebewesen. Sie reagieren in übertriebenem Maße auf Überraschungen oder andere plötzliche Vorkommnisse. Sie sind guter Dinge und albern. Ihre Angst kann ihnen schnell genommen werden. Sie können nur für einen winzigen Augenblick aufmerksam sein, es sei denn, sie spielen. Sie sind nur eine Handvoll Pferd, eben Babies.

Es versteht sich von selbst, daß der Mensch, der ein Saugfohlen dafür bestraft, sich wie ein Baby zu benehmen, sofort die Freundschaft der Mutter verliert. Ebenso verhält sich die Stute nicht länger freundlich zu einer Person, die ihr Baby unglücklich macht, indem sie ihm Angst einjagt oder es aufregt. Um derartige Mißklänge schon im Keim zu ersticken, sollten Sie sich nach ein paar Grundregeln richten, die im übrigen nicht sonderlich von den im vorhergehenden Kapitel dargestellten, erfolgreichen Strategien zur Lösung von Problemen abweichen.

1. Geben Sie dem Spiel den Vorrang. Das ist die beste Art für das Fohlen, sich überschüssiger Energie zu entledigen und aufnahmefähig für seine Lektionen zu werden. Bei diesen Lektionen muß es sich immer um Spiele handeln, an denen Lehrer und Schüler gleichermaßen Spaß haben.

2. Es kann immer etwas Unvorhersehbares geschehen. Unterbrechen Sie sofort und bringen das aufgeregte Fohlen zu seiner Mutter.

3. Wenn das Fohlen mit etwas Neuem bekannt gemacht wird, wie z. B. mit einer neuen Fertigkeit, sollte man immer behutsam vorgehen. Beim geringsten Anzeichen von Widerwillen gehen Sie zu irgend etwas anderem über, das es schon gut beherrscht. Dadurch bekommt das Fohlen eine bessere Einstellung zu Ihnen und ist viel empfänglicher, wenn Sie das nächste Mal etwas Neues üben wollten.

4. Stellen Sie Positives in den Vordergrund, nicht nur für das Fohlen, auch für Sie selbst. In seinem zarten Leben sind Sie bei weitem das größere und stärkere Lebewesen. Es begreift sofort, daß Sie es beherrschen können. Es versteht auch, daß Sie freundlich sind. Es gefällt ihm, Sie zum Lachen zu bringen und Ihre Anerkennung zu gewinnen. Selbst später, wenn es 1,65 m groß ist und eine halbe Tonne wiegt, wird es diesen grundsätzlichen Respekt und die Zuneigung zu zweibeinigen, zweihändigen, sprechenden Wesen behalten, die es liebevoll behandeln.

# Das Halfter und erste Zwänge

Unter der Prämisse, daß ein Fohlen Zaumzeug als einen natürlichen Teil seiner körperlichen Ausstattung betrachten soll, bekommen die neugeborenen Fohlen in vielen Ställen gleich ein Halfter an, das sie ständig tragen sollen. Für das Personal in solchen »Massenproduktionsställen« mit einer großen Zahl von zu erziehenden Fohlen ist das ständig getragene Halfter sehr bequem. Die Umgebung in solchen Ställen ist meist frei von tiefhängenden Haken und defekten Zäunen, an denen sich ein Pferdebaby mit Halfter aufhängen könnte. Unter anderen Umständen ist ein Halfter nämlich eher eine Gefahr als eine Annehmlichkeit. Außerdem beraubt es Pfleger und Fohlen gemeinsamer Erfahrungen.

Wenn die Betonung auf Einzelunterricht liegt, nehmen Sie zwei Halfter mit zur Weide, eins für die Stute und eins für das Fohlen. Es wird Sie genau beobachten, wenn Sie seiner Mutter das Halfter anlegen. Es sieht, daß sie es akzeptiert. Bis dahin ist das Fohlen schon gut gewöhnt an Berührungen an seinem Kopf und seinem Körper. Sie zeigen ihm das Halfter. Es nimmt es mit Interesse in sein Maul. Sie ziehen es ihm einfach nur noch über den Kopf und haken es ein. Wenn Sie gehen, haken Sie es auf und nehmen es ab. Die tägliche Wiederholung bereitet das Pferdekind auf die spätere Realität mit ihren Zwängen vor.

Bei den ersten Versuchen, einem Fohlen ein Halfter anzulegen, kann eine ungeschickte Person das Tier verängstigen, indem mit Gewalt zu erreichen versucht wird, daß es den Kopf still hält. Ein Kampf kann verheerende Folgen haben. Wenn man sich an das Halfter hängt, während das Pferdebaby versucht, wegzurennen, wird es unweigerlich zum Sturz kommen. Es kann sein, daß sich das Fohlen nie ganz von dem Mißtrauen und der Furcht erholt, die solch ein Erlebnis hervorruft. Andererseits ergibt sich das Fohlen bald in einen länger andauernden Zwang, wenn es Ihnen gelingt, den Kopf nur für den Bruchteil einer Sekunde zu immobilisieren, besonders wenn Sie es loslassen, sobald es das möchte.

Im Alter von zwei Wochen akzeptiert das Fohlen nicht nur das Halfter, sondern auch den Führstrick. Die erste Erfahrung mit dem Strick macht es, nachdem es gesehen hat, wie jemand einen Strick am Halfter seiner Mutter befestigt und sie daran herumführt. Dann haken Sie seinen eigenen Führstrick ein. In weiteren zwei Wochen wird es genießen, daran Seite an Seite mit seiner Mutter herumgeführt zu werden.

Die Bekanntschaft des Fohlens mit Zwängen sollte sich aber nicht nur auf den Kopf beschränken. Seine natürliche Neigung, sich zu scheuern, ist uns dabei behilflich. Es genießt es, gekrault zu werden, und erlaubt gerne, daß man sich dabei ganz auf es lehnt, wodurch es daran gehindert wird, in irgendeine Richtung davonzulaufen. Wenn es älter wird und anfängt, das Fohlenfell zu verlieren, läßt es sich noch lieber kraulen und wird noch duldsamer für Zwänge, solange es gekrault wird. Wenn es versucht, sich Ihren Berührungen zu entziehen, kratzen Sie es bestimmt zu stark. Dann gibt es noch die Hufe. Am ersten oder zweiten Lebenstag gestattet es mit Sicherheit, daß Sie die Hufe hochheben und anders plazieren, um ihm bei der Gleichgewichtsfindung zu helfen. Wenn Sie ihm später beibringen, daß es während des Putzens die Hufe geben muß, wird es keine Angst haben, hinzufallen, da es gelernt hat, daß solche Dinge mit einer Verbesserung seines Gleichgewichts zusammenhängen.

Das alles sollte schnell und entspannt vor sich gehen können, während Sie der Stute weiterhin Respekt zollen. Sie bleibt der Boss. Sie beschäftigen sich nicht mit dem Fohlen, wenn es ruht oder saugt oder wenn die Stute es offenkundig neben sich haben will oder ihre Körpersprache auch nur das geringste Mißfallen ausdrückt. Geben Sie ihr immer nach. Auch wenn sie zu Unrecht Mißfallen äußert, bleibt sie die Mutterstute und kann das Fohlen negativ beeinflussen.

Morgens und abends sind die Besuche am idealsten, da die Stute mit ihrem Futter beschäftigt ist oder darauf wartet und das Fohlen besonders spielfreudig ist. Beginnen Sie nie mit dem Spielen, sondern gehen Sie langsam vor. Wenn das Fohlen merkt, daß seine Mutter eine Balgerei toleriert, lädt es mit Kopf- und Schweifschlagen und einem kleinen Buckler dazu ein. Sie gehen immer darauf ein, denn für das kleine Pferdchen ist das Spielen der ideale Übergang zur Arbeit (die wiederum eine Form des Spielens ist). Also hocken Sie sich hin, schlagen sich auf die Schenkel, springen herum, rudern mit den Armen, versuchen, auf die Körpersprache des Fohlens mit einfachen Gesten Ihrerseits zu antworten, und lachen wohlwollend. Wie das Toben mit einem großen Hund, ist es eine großartige Übung für beide Parteien und stärkt die Bindung. Aber seien Sie vorsichtig: Zum Spiel gehört bei einem Fohlen auch, daß es steigt, herumwirbelt und ausschlägt. Der Schlag eines zwei Wochen alten Fohlens kann einen menschlichen Knochen zerschmettern.

# Das Putzen

Unsere Absicht ist, beiden Parteien, Mensch und Pferd, die traumatischen Erlebnisse zu ersparen, die normalerweise zum »Einreiten« im weiteren Sinne dazu gehören. Warum müssen die beiden einen Kampf austragen wegen einer so belanglosen Sache wie dem Sattel, wenn das ganze Theater vermieden werden kann durch überlegtes Putzen während der ersten Lebenswochen?

Nachdem Sie vom Kraulen mit den Fingern dazu übergegangen sind, Striegel und Kardätsche zu benutzen, machen Sie das Fohlen mit einem weichen, weißen Frotteetuch bekannt. Es akzeptiert es in seinen Ohren und seinem Maul, über den Augen und überall an seinem Körper. Sie können damit vor seinen Augen herumwedeln, ohne daß es erschrickt. Sie können es damit am ganzen Körper leicht schlagen. Das gefällt ihm sogar. Dadurch ist die Wahrscheinlichkeit geringer, daß es später einmal erstaunt oder entsetzt reagiert, wenn es Bäder oder medizinische Anwendungen bekommt. Das Auflegen des Frotteetuchs ist auch eine gute psychologische Vorbereitung auf den Tag, an dem eine Satteldecke auf seinen Rücken gelegt werden wird.

Eine noch bessere Vorbereitung auf den Sattel stellt ein weiterer Bestandteil des Putzeugs dar, das Sackleintuch. Sobald das Fohlen an das weiße Frotteetuch gewöhnt ist, kommt es ins Spiel. Das rauhe Sackleinen wird ihm gefallen, wenn man es zusammenrollt und wie mit einem Putztuch den Körper abreibt. Dann falten Sie es auseinander und lassen es auf seinem Hals, Rücken oder Kruppe liegen, flatternd im Wind. In ein paar Tagen wird das Fohlen sogar mit dem Sacktuch über den Ohren oder Augen dösen. Es wird sich am Führstrick führen lassen, mit dem Sack auf seinem Hals oder dem Kopf.

Der Sack bietet großartige Spielmöglichkeiten. Werfen Sie ihn dem Fohlen an den Kopf. Es wird versuchen, ihn mit dem Maul zu schnappen. Bei dem Versuch wirft es seinen Kopf herum und verwickelt sich darin. Befreien Sie es davon und kraulen Sie es, wenn Sie gehen.

Durch ein anderes Spiel mit dem Sacktuch gewöhnt sich das Fohlen an herabhängende Gegenstände. Es lernt, daß keine Gefahr besteht, wenn es auf das Ende des Sacks tritt, der von seinem Hals oder Rücken herunterhängt. Gelegentlich machen Sie den Sack einmal naß und gewöhnen das Fohlen an das Gefühl des nassen Stoffs an seinem Körper und allen Körperöffnungen. Wenn es später einmal zum ersten Mal von jemandem zum Baden eingeseift wird, akzeptiert es das, ohne mit der Wimper zu zucken. Aber das ist nur einer der Erfolge der Erziehungsmaßnahmen im Leben Ihres noch sehr jungen Fohlens. Denn:

1. Wenn Sie später einmal ein Sattelkissen auf seinen Rücken legen, wird es keine Angst bekommen. Das ist nichts Besonderes für ein junges Pferd, das so gut mit dem Sacktuch geübt hat.

2. Das Gefühl, von einer Decke eingehüllt zu sein, wird ihm kein Unbehagen bereiten, wiederum dank des Sacktuchs. Desweiteren wird es auch nicht die Nerven verlieren, wenn sich eines Nachts einmal die Decke löst, auf den Boden hängt und es darauf tritt.

3. Wenn im Stall ein Feuer ausbricht, ist das Pferd in seiner Box gefangen. Ein Mensch taucht auf, um es vor dem Feuer zu retten und will ihm einen nassen Sack über den Kopf legen. Kämpft das Pferd dagegen an, ist sein Leben in Gefahr. Aber durch die Spiele auf der Weide hat Ihr Pferd gelernt, einen nassen Sack auf Augen und Gesicht zu akzeptieren.

Wir haben schon festgestellt, daß das Fohlen dank Ihrer frühzeitigen Bemühungen um seine Hufe gelernt hat, daß solche Aktivitäten ein besseres Gleichgewicht bedeuten und nicht den erschreckenden Verlust des Gleichgewichts. Mit einem Monat ist das Fohlen alt genug für weitere Lektionen. Wahrscheinlich gibt es brav die Vorderhufe, sobald Sie sie berühren. Wenn das so ist, greifen Sie sich den Hinterhuf und halten ihn für den Bruchteil einer Sekunde fest. Halten Sie den Huf immer ein bißchen länger fest, aber nie so lange, daß das Fohlen anfängt, sich aufzuregen. Wenn das Fohlen nicht automatisch den Vorderhuf hebt, streichen Sie mit der Hand an der Rückseite des Beins entlang, wobei Sie ganz leichten Druck ausüben. Jetzt wird es den Huf wie im Reflex heben. In wenigen Tagen werden Sie den Huf schon lange genug halten können, um ihn richtig zu säubern. Aber lassen Sie immer sofort los, wenn das Fohlen anfängt, nervös zu werden und den Kopf hochzureißen.

Wenn Sie mit der Hand an der Rückseite des Beins herunterstreichen, lehnen Sie sich immer an die Schulter des Fohlens, so daß es sein Gewicht auf die anderen drei Beine verlagern muß. Es muß lernen, sein Gewicht nicht auf die Person zu legen, die seine Hufe auskratzt. Außerdem muß es auch lernen, nicht an Hemd oder Jeans der jeweiligen Person zu knabbern. Wenn es das zum ersten Mal tut, versuchen Sie, mit der flachen Hand am Maul seinen Kopf wegzuschieben. Wenn das nicht wirkt, erreichen Sie sicherlich mit einem Knuff mit dem Findernagel Ihr Ziel.

Diese Übungen mit den Hufen bzw. dem Gleichgewicht und die Lektionen im Benehmen beim Putzen ersparen dem jungen Pferd später viel Schwierigkeiten. Pferde, die sich beim Putzen nicht benehmen können, provozieren verunsicherte Personen oft zu üblen Strafen. Damit Ihr Fohlen sich von seiner besten Seite zeigen kann, müssen Sie alles tun, um solchen Problemen vorzubeugen.

# Ernsthafte Arbeit

Mit Einverständnis der Stute (und oft zu ihrer großen Erleichterung) haben Sie ihr munteres Fohlen etwas weiter von ihr entfernt, da die meisten Übungen im Putzen usw. etwa 1,5 m von ihr entfernt stattfinden. Das Fohlen muß sich aber immer in ihrer Sicht befinden. Im Alter von zwei Monaten beherrscht es schon ein erstaunlich großes Repertoire an Fertigkeiten. Es geht neben einem, ohne herumzuspringen oder sich anzulehnen. Es bleibt stehen, wenn Sie »Hoh« sagen. Auf leichtes Ziehen am Strick geht es in die gewünschte Richtung. Es geht auch schon rückwärts. Das Geheimnis dieses Erfolgs liegt darin, daß es begierig darauf ist, bei diesen Spielen alles richtig zu machen und Ihr Lob zu ernten. Wenn es sich beim Führen gegen Sie lehnt, lehnen Sie sich ebenfalls an und zwingen es damit auf seine eigenen Beine. Wenn es ordentlich geht, loben Sie es. Wenn es anfängt, herumzuspringen, bleiben Sie stehen, beruhigen es und gehen erst weiter, wenn es ruhig ist. Für diesen Gehorsam verdient es, geklopft zu werden.

Eine Wendung nach links bringen Sie ihm bei, indem Sie an seiner linken Schulter stehen, mit der linken Hand am Führstrick ziehen und mit der rechten Hand sein Hinterteil herumdrücken. Es geht im Kreis um Sie herum, wenn Sie sich in der Mitte drehen. Nach rechts zu gehen, lernt es, indem Sie an seiner rechten Schulter stehen, mit der rechten Hand am Führstrick ziehen und mit der linken Hand sein Hinterteil herumdrücken. Später einmal wird es keine Probleme haben, dieselben Manöver an einer 1 m langen Leine auszuführen oder vielleicht sogar ohne Leine, einfach nur auf die Signale von Stimme und Hand.

Sie bringen ihm das Rückwärtsrichten bei, indem Sie den Strick nach hinten ziehen, so daß seine Nase auf seine Brust gezogen wird. Mit der anderen Hand drücken Sie auf seine Brust und sagen: »Zurück!«

Das bereitet das Fohlen darauf vor, sich auf das Kommando »Kehrt« in die andere Richtung zu drehen. Zu dem Ziehen am Strick und dem Herumschieben fügen Sie nun noch einen Schritt nach hinten hinzu, so daß sich das Fohlen ganz umdrehen muß. In erstaunlich kurzer Zeit wird es das Kommando »Kehrt« mit dieser Lektion in Verbindung bringen, und was vielleicht noch erstaunlicher ist, es wird eines Tages die Kehrtwendung an der Longe durchführen, wenn Sie das Kommando geben und mit Ihrem Arm in die Richtung zeigen, in die Sie es schieben würden, wenn Sie direkt neben ihm stünden.

So erlernt das Fohlen ganz allein den Slide Stop sowie Spin and Pivot, Lektionen, die für manche Rassen ganz besonders wichtig sind. Es handelt sich immer noch um ein Saugfohlen, aber es ist schon vollkommen vertraut mit dem Führstrick. Es geht bei durchhängendem Strick vorwärts, und es macht ihm nichts aus, wenn es darauf tritt. Sie können es am ganzen Körper mit dem Strick berühren. Z. B. können Sie ihn über den Widerrist hängen. Wenn Sie es dazu auffordern, läuft es hinter Ihnen her, als ob Sie es am

Zügel hätten, aber Sie brauchen den Strick noch nicht einmal zu berühren. Bis es soweit ist, dauert es natürlich ein paar Tage, und am Anfang kann es auch zu einigen Problemen kommen. In diesem Fall verschieben Sie Ihre Absichten erst einmal und gehen zu einer Sache über, die das Fohlen mit Sicherheit schon gut beherrscht. Zu diesem Zeitpunkt bietet sich eventuell an, ein paarmal Schritt-Trab-Hoh-Zurück-Hoh zu üben, alles am Führstrick mit Stimmkommandos und wenig oder gar keiner Hilfe durch die Hand.

Schließlich ist es in der Lage zu gehen, ohne daß es geführt wird und ist bereit für das »Ground Tying«, die erste wirklich unnatürliche Aufgabe, die es zu erfüllen hat. Das Fohlen muß lernen, es als ein Signal zum Stehenbleiben zu verstehen, wenn Sie den Führstrick einfach herunterhängen lassen. Es wird es spielerisch erlernen. Sie stehen sich gegenüber. Sie lassen den Strick los und gehen zwei Schritte zurück. Wenn es vorwärts geht, um Ihnen zu folgen, berühren Sie seine Brust und sagen »Hoh. Bleib stehen.« Wenn es stehenbleibt, sagen Sie »Gut, mein Junge«, was ihm gut gefällt. Sie werden das oft wiederholen müssen, und es wird öfters nicht klappen und das Fohlen wird durcheinander sein, bevor es begreift. Beugen Sie sich vor, um sich mit ihm in Augenhöhe verständigen zu können. Lassen Sie sich Zeit. Letztendlich wird es stehenbleiben, wenn Sie sich 2,5 m entfernen, aber mit erhobener Hand. Übertreiben Sie es nicht. Nach maximal 15 Sekunden nehmen Sie die Hand wieder herunter, loben es und rufen es zu sich.

Schneller als Sie denken (und wir gehen dabei von ein paar Tagen aus), können Sie mehr als 15 m zurückgehen und das Fohlen bleibt treu stehen. Es hat die erste der unnatürlichen Lektionen gelernt, die es zu einem guten Pferd machen.

Bei dieser Gelegenheit haben Sie ihm beigebracht, zu Ihnen zu kommen, wenn Sie es rufen.

Es ist nun relativ einfach, dem Fohlen beizubringen, still zu stehen, wenn Sie den Führstrick lang lassen, um es herumgehen und ihn über seinen Rücken legen. Wenn es versucht, sich um seine eigene Achse zu drehen, um Sie im Auge zu behalten, halten ein »Hoh« und die erhobene Hand es davon ab. Wenn es der Versuchung widersteht und Ihren Anweisungen folgt, hat das Ihre Beziehung enorm gestärkt. Außerdem haben Sie es auf die spätere Arbeit an der Longe vorbereitet (in manchen Gegenden auch als »langer Zügel« bekannt).

Im Alter von etwa drei Monaten (auf jeden Fall aber, bevor es abgesetzt wird), sollte es zum ersten Mal Bekanntschaft mit dem Hänger machen. Es sollte sich dabei um einen normalen, geschlossenen Hänger handeln, vor dem sich manche Pferde fürchten, weil sie wahrscheinlich instinktiv an eine dunkle Höhle denken.

Führen Sie Mutter und Kind zum Hänger. Lassen Sie das Fohlen den Hänger ausführlich beriechen. Öffnen Sie die Seitentür, so daß es den süßlichen Geruch des Futters wahrnehmen kann, das Sie auf den Boden gestreut haben. Wenn es seine Nase hereinsteckt und zu knabbern beginnt, nehmen Sie ihm praktisch die Worte aus dem Mund und sagen: »Hey, da sind ja leckere Sachen in diesem Hänger.« Ende des ersten Besuchs.

Bei den weiteren Besuchen ist jedes Mal wieder das leckere Futter im Hänger. Auch die Mutter ist immer dabei, und sie zeigt ihre Langeweile. Sie fangen an, mit Ihren Fingernägeln auf die Metallteile des Hängers zu klopfen, dann mit der flachen Hand, und schließlich treten Sie mit dem Fuß vor Reifen, Räder und Schutzbleche. Das Fohlen kontrolliert Ihre Körpersprache und die seiner Mutter, aber es gibt keinen Grund zur Aufregung. Ein bißchen Geklapper und süßes Futter gehören nun einmal dazu.

Bei etwa dem vierten Besuch, vorausgesetzt, daß die vorhergehenden erfolgreich waren, lassen Sie Stute und Fohlen von jemandem festhalten, während Sie über die Rampe in den Hänger gehen. Öffnen Sie die Seitentür und stecken Sie Ihren Kopf heraus. »Buh! Ich kann dich sehen!« oder irgendeine andere typische Begrüßung macht großen Eindruck. Ebenso eine Handvoll Futter. Bonnie erinnert sich an ein Fohlen, das so begeistert von diesem Spiel war, daß es sich losriß, zur Rückseite des Hängers raste und die Rampe hinaufschoß, um endlich zu ihr zu gelangen. Seine Mutter war etwas beunruhigt und wurde ihrerseits in den Hänger geführt, wo sie auch ein paar Leckerchen bekam.

Gewöhnlich dauert es etwas länger, bis sich das Fohlen an den Hänger gewöhnt hat. Sie führen Stute und Fohlen gleichzeitig auf die Rampe, nachdem Sie die Mittelwand herausgenommen und den Hänger gesäubert haben, damit nicht etwa irgendwo Hengstgerüche haften, die die Stute beunruhigen, was dem Fohlen wiederum Angst machen könnte. Es versteht sich von selbst, daß Sie mit der Stute vor dem Abfohlen oft genug geübt haben, damit sicher ist, daß nicht etwa die Stute Probleme beim Verladen bereitet.

Wenn das Fohlen seine Mutter in den Hänger begleitet, stehen Sie neben ihm auf der Rampe, zwischen ihm und dem Rand, und halten mit einer Hand das Halfter. Der Führstrick wurde abgenommen. Wenn es mit einem Huf ausrutscht, helfen Sie ihm. Wenn es an Ihnen vorbeigeht, berühren Sie es mit Ihren Händen an der Seite. Sobald es im Hänger ist, gehen Sie zu ihm zur Vordertür und reichen ihm etwas süßes Futter oder ein Stück Wassermelonenschale, damit es beschäftigt ist. Seine Mutter beschäftigt sich indessen mit einem Pfund Futter, was etwa 5 Minuten dauern dürfte, und in dieser Zeit wird sie nichts anderes signalisieren als Zufriedenheit.

Ihr Fohlen hat nun 5 ganze Minuten in einem Hänger oder Transporter verbracht, was eine lange Zeit ist. Nun ist es an der Zeit, es wieder gut herauszuholen. Später wird es rückwärts aus dem Hänger gehen müssen. Daher sollte es auch jetzt schon rückwärts herausgehen. Laden Sie zuerst die Stute aus, aber erlauben Sie dem Fohlen nicht, sich zu drehen. Führen Sie es rückwärts heraus. Das wird nicht so einfach sein, da die Stute nicht dabei ist und es unsicher ist, wo es hintritt. Aber Sie haben das Vertrauen des Fohlens. Es hat bisher alles willig für Sie gemacht, was ihm normalerweise nie in den Sinn gekommen wäre. Es weiß ja auch bereits, wie man rückwärts geht. Mit etwas Bedacht wird das Ausladen ohne besondere Zwischenfälle vonstatten gehen.

Sie haken seinen Führstrick ein, wenn die Stute vor ihm zurücktritt und die Rampe verläßt. Womöglich wiehert es nach ihr und wendet seinen Kopf. Statt ihm zu erlauben, sich umzudrehen, machen Sie voran mit dem Rückwärtsrichten auf der Mitte der Rampe. Ihre Hand liegt beruhigend auf seiner Kruppe, und Ihre Stimme sagt ihm, wie gut es seine Sache macht. Gehen Sie mit, bis es wieder sicheren Boden unter den Hufen hat. Es wird nicht zur Seite springen. Wenn es die Rampe verlassen hat, lassen Sie es zu seiner Mutter gehen und saugen. Das wird es sicherlich tun wollen nach diesem Abenteuer. Wenn es fertig ist, loben Sie es dafür, daß es solch ein tolles Kerlchen ist. Nun bringen Sie beide auf die Weide und lassen sie laufen.

Nach vier solchen Übungen wird das Fohlen den Hänger allein verlassen, sogar noch vor seiner Mutter. Überdies wird es den Transporter oder Hänger auch tolerieren, wenn die Verladeklappe geschlossen ist und der Motor läuft.

Nun geht es von einem Erfolg zum nächsten. Beim nächsten Mal ist eine richtige Fahrt um den Stall an der Reihe. Sie und die Stute sind dabei. Sie ist absolut unbeteiligt und genießt ihr Futter. Das Fohlen kann zu keinem Zeitpunkt den Eindruck gewinnen, daß es sich hierbei oder bei einer anderen Sache um etwas Besonderes handelt. Sobald Sie an seiner Körpersprache merken, daß es ängstlich ist, hören Sie auf mit dem, was ihm Angst bereitet. Machen Sie mit etwas weiter, woran es schon besser gewöhnt ist.

Bevor das Fohlen vier Monate als ist, können Sie es mit seiner Mutter allein im Hänger lassen und mit beiden ein paar Kilometer auf der Straße fahren.

# Die große Trennung

Dem Fohlen machen all diese Erziehungsmaßnahmen großen Spaß. Die tägliche Wiederholung des gesamten Repertoires kann für Sie ermüdend sein, wenn nicht jeder Tag eine Herausforderung an Interesse, Intelligenz und Gemütszustand des Fohlens wäre. Jeden Tag kommt etwas Neues hinzu, aber Sie versäumen nie, alles bisher Erlernte noch einmal durchzugehen. Das Fohlen gibt seine Hufe, damit Sie sie reinigen und schlicht festhalten können. Es macht eine Kehrtwendung. Es bleibt stehen und wartet. Es kommt auf Ihren Zuruf. Es stiftet Sie zum Toben an. Es spielt mit dem weißen Tuch und dem Sack. Mindestens einmal in der Woche wird das Verladen geübt.

Irgendwann in seinem vierten, fünften oder sechsten Lebensmonat wird das Fohlen abgesetzt. Ein Hinausschieben dieses Termins hat für das Fohlen den Vorteil, daß es länger unter dem mütterlichen Einfluß steht. Der Zeitpunkt hängt meist davon ab, wie es dem Menschen am besten paßt, aber selten wird er so weit hinausgeschoben, daß die Stute die Angelegenheit selbst erledigt. Wovon auch immer der Zeitpunkt des Absetzens im Einzelfall abhängen mag, beginnen Sie mindestens einen Monat vorher damit, das Fohlen darauf vorzubereiten. Die Vorbereitungen beginnen genau genommen schon ein paar Wochen nach der Geburt, wenn seine Mutter es bereitwillig Ihrer Obhut überläßt und sie es mehrere Meter von ihr entfernen dürfen. In dieser Richtung werden Sie nun aktiver, vorsichtshalber immer in Sichtweite der Mutter, aber immer weiter von ihr weg und so lange, wie beide es sich gefallen lassen. Sie führen es von ihr weg, damit es Erkundigungen machen kann. Wenn es sich für eine Blume interessiert, geben Sie ihm die

Möglichkeit, sie zu beschnuppern und zu probieren. Dann pflücken Sie sie und kitzeln es damit an der Nase, was ihm meist viel Freude bereitet.

Sie bringen beide von der Weide zum Stall. Die Stute binden Sie an einem Anbindering an und gehen mit dem Fohlen auf Entdeckungsreise, immer in Sichtweite, aber in immer größerer Entfernung. Wenn es sich für Steine interessiert, ist das Herumrollen von Steinen ein wunderbarer Zeitvertreib. Auch wenn es alles um sich herum vergißt, ist es immer noch da. Wenn seine Mutter wiehert, antwortet es. Wenn sie damit nicht zufrieden ist und ihr Rufen eindringlicher wird, bringen Sie es sofort zurück zu ihr. Manchmal wird es gar nicht zurückwollen, aber Prinzip ist Prinzip. Inzwischen will es so viele Exkursionen unternehmen, wie es geht. Wenn es vor etwas Angst bekommt, sind Sie an seiner Schulter und Ihre Körper berühren sich ganz leicht. Es kann sich gegen Sie werfen, wenn es Hilfe braucht, ganz so als ob Sie seine Mutter wären. Diese würde sich dann anlehnen und es mit ihrer Stimme beruhigen. In den meisten geringfügigeren Fällen können Sie fast dasselbe tun, indem Sie es mit Ihrer Stimme beruhigen und einen Arm um seinen Hals legen. Wenn es sehr verunsichert ist, bringen Sie es ganz schnell zurück zur Stute, die wahrscheinlich schon die Aufregung bemerkt hat und nach ihm ruft. Wenn aber seine und ihre Körpersprache aussagen, daß nichts Ernstes geschehen ist, klopfen Sie es und sagen: »Es ist doch gar nichts los. Wir werden mal nachsehen.« Sie nehmen das Stück Papier (in den meisten Fällen der Auslöser), knüllen es zusammen und lassen es daran riechen, mit den Lippen berühren und bringen die Angelegenheit hinter sich.

Alles, was auf der Weide geübt worden ist, wird nun auch ohne Probleme vor dem Stall oder der Scheune akzeptiert. Sie üben jetzt täglich dort. Eines Tages, wenn es Zeit für die Futterration der Mutterstute ist, bringen Sie beide in den Stall. Nachdem es alles inspiziert hat, frißt das Fohlen friedlich neben seiner Mutter. Als alter Hase, was Hänger angeht, hat es überhaupt keine Bedenken, seine Mutter in einen harmlosen Stall zu begleiten.

Am nächsten Tag binden Sie die Stute nicht erst draußen an, sondern bringen beide direkt in den Stall. Dann holen Sie das Fohlen wieder heraus, um mit ihm zu spielen, aber so, daß sie es noch im Auge hat. Danach putzen Sie es genau in ihrer Windrichtung vor ihrer Box. Nun kommt die immer länger andauernde

Übung mit dem Führstrick, wobei Sie sich immer weiter und weiter wegbewegen, bis Sie eines Tages außer Sichtweite sind. Wenn das Fohlen ruft oder sie nach ihm schreit, bringen Sie es schleunigst zurück zu ihr.

Das Fohlen bekommt immer mehr Futter, so daß die Muttermilch nur noch eine untergeordnete Rolle spielt. Sein Gefühl für Unabhängigkeit wächst schnell, wenn Sie es nicht nur außer Sichtweite seiner Mutter bringen, sondern es auch frei auf einem Reitplatz herumlaufen lassen. Es kann Sie sehen und zu Ihnen kommen, wenn es möchte. Es kann sich aber auch für viele Minuten mit sich selbst beschäftigen, bevor es zu Ihnen kommt.

Die Stute hat sich schon seit Tagen nicht mehr beschwert über seine Abwesenheit, und diese Abwesenheit wurde von Tag zu Tag länger. Wenn das Absetzen geschieht, leiden beide so gut wie gar nicht. Sie bringen die Stute auf einen anderen Hof oder zumindest außer Hörweite. Sie kommt für zwei oder drei Tage in den Stall, bis ihr Euter trocken ist. In dieser Zeit tut ihr viel menschliche Zuwendung gut. Währenddessen ist das Fohlen entweder in einem Stall oder Paddock oder es wird zusammen mit anderen Absetzern oder einem älteren Pferd oder beidem auf die Weide gestellt. Es wird ein paar schwierige Phasen durchmachen, aber das ist schnell vorbei. In ein paar Tagen hat es sich vollkommen von der Stute gelöst und konzentriert sich zufrieden auf Sie. Das Absetzen ist geschafft. Seine Mutter kommt wieder in die Stutenherde, und das Leben geht weiter.

# Schnelle Fortschritte

Sie legen eine Stange auf den Boden. Das Fohlen geht über die Stange. Es tritt darauf, und sein Huf rutscht darüber. Das kann es beunruhigen. Wenn Sie ihm versichern, daß ihm nichts passiert, dann glaubt es dem Klang Ihrer Stimme. Sie haben es nie betrogen. Wenn die Stange ihm doch mehr Angst macht, und es sich vor einem Sturz fürchtet, dann folgen Sie Ihren Prinzipien – gehen Sie wieder über zu etwas Einfacherem, das das Fohlen schon beherrscht. Morgen ist auch noch Zeit, um es noch einmal mit der Stange zu versuchen und zu erfahren, daß man mit dem Huf darüber gleiten kann, ohne hinzufallen.

Nun nehmen Sie vier Stangen und legen jeweils zwei hintereinander, so daß es einen Gang gibt, durch den es geht oder trabt mit dem Kopf nach unten, um alles gut sehen zu können. Durch eine lange Reihe von Stangen mit einer Entfernung von 1,5 m kann es traben, rückwärts gehen, die halbe Strecke Schritt gehen, umkehren und auf Ihren Zuruf heraustraben.

Sie machen es mit einer Pfütze bekannt. Es inspiziert sie vorsichtig und macht schließlich einen langen Hals, um das Wasser zu probieren. Um ihm zu zeigen, daß man durch Pfützen laufen kann, springen Sie hinein. Es probiert es mit einem Vorderhuf aus und beschließt, sich auf Ihr Wort zu verlassen. Bald geht und trabt es durch diese Pfütze, ohne auch nur mit der Wimper zu zucken. Wenn das Fohlen ein Vollblüter, Standardbred oder Quarter Horse ist und Rennen laufen soll, hat es soeben seine erste Lektion zum Thema Pfützen bekommen. Mittlerweile sind Sie beide von Kopf bis Fuß bespritzt, aber Sie haben einen weiteren Punkt auf Ihrer langen Liste erstaunlich einfacher, erfolgreicher Übungen geschafft.

Ob es nun ein Rennpferd werden soll oder nicht, wird Ihnen vielleicht daran liegen, daß das Fohlen sich in nassem Wetter zu Hause fühlt. Lassen Sie es durch die Stangenreihe gehen, wenn es regnet oder gerade der Platz gesprengt wird. Mit Ihrer »Spielstimme« sagen Sie: »Prima. Wir spielen im Regen.« Die Eltern dieses Fohlens und all seine Brüder, Schwestern, Cousinen und Tanten stehen wahrscheinlich im Regen, lassen den Kopf hängen und tun so wenig wie möglich, aber dieses Fohlen lernt, seine Möglichkeiten auszuschöpfen. Zu einem gewissen Zeitpunkt, entweder vor oder nach dem Kennenlernen der Stangen, beginnen Sie damit, es durch Gummireifen zu führen. Sie zeigen ihm einen und setzen sich darauf. Sie legen sich darauf, um ihm zu demonstrieren, wie harmos er ist. »Komm her. Stell Dich mal darauf!« Das Fohlen inspiziert erst einmal wieder alles und macht mit, wenn nicht an diesem Tag, dann aber sicher am nächsten. Wenn Sie vier Reifen hintereinander legen, lernt es schnell, wie man diese Strecke überwindet und dabei nicht auf den Reifen tritt, sondern nur auf den Boden. Sie sind selbstverständlich dabei und geben ihm Vertrauen und Sicherheit.

Zurück zu den Stangen. Sie heben eine davon etwa 15 cm hoch und sagen: »Okay. Ganz einfach. Dann wollen wir einmal über diese Stange gehen.« Sie nehmen es am Strick und gehen in Schulterhöhe mit ihm mit über die Stange, als ob nichts wäre. Eine Laufbahn als

Springpferd mag ihm aufgrund seiner Abstammung nicht gerade in die Wiege gelegt worden sein, noch ist das Ihre Absicht, aber hierbei handelt es sich um eine wunderbare Übung. Sein Koordinationsvermögen wird ständig besser, wenn es lernt, darauf zu achten, wo es hingeht und was immer zu beachten ist, um dort hinzugelangen.

Nehmen Sie vier 4,5 m lange Stangen und bauen einen L-förmigen Gang mit etwa 1,2 oder 1,5 m Zwischenraum. Bringen Sie dem Fohlen bei, durch diesen Gang zu gehen, ohne die Stangen zu berühren, selbst in der Kurve nicht. Wenn ihm das in Fleisch und Blut übergegangen ist, lassen Sie es rückwärtstreten. Natürlich helfen Sie ihm wieder mit Ihren Händen an Widerrist und Leib. Wenn es eine Stange berührt, sagen Sie »Hoh. Komm ein Stück vor, und dann fangen wir noch einmal an.« Es weiß, was Sie von ihm wollen, und versucht, sein Bestes zu geben. Und es ist erfolgreich. Es biegt sich wunderbar in der Kurve, um alles richtig zu machen.

Nun erhöhen Sie den Schwierigkeitsgrad. Wenn die Stangen bisher 1,2 oder 1,5 m auseinander lagen, verringern Sie den Abstand nun auf 90 cm. Sollte es ihm gelingen, fehlerfrei vorwärts und rückwärts die Wendung zu absolvieren, hat es eines der in den Western Pleasure-Klassen verlangten Manöver erfolgreich ausgeführt. Die Hilfestellung, die Sie ihm mit Ihren führenden Händen an Widerrist und Leib gaben, bevor es die ganze Sache allein machte, war ein Vorgeschmack auf das Reining bzw. den Druck durch Absatz und Schenkel, wie es später der Reiter einmal machen wird.

Wenn Sie Lust haben, können Sie es durch Gummireifen gehen lassen, die Sie in die L-Bahn gelegt haben, und Sie bespritzen es ein wenig mit Wasser. Wenn Sie dazu Lust haben, wird es ihm wahrscheinlich auch so gehen, denn es ist alles immer noch ein Spiel, genau wie am ersten Tag Ihres »Arbeitsverhältnisses«.

Inzwischen ist das Fohlen 6 Monate alt, ein wertvoller Absetzer, der selbständiger, vertrauensvoller und anpassungsfähiger ist als andere in seinem Alter. Es kann Dinge tun, die außerhalb der Möglichkeiten manch eines 5jährigen Pferdes liegen. Dennoch nimmt sein Ausbildungsprogramm selten mehr als eine Stunde pro Tag ein. Jetzt ist es jedoch an der Zeit, das zu steigern.

# Leinen und Zügel

Als großer Kerl von 6 Monaten kann das Fohlen nun mehr Arbeit vertragen und neue Dinge schneller begreifen. Es lohnt sich, nun zwei Stunden täglich seinem Unterricht zu widmen. Sie sollten nach wie vor das morgendliche Programm mit einer richtigen Balgerei beginnen. Wenn das Fohlen auf einer Absetzerweide steht, hat es Kameraden, mit denen es spielen kann und soll. Dann pirschen Sie abwechselnd aneinander heran, spielen Fangen oder welchen Blödsinn Sie auch sonst immer miteinander treiben. Nach etwa einer Viertelstunde ist das spielerische Element Ihrer Beziehung wieder bestätigt und überschüssige Energie abreagiert. Dann ist es Zeit zum Putzen, wozu auch die beliebten Zeremonien mit den Tüchern und Hufen gehören. Danach kommt die Arbeit selbst. Ein Großteil der zwei Stunden wird damit verbracht, alle bislang erlernten Dinge zu üben, und nur die restliche Zeit dient dazu, Neues zu erlernen. Aber stellen Sie immer sicher, daß nach der Arbeit noch genügend Zeit zum Wälzen und Ausruhen bleibt, bevor es Mittagszeit ist.

Das Fohlen ist bereit für die Longe, eine 9 m lange Leine aus 2,5 cm breitem Nylon- oder Baumwollmaterial. Sie benutzen Sie anstelle des Führstricks, befestigen Sie an seinem Halfter oder an dem entsprechenden Ring einer ähnlichen Konstruktion, die sich Kappzaum nennt. Die Longe läßt sich gut aufwickeln, so daß Sie damit genau dieselben Halt-Schritt-Trab-Zurück-Halt-Manöver machen können wie mit dem Führstrick. Aber nun können Sie den Abstand zwischen sich und dem Fohlen vergrößern und lassen es seine Übungen in einem Abstand von 30 cm machen. Sie sind zu weit weg, um es zu berühren. Es fühlt nicht mehr Ihre aufmunternde Hand. Die Chancen sind jedoch groß, daß es diese Änderung bereitwillig akzeptiert. Immerhin sind Sie noch in Sichtweite, machen mit und sprechen mit ihm.

Innerhalb von 15 Minuten ist es die ganzen 9 Meter von Ihnen entfernt. Es kann sein, daß es schon beim dritten Mal korrekt auf Ihre Handzeichen und Stimmkommandos reagiert und die Gangart wechselt, stehenbleibt, weitergeht und umkehrt, ohne daß Sie die Spannung der Longe auch nur im geringsten ändern. Sie fassen die Longe kürzer und wenn Sie nahe genug sind, lassen Sie es »Schritt!

Hoh! Trab! Hoh!« üben und danach ohne Vorbereitung »Zurück!«
Sie erheben die Hand und wahrscheinlich geht es von ganz allein
zurück, so wie es das schon seit Wochen am Führstrick getan hat.

Nach weiteren zwei Monaten erscheinen Sie eines Tages ohne die
Longierleine. Sie befestigen den Führstrick am Halfter, beginnen
mit den Lektionen und nehmen den Führstrick ganz schnell wieder
ab. Das Fohlen wird all seine Aufgaben routinemäßig erfüllen, aber
vollkommen ohne Zwang und nur auf Ihre Zeichen und Worte hin.
Es wird den Zirkel bis zum Zaun hin auf 9 m vergrößern und mit
Imponiergehabe und erhobenem Schweif herumstolzieren und das
Ganze genießen.

Nun ist es so weit, daß es Bekanntschaft mit Zügeln machen kann.
Sie beginnen mit langen Zügeln, wobei es sich eigentlich um zwei
3 m lange Longierleinen handelt. Eine Leine wird links am Halfter
befestigt, die andere rechts. Das Fohlen bekommt weder Zaumzeug
noch Gebiß. Im Prinzip wird es sein ganzes Leben lang niemals
wirklich ein Zaumzeug oder Gebiß brauchen.

Sie üben so wenig Druck wie möglich mit diesen langen Zügeln aus.
Es weiß sowieso schon, wie man auf Kommando abwendet. Nun
ziehen Sie ganz leicht an den Zügeln, um Ihre Stimmkommandos zu
unterstützen. Die ersten paar Tage tun Sie all das, indem Sie in
Schulterhöhe neben dem Fohlen stehen. Nachdem es sich daran
gewöhnt hat, nach rechts oder links abzuwenden, wenn es den
entsprechenden Zug am Zügel bzw. Halfter verspürt, können Sie
sich direkt hinter es mit einem Abstand von etwa 1,5 m stellen und
es losgehen lassen. Mit Sicherheit wird es sich einmal umdrehen,
um zu gucken, was los ist, aber dann wird es vorwärtsgehen. Sie
können es nun in jede beliebige Richtung lenken, es durchparieren
und es kurz traben lassen. Da Sie größer sind und Ihre Stimme und
der Zug am Zügel von hinten bzw. oben kommen, hat es ein ähnliches Gefühl wie beim Reiten – mit dem Unterschied natürlich, daß
es überhaupt kein Gewicht trägt. Gestatten Sie uns, daß wir uns wiederholen: Ein so ausgebildetes Pferd wird **nie** ein Gebiß benötigen.

Sie bereiten es auf den Sattel vor. Besorgen Sie sich einen Decken-
oder Vorgurt. Während des Putzens legen Sie eines Tages den Gurt
auf. Schnallen Sie ihn aber nur so fest, daß er ganz locker sitzt. Er
kann ruhig verrutschen, wenn das Fohlen sich wehrt, was wahrscheinlich der Fall sein wird. Wenn es den Gurt toleriert, umso
besser. Auf jeden Fall müssen Sie ihn abnehmen, sobald das Fohlen
zeigt, daß es genug davon hat. Wenn es sich an den Gurt gewöhnt

hat, können Sie die Leinen durch die Ringe führen, so daß sie sich in realistischer Höhe befinden. Gleichzeitig können Sie ein leichtes Sattelkissen oder eine Satteldecke aus Filz (so wie zum Reiten ohne Sattel) auflegen, die nur etwa ein Pfund wiegt und das Fohlen nicht mehr beeindrucken wird als der bekannte nasse Sack.

Wenn Deckengurt und Sattelkissen vollkommen akzeptiert sind, tauschen Sie den Deckengurt gegen einen leichten Arbeitssattel aus, der keine Steigbügel, aber dafür Ringe für die Leinen hat. In einer Woche trägt das Pferd problemlos einen Sattel ohne Bügel und reagiert wunderbar auf Zügelhilfen.

Obwohl es weder Zaumzeug noch Gebiß braucht, wird es höchstwahrscheinlich früher oder später damit Bekanntschaft machen, und es wäre besser, wenn Sie es sind, die es machen. Das Anlegen des Zaumzeugs ist einfach. Es ähnelt so sehr dem Halfter, daß man beides ohne weiteres austauschen kann. Das Gebiß jedoch ist ein Fremdkörper im Maul. Wenn irgend möglich, verschieben Sie diesen Teil der Ausbildung, bis das Fohlen mindestens 18 Monate alt ist.

Nehmen Sie zu Beginn das leichteste Gummi-Pelham, das Sie finden können. Machen Sie es sich und dem Pferd einfacher, indem Sie Melasse auf das Gebiß und Ihre Hand schmieren. Lassen Sie das Zaumzeug herunterhängen, wenn Sie das Gebiß vor sein Maul halten. Wenn es die Melasse riecht und anfängt, Ihre Hand abzulekken, schieben Sie das Gebiß über seine Zunge ins Maul. Lassen Sie es das Gebiß ausspucken, sobald es möchte. Aber in den ein oder zwei Sekunden, die sich das Gebiß im Maul befindet, sollten Sie es leicht an die Maulwinkel drücken (falls Sie es überhaupt ganz ins Maul bekommen haben). Beim ersten Mal sollten Sie die Übung nicht mehr als zweimal nacheinander durchführen. Beim zweiten Mal versuchen Sie es drei Minuten lang. Am vierten oder fünften Tag gelingt es Ihnen vielleicht schon, es aufzuzäumen, bevor es das Gebiß wieder ausspuckt. Das wird ihm sicherlich nicht sonderlich gefallen. Es wird das Gebiß mit Zunge und Lippen bearbeiten, erfolglos versuchen, es in eine angenehme Lage zu bringen und schließlich versuchen, es doch auszuspucken. Lassen Sie es gewähren, und warten Sie nicht länger als 15 Sekunden, bis Sie Zaumzeug und Gebiß wieder abnehmen. Bei den weiteren Versuchen können Sie eine halbe Minute warten. Aufgrund Ihrer Beziehung zu dem Pferd wird es Zaumzeug und Gebiß akzeptieren. Je geschickter Sie sind im Umgang mit dem Zaumzeug, desto schneller wird es sich an die neuen Anforderungen gewöhnen. Sie können nun mit Sattel, Zaumzeug und langen Zügeln arbeiten. Vergessen Sie aber nie, daß jegliche Kommunikation zwischen Ihnen und dem Fohlen immer verbal oder visuell stattfinden muß. Mißbrauchen Sie nicht die Zügel, d. h. setzen Sie sie nicht zu stark ein. Das leichteste Ziehen am Zügel reicht aus. Das Zaumzeug liegt praktisch brach. Das Pferd kann seine Arbeit ohne es erledigen. Bedenken Sie immer, daß Sie sich alles verderben könnten, wenn Sie sein Maul mit einem Gebiß malträtieren. Warten Sie wenn möglich, bis es zwei Jahre alt ist.

Nun kommen wir zur Frage des Gewichts auf seinem Rücken. Wenn es sich nicht um ein Rennpferd handelt, sollte es kein größeres Gewicht tragen, bevor es drei Jahre alt ist, und auch dann nur für kurze Zeit. Im Alter von zwei, drei und sogar vier Jahren sind die Pferdeknochen immer noch weich und im Wachstum begriffen. Die Beinprobleme, die die Rennlaufbahn manch eines jungen Rennpferdes vorzeitig beendet haben, sind hauptsächlich zurückzuführen auf das Tragen von Gewicht bei hohem Tempo in jungen Jahren.

Ein gut ausgebildeter Jährling wie Ihrer kann einen 10-Pfund-Getreidesack (am Sattel befestigt) tragen, ohne daß er Schaden nimmt oder nervös wird. Er kennt das schon, denn Sie haben sich sein Leben lang ab und zu über ihn gelehnt. Bis er gut zwei Jahre alt ist, sollte er nicht mehr als 50 oder 60 Pfund für mehr als ein paar Minuten tragen. Wenn er fast drei ist, können Sie sich kurz auf seinen Rücken legen, die Beine anziehen und schnell wieder abspringen. Wenn Sie so weit sind, aufzusitzen, legen Sie sich in gewohnter Weise auf seinen Rücken und drehen sich dann so weit, bis Sie rittlings sitzen.

Alle Pferde reagieren gleich auf dieses Erlebnis, wenn sie gründlich darauf vorbereitet wurden. Sie blicken verwundert nach hinten, da sie es nicht gewohnt sind, einen dort oben auf ihrem Rücken zu sehen.

»Alles in Ordnung, Junge«, ist Ihr Kommentar, dann schnalzen Sie und sagen »Schritt«.

Das Pferd geht vorwärts. So viel zum Thema »Einreiten« des jungen Pferdes.

Kein Pferd, das auf diese Art und Weise ausgebildet wurde, wird jemals den Tritt eines Reiters oder Stich mit dem Sporn oder einen Schlag mit der Gerte oder ein Reißen am Zügel fühlen. Es ist ein entspanntes Wesen, das genau reagiert auf den leichtesten Schenkeldruck, Gewichtsverlagerung oder Zügelhilfe sowie Ihre Stimme. Wenn Sie ihm nun die Basisausbildung in der Dressur geben, ist es auf jede Spezialkarriere vorbereitet, die Sie für geeignet halten – vom Springen bis hin zum Cutting. Die Sportbücher dieser Welt enthalten ausreichende Informationen über Dressur und andere Arten der fortgeschrittenen Ausbildung. Wir brauchen das hier nicht wiederzugeben. Lassen Sie uns stattdessen zu weniger geläufigen Themen übergehen, nämlich wie die Prinzipien der Problemlösung und Grundausbildung das Verhalten eines Verbrechers oder bösartigen Pferdes beeinflussen können.

# 6

# DIE UMERZIEHUNG EINES VERBRECHERS

Als sein kleinwüchsiger, dreizehnjähriger Sohn verkündete, daß er Jockey werden wolle, entschloß sich der Mann, dem Kind ein Rennpferd zu kaufen. In der Gegend Kaliforniens, wo sie wohnten, gab es praktisch überall einen Stall und eine Galoppbahn. Der Mann wollte sich einen Vollblüter hinstellen, und der Junge sollte sein Glück mit ihm versuchen.

Nach ein paar Telefonaten war auch schon jemand gefunden, der ein Pferd hatte, das keine Rennen mehr laufen konnte, aber ansonsten ein richtiger Blüter und billig zu haben war. Warum konnte er nicht mehr laufen? Lahm? Nein, kerngesund. Um die Wahrheit zu sagen, konnte das Pferd nicht mehr an den Start gehen, weil es von der Rennleitung gesperrt worden war. Das Pferd hatte die Rennen gehaßt und immer Theater in der Startbox gemacht. Es hatte ein paar Reiter abgeworfen. Aber nur, wenn es an den Start gehen sollte, ansonsten war es ein ganz braves Pferd. Man hätte es praktisch wie ein Haustier zu Hause halten können.

Als Bonnie eines Tages zu ihren Eltern nach Hause fuhr, die in der Nachbarschaft des besagten Mannes lebten, hörte sie Schreie. Sie hielt ihren Wagen an und rannte zum Reitplatz hinter dem Haus. Die Schreie kamen von Mensch und Tier. Sie sah einen großen Vollblüter, dem Blut über die Brust lief. Er stieg hoch in die Luft und landete mit seinen Vorderhufen krachend auf den Schultern eines am Boden liegenden Jungen. Der Vater des Jungen stach wie von Sinnen mit einer Mistgabel auf das Tier ein, das immer stärker blutete.

Bonnie konnte den Jungen unter der Umzäunung hindurch in Sicherheit ziehen. Beide Schultern waren gebrochen, und er war bewußtlos. Sie sah, daß es auch dem Vater gelungen war, dem Tier zu entkommen. Das brüllende Pferd warf sich krachend gegen den Zaun, um seinen Angriff fortzusetzen. Bonnie hörte das Holz bersten und sah die blinde Wut in den Augen des Pferdes. Sie sah auch, daß es aus dem Maul und an der Brust blutete.

Damit der Junge das Pferd besser beherrschen konnte, hatte der Mann es mit einem Spanischen Löffelgebiß aufgezäumt. Es gibt nur wenige Gebisse, die schärfer sind. Später stellte Bonnie fest, daß es dem Pferd die Zunge zerfetzt und den Gaumen aufgerissen hatte. Offensichtlich hatte das Pferd durchgedreht, als der Junge das erste Mal am Zügel riß und ihm das Maul zerfetzte.

Der Vater keuchte, daß er das Pferd töten lassen werde, weil es seinen Sohn angegriffen habe. Bonnie entgegnete ihm, daß man einem unerfahrenen Kind auch kein Löffelgebiß in die Hand gebe.

Außerdem stieße man einem Pferd auch keine Mistgabel in die Brust. Und überhaupt würde sie ihnen das Pferd abnehmen, wodurch sie sich Schwierigkeiten mit dem Tierschutzverein ersparen könnten.

Der Mann nahm das Angebot an. Als Bonnie nach den Papieren des Pferdes fragte, sagte er, daß er gar keine habe. Derjenige, von dem er das Pferd gekauft habe, hätte ihm keine gegeben, und wo zum Teufel wäre der Unterschied, wo es doch sowieso keine Rennen mehr laufen könne. Wenn sie es nicht ohne Papiere wolle, könne sie die ganze Sache vergessen und er würde die Abdeckerei anrufen, damit das Pferd abgeholt würde.

Bonnie macht sich nicht so sehr viel aus Papieren. Bei dem Pferd handelte es sich zweifellos um einen Vollblüter, mit all seinen Verletzungen stolze 1,78 m groß. Als der Tierarzt kam, um die Wunden zu behandeln, stellte sich heraus, daß er eine Lippentätowierung hatte, die aber verschmiert und unleserlich war. Sie erfuhr nie etwas über seine Vergangenheit, aber es war klar, daß es kein Kinderspiel mit ihm gewesen war. Er war etwa 6 Jahre alt. Die frischen Wunden durch Gebiß und Mistgabel waren nicht die einzigen. Es gab auch ältere, z. B. hatte er direkt neben der Halsschlagader eine kreisrunde Narbe, vielleicht vom Ende eines Stahlrohres.

Nun war er erst einmal geschockt und erschöpft von seinem Kampf, so daß Bonnie und der Tierarzt ihn mit einem Hänger vom Kampfplatz auf eine Weide bei einem freundlichen Nachbarn bringen konnten. Eine Woche lang tat Bonnie nichts anderes, als ihm Mash zu füttern und ihn in Ruhe zu lassen. Er sollte die Möglichkeit haben, sich zu erholen und wieder zu sich zu finden. Mit der Zeit konnte sie vielleicht eine Beziehung zu ihm aufbauen.

Er ließ sich nicht anfassen. Das bedeutete, daß er nicht geputzt werden konnte und man ihn nur von außerhalb der Umzäunung füttern konnte. Es war so schlimm, daß man noch nicht einmal auf ihn zugehen konnte. Wenn Bonnie ihm sein Futter brachte, stand er auf der anderen Seite des Paddocks, bis sie wieder ging. Seine Erlebnisse mit dem Möchtegern-Rennreiter und dem Löffelgebiß hatten ihm den Rest gegeben.

Bonnie beobachtete ihn aus der Entfernung. Er war ein ungewöhnlich gut gebautes Pferd. Wer auch immer ihn an den Vater des Jungen verkauft hatte, hatte recht gehabt, als er ihn als kerngesund bezeichnete. Trotz seiner zahlreichen Narben war er eine stattliche

Erscheinung. Momentan stand er natürlich nicht so gut im Futter, aber das konnte geändert werden, wenn seine Zunge und sein Maul erst einmal geheilt waren.

Zu Beginn der zweiten Woche ging Bonnie eines Morgens mit ihrem Kofferradio zur Weide. Sie setzte sich hin und lehnte sich mit dem Rücken an den Zaun. Nach etwa einer Stunde ruhiger Musik und nicht einem einzigen gesprochenen Wort, packte sie ein Stück Wassermelonenrinde aus, warf es über ihre Schulter auf die Weide, nahm ihr Radio und ging. Als sie eine Stunde später zurückkam, war die Rinde weg.

Sie machte daraus eine Gewohnheit und blieb jedes Mal etwas länger. Vier Mal täglich Radio und Wassermelonenrinde. Kein Sprechen. Ein oder zwei Stunden Violinenklänge, mit dem Rücken an den Zaun gelehnt. Dann kurz vor dem Aufbruch warf sie ein Stückchen Rinde auf die Weide. Die Rinde war immer weg, wenn sie wiederkam.

Am vierten Tag saß sie an der üblichen Stelle und zog das obligatorische Stück Melonenrinde hervor, als sie hörte, wie das Pferd hinter ihr an den Zaun trat. Sie hielt ihren Arm hoch über den Kopf, mit der Rinde in der Hand. Sie fühlte, wie das Pferd die Rinde nahm.

Als sie am nächsten Morgen ankam, wartete das Pferd schon am Weidetor auf sie. Sie stellte ihr Radio auf die Erde und stellte sich an das Tor, Auge in Auge mit dem Pferd, begleitet von den Klängen der Musik. Sie griff in ihre Tasche nach einem Stück Melone. Während das Pferd sie beobachtete, schnitt sie das Fleisch aus der Mitte heraus – eine verlockende, saftige, kleckernde Angelegenheit. Das Pferd reckte seinen Hals so weit es konnte, um mit der Nase so nah wie möglich an die Sache zu kommen. Es wollte die Rinde haben.

Sie kam näher und hielt den Abstand nicht mehr ein, von dem sie wußte, daß das Pferd ihn als Sicherheitsabstand betrachtete. Es trat schnell zurück und schnaubte vor Entrüstung über das Eindringen in seinen Sicherheitsbereich. Aber sie hatte etwas sehr Leckeres, ein saftiges Stück Wassermelonenrinde. Nun sprach sie laut mit dem Pferd:

»Du bist wirklich der größte und dümmste Elch, den ich in meinem Leben gesehen habe«, sagte sie mit warmer, einladender Stimme. »Ich bin lange genug hier gewesen, so daß Du langsam gemerkt haben könntest, daß ich Dir nichts tun werde. Ich weiß, daß Du dieses schöne Stück Wassermelone haben möchtest. Also komm doch und hol es Dir.«

Es dauerte ein bißchen, aber er kam tatsächlich und holte sich die Rinde. Während er kaute, lehnte sie sich hinüber zu ihm und blies ihm sanft in die Nüstern. Die Formalitäten des Sich-Vorstellens. Er blies zurück.

Sie kam weiterhin viermal am Tag. Seine Weide lag in einer Ebene am Fuße eines 30 m hohen Hügels. Jedes Mal, wenn sie kam, stand er da und blickte den Hügel hoch. Er wartete. Sobald er sie erblickte, hob er seinen Kopf und begrüßte sie wiehernd. Sie ging dazu über, das Radio auf dem Hügel abzustellen, schlug sich auf die Beine, winkte mit den Armen und rief: »Hallo da unten. Moose (Bonnie nannte den Vollblüter Moose, was im Deutschen Elch bedeutet), hallo!« Er liebte das. Wenn sie näher kam, ging sie quer, hob die Arme und legte den Kopf abwechselnd von einer Seite auf die andere, und er antwortete auf Pferdeart und folgte tänzelnd ihrer Seitwärtsbewegung.

Eine Woche war vergangen. Inzwischen war sie ein gern gesehener Gast auf seiner Weide. Sie hatten die schlechten Erinnerungen hinter sich gelassen und eine freundschaftliche Beziehung begonnen. Sie hatte ihn noch nie berührt.

Als sie mit ihrer Arbeit begann, behandelte sie ihn so, als ob er ein Fohlen wäre. Sie sprach seinen Spieltrieb an, und er bekam die Grundausbildung, wie im vorigen Kapitel beschrieben. Wenn seine Körpersprache ihr signalisierte, daß etwas ihm nicht ganz geheuer war, gab sie es für den Augenblick auf und ließ ihn stattdessen etwas tun, woran er Spaß hatte.

Gegen Ende des Sommers, d. h. sechs Monate nach der Erfahrung mit dem Löffelgebiß, durchstreiften sie ohne Sattel die Hügelland-schaft. Moose hatte alles gelernt, Schritt für Schritt. Er hatte den L-förmigen Weg mit den Stangen kennengelernt (vorwärts und rück-wärts), war durch Gummireifen gegangen, bei Regen und Matsch oder unter einer Beregnungsanlage. Er reagierte richtig auf alle Kommandos, wenn er an der Longe ging oder ohne Longe mit einem Abstand von 6 oder 9 m zu ihr. Er hatte gerlernt stehenzu-bleiben, wenn der Zügel oder Strick auf den Boden hängt, und zu ihr zu kommen, wenn sie ihn ruft. Er hatte noch kein Zaumzeug, Gebiß oder Sattel getragen, außer um sicherzustellen, daß er es tun würde, wenn es verlangt würde. Er hatte nie eine Peitsche ge-spürt.

Wenn sie durch die Gegend streiften, ließ sie ihn oft entscheiden, welchen Weg sie nehmen wollten. Wenn er mit ihr unter einem geeigneten, niedrigen Ast herging, ergriff sie ihn und hängte sich daran, während er weiterging. Er hielt sofort an, dreht sich um und schnaubte. Wenn sie ihn rief, warf er seinen Kopf hoch und kam zurück, so daß sie sich von dem Ast zurück auf seinen Rücken gleiten lassen konnte. Aus dem Verbrecherpferd war ein Lamm geworden.

Sie hatte ihn mit zu den Loudons genommen. Hazel war es gestattet, ihn zu putzen, und nach einiger Zeit akzeptierte er sogar Don für kurze Zeit in seiner Nähe, wenn auch Bonnie nicht weit war. Aber er wurde in seinem ganzen Leben nie mehr von einem Mann geritten. Er ging auf jeden männlichen Fremden los, der ihm zu nahe kam. Wenn Bonnie da war, rief sie nur in tiefem Befehlston »Moose« und schon hielt er inne und nahm eine vorsichtige, ängstliche Haltung ein. Er verlor nie seine Angst oder die aggressive Art, damit umzugehen.

Deshalb konnte er auf kein Turnier und an keinem Distanzritt teilnehmen. Bonnie und er durchstreiften die Gegend allein. Sein Springen im Gelände war erstklassig. Und er konnte jederzeit mit Begeisterung spielen. Ein wahrer Freund für Bonnie. Sie waren beide zufrieden.

# 7

# DIE KÖRPER-SPRACHE DES PFERDES AUF DER RENNBAHN

Der Rennbahnbesucher, der die Körpersprache des Pferdes versteht, genießt immense Vorteile – Vorteile, von denen jeder Wetter träumt.

Diese Träume können wahr werden. Erfahrene Beobachter der Pferde vor dem Rennen auf dem Sattelplatz, am Führring, bei der Parade vor den Tribünen und beim Aufgalopp wetten nur selten auf das falsche Pferd. Manche kommen nicht häufig auf die Rennbahn und kennen daher nicht alle aktuellen Pferde, Trainer und Reiter. Vielleicht kennen sie sich auch nicht besonders mit den Anforderungen des Handicappens (Handicappen = Ausgleichen, d. h. die Chancen der Pferde sollen durch die Gewichtsverhältnisse »ausgeglichen« werden, so daß sie theoretisch alle Kopf an Kopf ins Ziel laufen müßten) aus. Dennoch klappt es prima mit dem Wetten. Sie wetten einfach nur auf Pferde, die unzweifelhaft in Form sind und eine hohe Quote zahlen.

Wir haben dieses Kapitel in zwei Teile gegliedert. Der erste Teil ist für alle leidenschaftlichen Rennbahnbesucher, egal ob sie Experten im Handicappen sind oder nicht. Sie können die Fähigkeit erlernen, am Verhalten vor dem Rennen zu erkennen, ob es sich um einen potentiellen Sieger oder Verlierer handelt. Der zweite Teil ist für Handicapper oder Personen, die sich für diese hochinteressante Tätigkeit interessieren. Es wird erläutert, wie Aussehen und Verhalten des Pferdes vor dem Rennen einige obskure oder zweifelhafte Punkte seiner Rennleistung erleuchten. Wir zeigen, wie die Beobachtungen vor dem Rennen die Raterei beim Handicappen auf ein Minimum beschränken.

Wir beginnen mit der Beschreibung von drei verschiedenen Verhaltensmustern (Körpersprache) vor dem Rennen von Pferden, die minestens 90% aller Rennen gewinnen. Diese Informationen gelten hauptsächlich für Vollblut-Rennen, also die Rennen, wo man die Pferde vorher auf dem Sattelplatz begutachten kann. Wenn Traber für ein Rennen fertig gemacht werden, so geschieht dies außer Sicht des Publikums, das sie erst danach kurz beim Aufwärmen sieht. Das erschwert eine Beurteilung der Körpersprache.

# Das heiße Pferd

Das ist das gesunde, leistungsbereite Pferd, das so begierig darauf ist, endlich losstürmen zu dürfen, daß es total verspannt sein kann. Wahrscheinlich schwitzt es. Es kann sein, daß es fast ängstlich tänzelt. Unerfahrene Beobachter können seine Körpersprache mit ängstlicher Nervosität verwechseln. Aber es gibt viele Unterschiede, was Ihnen im Laufe dieses Kapitels noch deutlich werden wird.

Es ist in Hochstimmung und egal, ob es schwitzt oder nicht, ist dieses Pferd der Inbegriff körperlichen Wohlbefindens. Sein Fell glänzt wie Seide, vielleicht ist es sogar deutlich geäpfelt. Mähne und Schweif leuchten. Das Pferd ist weder zu dick noch zu dünn. Seine Hinterhandmuskulatur ist so gut entwickelt, wie man es selten bei anderen Pferden sieht.

Es ist voller Eifer, egal, ob es schwitzt oder nicht. Wenn es an den Zuschauern vorbei zum Sattelplatz geführt wird, tänzelt es, hat den Kopf fast auf der Brust, mit gewölbtem Hals und gespitzten Ohren. Seinen Schweif trägt es erhaben vor lauter Übermut. Manchmal sieht es zur Menge auf, interessiert an all der Aufruhr, und ab und zu scheint es darauf mit seinem stolzen Gehabe zu reagieren.

In der Sattelbox wird das heiße Pferd wahrscheinlich nicht ganz ruhig stehen. Es ist viel zu sehr mit sich selbst beschäftigt, viel zu begierig darauf zu rennen. Es steht gerade so lange still, daß seine Betreuer ihre Arbeit verrichten können. Währenddessen saugt es mit hocherhobenem Kopf Luft ein und hält Ausschau, ob irgendwo etwas los ist. Bevor der Jockey aufsteigt, wird es ein paar Runden im Führring geführt, wo es angibt, sich eleastisch bewegt und tänzelt und sein Kopf fast die Brust berührt. Sobald der Jockey aufgesessen ist, werden die Beine des Pferdes noch unruhiger, denn es weiß, daß es nicht mehr lange dauern kann bis zum Rennen. Es kann sein, daß seine Muskeln nun zittern, was bei einem anderen Pferd ein Zeichen von Panik wäre, aber nicht bei einem Pferd mit so viel Stolz wie diesem.

Während der Parade vor den Tribünen wird die Körpersprache noch deutlicher. Die Ohren werden mal nach hinten auf den Reiter gerichtet, mal nach vorne gespitzt. Das Pferd bewegt sich weiterhin federnd und tänzelnd, und ab und zu geht es quer, um in die Menge blicken zu können. Der Hals ist rund, der Kopf berührt fast die Brust, es sei denn, das Pferd wird von einem Ponyreiter eskortiert. In diesem Fall kann der Besucher durch sein Fernglas sehen, wie das heiße Pferd das Pony mit der Nase an den Hals stupst und antreibt: »Laß uns voran machen.« Manchmal nimmt der Begleitreiter das Rennpferd an eine Führkette, so daß es das Pony nicht mehr so einschüchtern kann, den Kopf höher nehmen muß und in seinen Bewegungen eingeschränkt ist. Wenn das bisherige Verhalten des Pferdes darauf schließen ließ, daß es heiß ist, dann darf man jetzt den plötzlich hoch erhobenen Kopf nicht als ein Zeichen von Angst ansehen. Ebenso wenig wie den Nierenschweiß zwischen den Hinterbeinen. Das Pferd schwitzt vor Aufregung, nicht vor Angst.

Wenn das Begleitpony schließlich in Galopp geht, zeigt das heiße Rennpferd normalerweise eine besondere, eindeutige Körpersprache bei den ersten zwei Galoppsprüngen. Der Schweif geht hoch, die Muskeln von Hinterhand und Beinen werden angespannt, die Hinterhufe werden mit Nachdruck aufgesetzt, das Pferd steigt leicht und stürmt los. Wenn der Begleitreiter es zuläßt, wird das Pferd mit dem Kopf auf die Brust kommen, weil es so stark zurückgehalten wird. Die Ohren sind nach wie vor entweder gespitzt oder nach hinten auf den Reiter gerichtet. Wenn der Begleitreiter gesprächig ist, wird das Pferd seine Ohren wahrscheinlich auch ab und zu in seine Richtung stellen.

Während des Aufgalopps auf der Gegengeraden und im Bogen ist das Pferd der Inbegriff geballter Kraft: runder Hals, tiefer Kopf, gespitzte Ohren, hoch getragener Schweif. Obwohl es tänzelt, während es darauf wartet, in die Startbox zu kommen, macht es keine ernsthaften Schwierigkeiten. Wenn es an die Reihe kommt, spitzt es seine Ohren noch mehr, seine Nase zeigt geradeaus auf die Startbox und es geht schnurstracks hinein, wie ein hungriges Pferd, das sich auf das erste Maulvoll Futter aus dem Hafereimer stürzt.

Das heiße Pferd steht ruhig da und wartet auf den Start. Die Hinterhufe sind fest in den Boden gedrückt, damit es sicher nach vorne schnellen kann. Die Vorderbeine können unruhig sein. Wenn die Glocke ertönt und die Boxen sich öffnen, springt das heiße Pferd mit einem großen Satz nach vorn.

Wir haben schon angedeutet, daß ein heißes Pferd nicht unbedingt in jedem Punkt und zu jeder Zeit vor dem Rennen der vorhergehenden Beschreibung entsprechen muß. Es kann sein, daß es schwitzt oder verdächtig unruhig ist. Aber seine Körpersprache sagt dennoch, daß es heiß ist, und es wird immer gelassener, je näher der Start rückt und je näher der Jockey es an die Startboxen bringt.

Ein heißes Pferd kann ebenso wie jedes andere durch äußere Einflüsse abgelenkt oder aufgeregt werden. Wird das Pferd vielleicht von einer Blaskapelle genervt, die genau an der Stelle steht, wo die Pferde die Bahn betreten, scheut es wahrscheinlich. Auch wenn das nicht der Fall ist, kann sich das Pferd vor den Tribünen widerspenstig benehmen und halb steigen, seitwärts tänzeln, sogar ein-, zweimal buckeln und mit dem Schweif schlagen aus Verärgerung über die ständigen Verzögerungen, den Lärm oder was auch immer. An diesem Punkt läßt sich ernste Widersetzlichkeit gut von dem Übereifer des heißen Pferdes unterscheiden, und zwar an den Ohren. Das heiße Pferd hat seine Ohren weiterhin aufmerksam gespitzt oder nach hinten auf den Jockey gerichtet bzw. gelegentlich auf den Begleitreiter. Außerdem ist es wieder eindeutig heiß auf das Rennen, sobald es angaloppieren darf.

Wenn die Ohren aber in echter Verärgerung flach angelegt sind und es mit dem Schweif schlägt, ist seine Geduld durch das eine oder andere menschliche Lärmen überstrapaziert worden. Man muß beim Aufgalopp besonders darauf achten, ob es seinen Gleichmut wieder erlangt oder ob ihm die Nerven ganz durchgehen, es sich zu sehr verausgabt und somit ein unkalkulierbares Risiko wird.

Dem heißen Pferd kann total die Lust vergehen, wenn es ohne Grund von einem Starthelfer geführt oder angetrieben wird, obwohl es absolut bereitwillig ohne menschliche Hilfe in die Startbox gehen wollte. Am häufigsten geschieht dies auf den wenigen Bahnen, wo ein Funktionär hinter den Startboxen steht und den Pferden wahllos mit einer langen Peitsche eins auf die Hinterbeine gibt. Wenn ein solcher Dummkopf meint, einem heißen Pferd beim Hineingehen in die Startbox einen verpassen zu müssen, kann es sein, daß dem Pferd schlagartig die Lust vergeht.

Interessant ist auch das Verhalten des Begleitponys, das ein heißes Pferd eskortieren muß. Für das Pony ist das heiße Pferd meist eine Last. Es gefällt ihm nämlich gar nicht, vorwärts gestoßen und gezogen zu werden. Oft kann man beobachten, wie das Begleitpony eines heißen Pferdes vor Zorn blitzende Augen bekommt, seine Lippen kräuselt, die Ohren flach anlegt und mit dem Schweif schlägt.

Von allen Rennen, wo man ein heißes Pferd in Augenschein nehmen und auf es wetten kann, bieten Maidenrennen (Maidenrennen = Rennen für sieglose Pferde) die besten Chancen. Das heiße Pferd ist hier gewöhnlich das einzige in einer Gruppe von meist demoralisierten, ängstlichen, sieglosen Pferden. Auf jeden Fall hat derjenige, der nur auf heiße Pferde setzt, wunderbare Aussichten, jedes Mal Geld zu machen, selbst wenn sein einziges Kriterium die Körpersprache der Pferde ist. Um jedoch viele heiße Pferde, die ihre Rennen verlieren, eliminieren zu können, muß man Handicapper werden und die Prinzipien dieses faszinierenden Hobbys mit den Kenntnissen der Körpersprache verbinden. Davon jedoch später mehr.

# Das eifrige Pferd

Dieser potentielle Sieger unterscheidet sich von dem heißen Pferd dadurch, daß er nicht so extrem übereifrig ist. Wenn das heiße Pferd gesund und ungeduldig ist, ist das eifrige Pferd gesund und zufrieden. Sein Fell mag glänzen, hat aber selten den leuchtenden Glanz, den man so oft bei einem heißen Pferd sieht. Es ist ruhiger, wesentlich umgänglicher und nicht so verrückt darauf, daß es endlich an den Start geht. Das Pferd blickt in die Menge, aber sein Blick verweilt nicht lange dort, sondern es konzentriert sich schnell wieder auf seinen Betreuer. Es tänzelt weniger als das heiße Pferd und schwitzt auch weniger, wenn überhaupt.

Das eifrige Pferd steht ruhig da, wenn es gesattelt wird. Wenn sein Betreuer am Kopf steht und es am Ohr oder der Ganasche krault, senkt es wahrscheinlich sogar den Kopf und genießt die Zuwendung. Es denkt nicht an das bevorstehende Rennen. Wenn es zum Führring geführt wird, wo der Reiter aufsitzen wird, geht das Pferd bereitwillig mit und tänzelt kaum oder schlägt mit dem Schweif. Sein Blick ist nach vorn oder zur Seite gerichtet, sein Ohrenspiel richtet sich nach den Geräuschen und Bewegungen in seiner Nähe.

Es geht bereitwillig mit seinem Begleitpony mit, bewegt sich nett, mit nicht zu rundem Hals und der Kopf berührt nicht die Brust. Die Körpersprache des Reiters ist viel gelöster, als wenn er auf einem heißen Pferd sitzt. Der Reiter hält die Zügel etwas loser und sitzt entspannt im Sattel, da er das Pferd nicht so zu beherrschen braucht. Man kann viel öfter sehen, daß sich Jockey und Begleitreiter unterhalten und miteinander scherzen. Das wäre nicht so gut möglich, wenn es sich um ein heißes Pferd handelt.

Man kann auch sehen, daß der Begleitreiter viel entspannter ist, und die Körpersprache des Ponys zeigt, wie ruhig es ist. Mit gesenktem Kopf und hängenden Ohren tut es seine Arbeit als Begleitpony, so als ob es Milch auslieferte.

Wenn sie angaloppieren, kann es sein, daß das Begleitpony noch vor dem Rennpferd angaloppiert. Es trabt womöglich die ersten 5 m und geht dann ruhig in einen langsamen, versammelten Galopp über, ohne den Kopf hochzureißen. Der Jockey muß nicht aufstehen und an den Zügeln ziehen, um die Kontrolle zu behalten. Dieses Pferd kann er beherrschen, wenn er sitzen bleibt.

Das eifrige Pferd geht bereitwillig in die Startbox, aber es schießt nicht eiligst hinein wie das heiße Pferd. Wenn es in der Startbox ist, steht es ziemlich ruhig da und tritt höchstens von einem Bein auf das andere. Seine Hinterhufe bleiben selten still stehen.

Das ist das Pferd, das die meisten Rennen gewinnt, einfach deshalb, weil die wirklich heißen Pferde nicht so zahlreich vertreten sind. Obwohl Auftreten und Benehmen des eifrigen Pferdes nicht so beeindruckend wirken im Vergleich zum heißen Pferd, ist es ein wesentlich sicherer Kandidat als die anderen Typen, die wir im folgenden besprechen werden. Außerdem gibt es immer wieder Fälle, wo ein eifriges Pferd ein heißes besiegt, und zwar verdientermaßen. Solch einen Ausgang eines Rennens kann man als Zufall ansehen, aber häufig ist es keiner. Der Leser, der das Handicappen erlernt, wird oft sagen können, wann ein eifriges Spitzenpferd ein heißes Pferd besiegen könnte. Gesundheit und Eifer sind nicht immer genug.

# Das stumpfsinnige Pferd

Hierbei kann es sich um ein ganz gutes Pferd handeln, das nach einer langen Pause noch nicht wieder in Topform ist, das anfängt, nach zu vielen Starts an Kondition einzubüßen oder an einer leichten Erkrankung leidet, wie z. B. einem schlechten Blutbild oder dem Beginn einer leichten Infektion. Sein Fell glänzt meist nicht und kann sogar etwas struppig aussehen. Es geht zwar willig vorwärts, aber mit flachen Bewegungen ohne jegliche Elastizität und Schwung. Der Hals ist nicht rund. Wenn das Pferd am Publikum vorbeigeht, gehen zwar seine Ohren hin und her aufgrund der Geräusche, aber es dreht wahrscheinlich seinen Kopf nicht interessiert in diese Richtung. Jede Äußerung von Interesse ist nur kurz. Zu diesem Zeitpunkt kann man am Hals schon die ersten Anzeichen von Schweiß bemerken, aber nicht im Nierenbereich zwischen den Hinterbeinen. Während des Sattelns hält das Pferd den Kopf nach unten, ganz natürlich und entspannt. Der Betreuer, der bei einem lebhafteren Pferd am Kopf stehen würde, hält in diesem Fall noch nicht einmal die Zügel. Wenn das benachbarte Pferd gegen die Wand tritt oder sonst irgendwie Theater macht, nimmt das stumpfsinnige Pferd nur den Kopf hoch und stellt seine Ohren in die Richtung des Geräuschs, aber das ist auch schon alles. Manchmal kann man sogar glauben, daß ein solches Pferd in der Sattelbox döst, mit gesenktem Kopf und in der Hüfte eingeknickt.

Im Gegensatz zu heißen oder eifrigen Pferden, die gewöhnlich scheuen, wenn etwas Aufregendes passiert oder irgendein anderer plötzlicher Lärm ertönt, wird das stumpfsinnige Pferd meist nicht mehr tun, als seine Ohren in die entsprechende Richtung zu stellen. Wenn es zu seinem Begleitpony gebracht wird, begrüßt es dieses mit einem Begrüßungs-Wiehern oder stupst es einfach mit seiner Nase an den Hals. Während der Parade vor den Tribünen stellt der Jockey vielleicht fest, daß das Pferd entweder einen flachen Schritt oder sogar einen schleifenden Gang hat, und versucht, das zu ändern, indem er mit dem Gebiß spielt, sein Gewicht im Sattel verlagert, es am Hals klopft, im Sattel aufsteht und sich wieder hinsetzt, einen Schrei läßt oder sogar die Peitsche benutzt.

Der Begleitreiter hält den Führstrick oder die Führkette nur locker fest, so daß sie durchhängt. Das Pony geht wahrscheinlich vor dem Pferd. Wenn der Aufgalopp kommt, galoppiert das Pony an, aber das Rennpferd fällt nur in einen holperigen Trab. Es galoppiert, wenn es vom Begleitreiter gezerrt und von seinem Jockey in die Rippen getreten wird. Der Kopf bleibt unten, aber der Hals ist nicht rund. Die Ohren sind gewöhnlich auf den Jockey gerichtet. Wann immer es geht, hält das Pferd an und bleibt regungslos stehen.

Das sind die Pferde, die auf der Gegengeraden kurz beschleunigen, weil sie mit der Peitsche dazu aufgefordert werden. Aber selbst dann ist das Begleitpony womöglich schneller als das Rennpferd! An den Startboxen angekommen, zögert das stumpfsinnige Pferd wahrscheinlich so lange, bis sich einer der Starthelfer seiner annimmt. In der Startbox steht es auf allen vier Beinen ruhig da, und man kann sich darauf verlassen, daß es als eines der letzten abkommt.

Dieses Pferd ist weder heiß noch eifrig. Es ist ein Mitläufer. Wenn es jedoch in einem Feld von gleich guten oder sogar schlechteren Pferden ohne ein heißes oder eifriges Pferd geht, kann es das Rennen sogar gewinnen. Seine Chancen steigen, wenn zu seinen Konkurrenten noch ein oder zwei weitere stumpfsinnige Pferde zählen und der ganze Rest entweder wütend oder verängstigt ist oder Schmerzen hat.

So viel zu den Pferden, die neun von zehn Rennen gewinnen. Nun wollen wir uns die Pferde näher ansehen, die nur durch Zufall gewinnen.

# Das verängstigte Pferd

Das Pferd kann schon verängstigt sein, bevor es am Sattelplatz ankommt, und es bleibt vielleicht die ganze Zeit bis zu den Startboxen ängstlich. Oder es bekommt zu irgendeinem Zeitpunkt Angst. Wenn die Angst anhält, kann kein vernünftiger Mensch annehmen, daß dieses Pferd ein Rennen gewinnt. Durch die Angst wird Energie verbraucht, die für das Rennen benötigt wird. Außerdem ist das ängstliche Pferd mit seinen Gedanken nicht beim Rennen, sondern es macht sich Gedanken um sein Überleben. Die Angst des Pferdes kann hauptsächlich auf unangenehme Erfahrungen in früheren Rennen zurückzuführen sein. Genauso häufig leidet ein Pferd aus mangelnder Erfahrung unter Angst. Auch Pferde, die nach einer langen Pause auf die Bahn zurückkommen, sind oft ängstlich.

Die Körpersprache eines verängstigten Pferd ist unverwechselbar. Das Pferd kommt mit hoch erhobenem Kopf und schnellen Bewegungen auf den Sattelplatz. Es rollt die Augen, so daß das Weiße sichtbar wird. Die Nüstern sind gebläht, und die Ohren gehen hektisch hin und her, oftmals jedes in eine andere Richtung. Es kann ein Begrüßungs- oder Ortungs-Wiehern von sich geben. Seine Kiefer bewegen sich schnell, das Maul wird auf- und zugemacht. Die Tritte sind hoch und unregelmäßig. Der Schweif geht hin und her und auf und ab, aber nicht so peitschend wie beim wütenden Pferd.

Dieses Pferd ist zu sehr in Panik, um sich auf etwas so Anspruchsvolles wie Schweifschlagen konzentrieren zu können. Es hat schon angefangen, am Hals, an den Schultern, zwischen den Beinen und an den Flanken zu schwitzen.

Der Pfleger hält das Pferd gut fest, d. h. mit einer Kette über der Nase, unter dem Kinn oder durchs Maul. Es geht meist quer vor dem Pfleger, kämpft gegen die Kette an und geht, so weit es geht, hin und her, um zu fliehen.

Es reagiert stark auf jedes Geräusch und jede Bewegung, die es irgendwie wahrnehmen kann. Jeder neue Reiz steigert seine Angst, ebenso wie die ganzen Vorbereitungen für das Rennen. Das Pferd scheut vor dem Publikum, und wiederholt kommt es zu Verwicklungen mit dem Pfleger. Vielleicht trabt es auch verzweifelt an, um den Zuschauern zu entkommen und macht dann eine Drehung, um der Gefahr ins Auge zu sehen, und geht rückwärts.

Das verängstigte Pferd geht wahrscheinlich flott in die Sattelbox, als ob dies ein Zufluchtsort wäre, und dreht sich dann sofort um, um sehen zu können, wo die Geräusche herkommen. In der Sattelbox steht es nicht still, sondern geht hin und her und nach hinten bis an die Wand, geht wieder vor und tritt dann aus. Es schwitzt immer stärker, bis es schweißgebadet ist. Es rollt immer noch mit den Augen, das Ohrenspiel ist hektisch und die Nüstern sind gebläht. Und es fängt an, mit den Zähnen zu klappern.

Wenn das alles noch nicht ausgereicht hat, um zu erkennen, daß das Pferd ernsthaft leidet, werden die Betreuer nun auf ihre Art zeigen, was los ist. Zusätzliche Leute tauchen in der Sattelbox auf, um Trainer und Pfleger bei dem Problem zu helfen. Ein solches Pferd wird häufig noch einmal aus der Sattelbox herausgeholt, eine Runde im Schritt geführt und dann wieder hineingeführt, um ihm etwas von seiner Nervosität zu nehmen. Aber das funktioniert nur selten. Wenn der Pfleger versucht, den Sattel zu befestigen, wehrt sich das Pferd. Es wehrt sich auch dagegen, in den Führring zum Aufsitzen gebracht zu werden. Es trieft vor Schweiß. Während des Aufsitzens steht es mit gespreizten Beinen zitternd da. Sobald das Gewicht des Jockeys im Sattel ist, steigt es fast und dreht sich um die eigene Achse, während der Jockey versucht, die Zügel aufzunehmen. Es kann passieren, daß ein solches Pferd im Führring stürzt, besonders wenn seine Angst durch ein plötzliches Geräusch zunimmt oder es zufällig mit einem anderen Pferd zusammenprallt. Auf dem Weg zum Geläuf hält der Jockey die Zügel so kurz wie möglich. Das Begleitpony hat eventuell einen beruhigenden Einfluß, aber es ist schon zu spät. Das Pferd hat schon zu viel Energie vergeudet, das Rennen ist verloren. Bei der Parade vor den Tribünen will es das Pony so viel wie möglich berühren und legt seinen Kopf trostsuchend auf dessen Hals. Wenn der Begleitreiter das nicht mag und es mit der Führkette daran hindert, reißt das verängstigte Pferd den Kopf hoch, Augen und Ohren sind immer noch unruhig, und es bewegt sich in alle Richtungen, außer nach vorn. Es zeigt viel Knieaktion und unkontrollierte Bewegungen. Die Hinterhand scheint gut unterzutreten und trägt das meiste Gewicht, wenn das Pferd versucht, zur Seite zu springen. Das Begleitpony versucht, weiter geradeaus zu gehen, aber das Rennpferd macht kleine, verkrampfte Sätze zur Seite.

Wenn es die Gegengerade erreicht und weit weg von der Geräuschkulisse des Publikums ist, beruhigt sich das Pferd vielleicht ein bißchen, nimmt seinen Kopf etwas herunter und geht fast gerade. Aber sobald es in die Nähe der Startboxen kommt, fängt es an zu kämpfen. Kein erfahrener Starter erlaubt seinen Helfern, ein verängstigtes Pferd zu schlagen, aber inkompetente tun es, und das macht alles nur noch schlimmer. Zum Schluß wird das Pferd praktisch in die Startbox gehoben.

Diese Sorte Pferd ist meist am Chaos in den Startboxen beteiligt. Ein solches Pferd steigt und wirft seinen Reiter ab, geht in die Knie oder zu Boden oder es hängt sich über die Trennwand zwischen den Boxen. Es ist reiner Zufall, wie es abkommt. Wenn es gerade gut steht, wenn sich die Boxen öffnen, springt es als erster ab – quasi auf der Flucht, mit flach angelegten Ohren, Nase nach vorn. Der Jockey klammert sich fest und bangt um sein Leben. Aber nur selten kann es das Tempo bis zur Schlußgeraden halten und beendet das Rennen unweigerlich am Schluß des Feldes.

Die Pferde, die gerade nicht auf allen vier Beinen stehen, kommen wahrscheinlich als letzte ab und versuchen, direkt auf die innere oder äußere Einzäunung zuzurasen. Nachdem sie von ihren Reitern geradeaus gelenkt worden sind, zeigen sie eine enorme Beschleunigung, so daß sie zwar in der Lage sind, das Feld einzuholen, sich aber völlig verausgaben und keinen Siegeswillen mehr haben.

Der Leser sollte sich vor Augen halten, daß jedes Pferd jederzeit Angst bekommen kann. Je stärker der Wille zu siegen ist, desto weniger läßt sich das Pferd durch den Anblick einer furchterregenden Sache, eines Geräuschs oder eines Ereignisses beeindrucken. Manche Pferde bekommen erst Angst, wenn sie gesattelt werden oder der Jockey aufsitzt, so als ob sie nicht ernsthaft geglaubt haben, daß jemand sie in diese verzweifelte Lage bringen würde. Innerhalb kürzester Zeit sind sie genauso verausgabt wie die Pferde, die schon länger Angst haben. Manch ein Pferd, das im Führring und bei der Parade vor den Tribünen noch ganz gelassen zu sein scheint, verliert die Nerven beim Anblick der Startboxen.

In jedem Fall sollte ein Betreuer sofort alamiert sein, daß ein ernstes Problem existiert, sobald er an der Körpersprache erkennt, daß das Pferd Angst hat. Wenn es sich nicht sofort davon erholt, sind seine Gedanken nicht mehr beim Rennen, und der clevere Wetter wird das auch schnell bemerken und entsprechend handeln. Leider kann das Pferd auch Angst bekommen, wenn das Rennen schon begonnen hat und es zu spät ist, nicht mehr auf es zu wetten. Ein ursprünglich heißes Pferd übernimmt womöglich die Führung, strauchelt und kommt mit dem Rest des Feldes durchs Ziel, weil es sich gefürchtet hat zu stürzen. Ähnlich ist es, wenn die Pferde zu dicht beieinander laufen oder das Pferd angerempelt wird.

# Das wütende Pferd

Unter dieser Überschrift beschäftigen wir uns mit Pferden mit den verschiedenen Stufen schlechter Laune, von der kleinsten Verärgerung bis zur blinden Wut. Am häufigsten gibt es das saure Pferd, das in früheren Rennen schlechte Erfahrungen machte. Dieses Pferd haßt wahrscheinlich alles, was es an ein Rennen erinnert, so wie das bei Silver Series eine Zeitlang der Fall war. Oder es empfindet eine besondere Abneigung gegenüber einem bestimmten Betreuer, Reiter, Starthelfer, Wetterzustand, Bodenbeschaffenheit oder sonst irgend etwas im Tagesablauf, wie z. B. ein Zwischenfall während des Rennens selbst.

Die Körpersprache und die zugrundeliegenden Probleme des wütenden Pferdes unterscheiden sich von denen des verängstigten Pferdes, aber das Ergebnis ist identisch.

Da es wertvolle Energie verpulvert hat, bevor es ins Finish geht, verliert das Pferd das Rennen. Ein wütendes Pferd hat nur dann eine Chance, das Rennen zu gewinnen, wenn seine Laune vor dem

Rennen nicht mehr als eine leichte Verärgerung war, die sich aber bis zur Parade vor den Tribünen schon fast gelegt hat und das Pferd daher auch nur wenig oder überhaupt kein Theater an der Startbox macht.

Im Gegensatz zum verängstigten Pferd schwitzt das wütende Pferd selten. Wenn es gereizt wird, legt es die Ohren an. Ansonsten sind sie gespitzt. Wie groß seine Wut ist, kann man daran erkennen, wie lange und wie stark die Ohren angelegt werden. Werden sie einfach nur zurückgelegt, ist das Pferd wesentlich weniger verärgert, als wenn sie so stark an den Kopf angepreßt werden, daß man sie kaum noch sehen kann. Wenn es die Ohren anlegt, hebt das Pferd gleichzeitig den Schweif und schlägt ihn gegen seine Hinterbeine oder es peitscht hektisch damit hin und her.

Während das verängstigte Pferd mit den Augen rollt, und man das Weiße sehen kann, hat das wütende Pferd eher einen starren Blick. Es zieht die Oberlippe hoch, so wie ein Hund, der beim Knurren seine Zähne zeigt. Auch an Beinen und Hufen des wütenden Pferdes sieht man nichts von der Unruhe, wie man sie beim ängstlichen Pferd sieht, das ständig hin- und hertritt. Im Gegensatz dazu bewegt sich das wütende Pferd ganz bewußt. Auch der Kopf wird anders getragen. Statt in der panikartigen Haltung mit der Nase nach oben verbraucht das Pferd Energie, um mit dem Kopf zu schlagen und dem Betreuer den Führstrick oder dem Reiter die Zügel aus der Hand zu reißen.

Wenn ein Rennpferd auf dem Weg zum Sattelplatz zum ersten Mal das Publikum sieht, kann ein guter Beobachter sagen, ob es a) reizbar ist oder nicht und b) ob sein Problem mit einer Abneigung gegenüber Zuschauermengen oder Lärm oder beidem zu tun hat. Ein Pferd, das die Zuschauer so gut wie ignoriert und auf den Lärm nur mit den Ohren reagiert, ist mit Sicherheit kein heißes Pferd und wahrscheinlich auch kein wütendes. Bleibt es aber stehen und versucht, die Zuschauer zu betrachten, legt es die Ohren an, schlägt mit dem Schweif und tritt sogar aus, weiß man sofort, es hat nichts übrig für Zuschauer. Das heißt, man muß sein Verhalten vor dem Rennen genau beobachten und sehen, ob das verärgerte Pferd das Ärgernis vergißt oder ob es immer wütender wird.

In der Sattelbox sieht das Pferd, das sich über andere Dinge als das Satteln aufregt, einfach nur gereizt aus, tänzelt unruhig hin und her, legt kurz die Ohren an und tritt ab und zu gegen die Wand. Vielleicht zieht es auch die Oberlippe hoch und schnappt mit den Zähnen.

Wenn aber das Satteln selbst der Auslöser seiner schlechten Laune ist, fängt ein Kampf an. Das ist die Sorte Pferd, die den Pfleger hin und her und vor die Sattelbox zerrt, während dieser verzweifelt versucht, den Sattelgurt anzuziehen. Manchmal sieht man auch, wie ein Betreuer ein Ohr festhält oder sogar hineinbeißt.

Wenn das wütende Pferd in den Führring zu seinem Jockey geführt wird, geht es nicht normalen Schritt, sondern einen verspannten, schnellen Trab, wobei die Hufe ungewöhnlich hart aufgesetzt werden. Es läßt seinen Groll praktisch am Boden aus. Der Schweif peitscht durch die Luft. Auch der Kopf ist dauernd in Bewegung, denn es versucht nicht nur, den Führstrick loszuwerden, sondern auch den Pfleger zu beißen. Außerdem kann man beobachten, daß es häufig ausschlägt in Richtung Zuschauer oder in Richtung eines anderen Pferdes, das ihm zu nahe gekommen ist.

Die Pferde in seiner Umgebung, die in der Sattelbox noch ganz ruhig waren, zeigen eventuell Anzeichen von Angst und versuchen, einen großen Bogen um das wütende Pferd zu machen. Durch seine Körpersprache drückt der Pfleger des wütenden Pferdes ebenfalls Angst aus. Er ist ständig auf der Hut und achtet auf die kleinste Bewegung seines Pferdes.

Ein ungeduldiger Betreuer, der das wütende Pferd nun mit Schlägen bestraft, kann ziemlich sicher sein, daß er es nur noch wütender macht. Wenn dies (wie so oft) kurz vor dem Aufsitzen des Jockeys passiert, platzt das Pferd vor Wut, steigt und tut sein Bestes, um den Jockey abzuwerfen.

Bei der Parade vor den Tribünen konzentriert sich seine Wut auf das Begleitpony, das folgende Pferd oder die Tatsache, daß es nicht am Anfang gehen darf. Es versucht wahrscheinlich, das Begleitpony oder dessen Reiter zu beißen. Es tritt aus und schlägt mit dem Schweif. Seine Ohren hat es die meiste Zeit zurückgelegt oder flach an den Kopf angepreßt. Solche Pferde brauchen oft nicht an der Parade vor den Tribünen teilzunehmen, so daß die Reiter versuchen können, ihnen durch Bewegung ein Ventil für ihre Wut zu verschaffen und sie abzureagieren. Wenn man sie durch das Fernglas auf der Gegengeraden beobachtet, schwitzen sie oft stark vor Anstrengung, aber nicht vor Wut. Sieht man immer noch Anzeichen von Wut, ist ein solches Pferd ein Risiko am Wettschalter. Wenn die Wut so groß und langanhaltend ist,

verbraucht das Pferd schon vor dem Rennen sehr viel Energie. Als Faustregel (die meist zutrifft) kann man sagen, daß man nicht auf ein Pferd setzen sollte, dessen Wut über zwei oder mehr der folgenden Phasen andauert:
den Weg zum Sattelplatz;
das Satteln;
den Weg zum Jockey;
das Aufsitzen;
die Parade vor den Tribünen;
den Aufgalopp;
die Startboxen.
Nachdem es seine Wut an den Startboxen gezeigt hat (achten Sie auf Schweif und Ohren und wieviel Aufmerksamkeit die Starthelfer diesem Pferd schenken), läuft dieses Pferd fast so wie ein verängstigtes. Entweder kommt es sofort ab und zeigt kurz ein hohes Tempo, bevor es ermüdet, oder es kommt nicht so gut ab, verbraucht seine restliche Energie bei dem Versuch, das Feld einzuholen, und ermüdet dann.
Eine Schlußbemerkung: Wenn das Pferd nur leicht gereizt war, bevor der Jockey aufsaß, aber dann dauernd versuchte, ihn wieder loszuwerden, kann man davon ausgehen, daß es entweder alle Jockeys haßt oder eine besondere Antipathie gegen diesen einen hat. Man kann mit großer Sicherheit davon ausgehen, daß es kein gutes Rennen laufen wird.

# Das Pferd in der Hitze

Manche Pferde kann man vom kalten Norden in den heißen Süden transportieren und sie laufen sofort ihr bestes Rennen, ohne sich lange aklimatisieren zu müssen. Die meisten können das nicht. Egal, ob im Norden oder Süden, die meisten Pferde zeigen schlechtere Leistungen bei höheren Temperaturen als 28 °C. Bei richtig heißem Wetter mit Temperaturen von 30 °C und mehr sieht man gewöhnlich kein einziges heißes oder eifriges Pferd auf der Rennbahn. Sie sehen alle matt und überhitzt aus. Wenn die Hitze von hoher Luftfeuchtigkeit begleitet ist, sehen die Pferde noch eindrucksloser aus.
Das überhitzte Pferd bewegt sich so langsam wie möglich. Sein

Hauptmerkmal ist Lethargie. Es trieft vor Schweiß, läßt den Kopf hängen, pumpt in den Flanken und hat weit geöffnete Nüstern. Aber es zeigt keine Anzeichen von Angst, es sei denn, es hat zusätzlich noch Angst vor irgend etwas, was seine Chancen noch geringer macht.

An sehr heißen und schwülen Tagen kann man auch schon einmal sehen, wie ein Pferd mit einem Hinterbein austritt, aber es äußert seine Wut nicht weiter. Bei genauerer Betrachtung kann man sehen, daß es den Huf erst nach oben zu drehen scheint, bevor es dann schräg austritt. Sein Problem ist der triefende Schweiß, der an der Innenseite seiner Schenkel herunterläuft. Es tritt aus, um dieses unangenehme Gefühl loszuwerden. Die Ohren sind nicht angelegt. Es peitscht nicht mit dem Schweif.

# Das Pferd in der Kälte

Wenn es ein Rennen auf einer Rennbahn (z. B. im Norden der USA) laufen soll, kurz nachdem es aus dem warmen Süden gekommen ist, ist das normale Pferd zu sehr mit dem Frieren beschäftigt, als daß es ein gutes Rennen laufen könnte. Es klappert mit den Zähnen, läßt Ohren und Kopf hängen und versucht, mit der Kälte fertigzuwerden, so wie dies auch ein Mensch unter vergleichbaren Umständen tun würde. Das einzige Anzeichen, daß es etwas mit dem bevorstehenden Rennen zu tun hat, ist ein ärgerliches Schweifschlagen, wenn der Jockey aufsitzt. Dieses Pferd ist kein Sieger. Selbst wenn ein Rennpferd noch nie ein warmes Klima kennengelernt hat, ist es ein sicherer Verlierer, wenn es ihm an dem Tag zu kalt ist und es das in seiner Körpersprache zu verstehen gibt. Suchen Sie sich ein Pferd, das weniger zu leiden scheint. Vielleicht wärmt sich eins während des Aufgalopps auf und sieht ganz zufrieden aus. Wenn Sie kein solches Pferd finden können, warum wollen Sie überhaupt wetten?

# Das Pferd mit Schmerzen

Diese Körpersprache (wie in Kapitel 2 beschrieben) kann man so gut wie gar nicht an einem Renntag sehen, und wenn doch, dann sind die Anzeichen so gering, daß nur der erfahrenste Beobachter sie sieht. Der Grund ist, daß Pferde mit auffallenden Schmerzen nur äußerst selten an einem Rennen teilnehmen, es sei denn auf Rennbahnen, wo entzündungshemmende und schmerzlindernde Mittel zugelassen sind, die sowohl die Äußerung des Schmerzes als auch den Schmerz selbst unterdrücken.

Daher empfehlen wir dem Leser, das Schlimmste anzunehmen, wenn ihm ein Pferd nicht nur abgestumpft, sondern extrem stumpfsinnig vorkommt. Das Auge ist trüb. Das Fell ist stumpf. Seine Bewegungen sind ungewöhnlich gedämpft. Es bewegt sich langsam und ruhig. Seinen Kopf scheint es hängen zu lassen, ebenso wie die Ohren. Sein Schweif bewegt sich nur wenig, wenn überhaupt. Oft wirbeln seine Hufe Staub auf, wenn es während der Parade über das Geläuf schlurft. Wenn der Aufgalopp beginnt, überläßt es dem Begleitpony die Führung. Das Rennpferd fällt in einen steifen Trab und läßt den Kopf ungewöhnlich tief hängen, vielleicht bis zu den Knien (Vorderfußwurzelgelenken). Wenn es schließlich angaloppiert, ist der Galopp holperig, abgehackt und häßlich, und es nickt dauernd mit dem Kopf.

Vielleicht läuft es sich warm und fühlt sich nicht mehr so unbehaglich, bevor es zur Startbox kommt, und man kann erkennen, daß es sich besser fühlt, da es den Kopf höher trägt und sich flüssiger bewegt. Wenn nicht, wird es wahrscheinlich wütend werden und sich sträuben, in die Startbox zu gehen. Wenn es sich während des Rennens immer noch unwohl fühlt, läuft es mit tiefem, nickenden Kopf und verliert.

Eine andere Art von Belastung, die auch unter dieses Kapitel fallen könnte, ist Untergewicht. Die charakteristischen eingefallenen Flanken, die hervorstehenden Rippen und Hüftknochen und der eingezogene Bauch können die Folge von Dehydration (Austrocknung), Unterernährung, Überforderung, zehrenden Schmerzen oder einer Krankheit sein. Wenn das Pferd durch seine Körpersprache ausdrückt, daß es leidet und zusätzlich etwas heruntergekommen aussieht, dann wird es wohl nicht gut laufen. Andererseits haben schon einige sehr magere Pferde Rennen gewonnen. Der regelmäßige Rennbahnbesucher findet schnell heraus, welche Pferde das sind. Wer seltener auf die Rennbahn geht, sollte besser nicht auf untergewichtige Pferde wetten, die in ihrer Körpersprache irgend etwas anderes ausdrücken als Renneifer.

# Regen, Pfützen und Schlamm

Die meisten Pferde lieben leichten Regen, aber nur wenige mögen einen Platzregen. Auf der Weide stellen sich die Pferde im Kreis zusammen um einen Baum herum und warten, bis es aufhört zu regnen. Nur ein exzentrisches Pferd mißachtet den Unterstand und tollt allein im starken Regen umher.

An einem sehr regnerischen Tag auf der Rennbahn würden die meisten Pferde lieber Nase an Nase unter einem Baum stehen. Sie schleichen über den Führring und durch die Parade vor den Tribünen mit halbgeschlossenen Augen und nach hinten gelegten Ohren, um Wind und Wasser zu entgehen. Sie sehen hinüber zum Stall und wiehern.

Pferde hassen besonders einen nassen Schweif, da er unangenehm schwer wird, und wenn das Pferd einmal aus ganz normalem Grund mit dem Schweif schlägt, kann es sein eigenes Fell aufreißen. Selbst wenn der Trainer den Schweif bandagiert, um ihn trocken zu halten, spannt das Pferd instinktiv seine Hinterhand und die Oberschenkel an, klemmt die Schweifspitze an die Hinterbeine und versucht, den Schweif zwischen die Beine zu klemmen, um ihn zu schützen.

Wenn Sie ein Pferd bemerken, das sich bei starkem Regen auf der Rennbahn zufrieden zeigt, ist es mit ziemlicher Sicherheit das richtige Pferd, auf das Sie wetten sollten. Beobachten Sie es beim Aufgalopp. Die meisten Pferde versuchen, sich in der Mähne des Begleitponies zu verstecken. Aber dieses Pferd wird sich so flott bewegen, als ob es in seinem Element wäre. Statt der Körpersprache des Unbehagens zeigt dieses Pferd Verspieltheit.

Regen oder nicht, die Körpersprache ist Ihnen behilfich bei der Suche nach dem Pferd, auf das Sie setzen können, wenn der Boden sehr weich oder tief bzw. bei Grasbahnen schwer ist. Auf dem Sattelplatz macht das Pferd vielleicht einen stumpfsinnigen Eindruck, wenn es sich aber ansprechend und flüssig im Matsch bewegt, hat es wesentlich bessere Aussichten als das heiße oder eifrige Pferd, das auseinanderfällt, sobald es auf extrem tiefen oder rutschigen Boden kommt. Fühlt es sich unwohl, läuft das Pferd wie auf Eiern. Es hebt seine Füße schnell hoch, tritt zur Seite, schlägt mit dem Schweif, legt die Ohren an oder flattert damit, trägt den Kopf hoch und rollt mit den Augen. Aber das richtige Pferd für diese Bodenverhältnisse konzentriert sich auf seine Aufgabe mit gesenktem Kopf und gespitzten Ohren. Der erfahrene Beobachter stellt fest, daß die Bewegungen dieses Pferdes etwas bedächtiger als üblich sind. Es drückt seine Hinterhufe tief in den Boden, um mehr Halt zu bekommen und bewegt sich flüssig und entschlossen vorwärts. Dieses Pferd möchte auf diesem Boden laufen und macht auch vollkommen den Eindruck, als wäre es dazu in der Lage.

# Nur für Handicapper

Wir wollen einmal die normale Situation rekonstruieren. Sie haben das Rennen gehandicapped. Sie meinen, drei Pferde haben ungefähr die gleichen Chancen. Auch Ihre Kenntnisse der Körpersprache vor dem eigentlichen Rennen sagen Ihnen, daß alle drei gleich eifrig sind. Kein anderes Pferd in dem Feld macht einen so guten Eindruck, weder auf dem Papier noch in natura.
Welche Entscheidung werden Sie treffen? Das hängt ganz von Ihnen persönlich ab. Vielleicht zeigt die Rennleistung des einen Pferdes in jüngster Zeit eine Leistungssteigerung, und unter der Annahme, daß es sich weiterhin gesteigert hat, könnte es der Sieger dieses Tages werden. Oder das Feld scheint so ausgewogen zu sein, daß Sie dieses Rennen lieber aussetzen oder auf das Pferd wetten, das die höchste Quote zahlt. Zugegebenermaßen ist dieses Rennen nicht so einfach. In anderen Rennen kann man das Feld aufgrund der Körpersprache aufteilen. Gelegenheiten dieser Art sind zahlreich, so daß jeder Besuch auf der Rennbahn spannender und schöner als der vorangegangene wird. Was könnte für einen Handicapper aufregender oder angenehmer sein als die Fähigkeit, Dinge zu sehen, die anderen verborgen bleiben?

# Aufzeichnungen – veröffentlichte und private

Während Sie sich noch den Kopf über das Rennen zerbrechen, wo Sie drei gleich gute Anwärter auf den Sieg sehen und aufgrund Ihrer Beobachtungen vor dem Rennen keinem den Vorzug geben würden, sind andere Zuschauer vielleicht nicht in diesem Dilemma. Handicapper A ist z. B. jeden Tag auf der Rennbahn und notiert in seinem Programm sein Urteil über das Verhalten der Pferde vor dem Rennen. Natürlich hebt er sich diese Programme zum späteren Nachschlagen auf. Er gibt wahrscheinlich einem der drei Pferde den Vorzug, weil er weiß, daß es an diesem Tag besonders fit und munter ist, besser als bei anderen Rennen in jüngster Vergangenheit. Da die bisherigen Leistungen des Pferdes genauso gut waren wie die der anderen beiden Pferde, sieht er in dem besseren körperlichen und seelischen Zustand eindeutig einen Vorteil und größere Siegeschancen.

Das Programm mit den Notizen ist eine enorme Hilfe. Aber nicht jeder kann oft genug zum Rennen gehen und sich solche Aufzeichnungen machen. Der Rest dieses Kapitels soll Ihnen dabei helfen, wie Sie veröffentlichte Aufzeichnungen am besten für sich nutzen und versuchen können, Handicappen und Kenntnisse der »Pferdesprache« miteinander zu verbinden.

Handicapper in Nordamerika bekommen ihre Informationen aus Rennberichten, Rennergebnissen, Trainingsberichten, Tabellen und Statistiken, die in der »Daily Racing Form« (In Deutschland ist die »Sport-Welt« die Zeitung der Insider.) veröffentlicht werden. Obwohl es von Ort zu Ort Unterschiede gibt, gibt es auf jeder größeren Rennbahn auf dieser Welt Informationsmaterial, das man mit der »Daily Racing Form« (oder kurz »Form« genannt) vergleichen kann. Bevor wir die Diskussion beginnen, wie das formelle Handicappen mit den Beobachtungen vor dem Rennen kombiniert werden kann, müssen wir betonen, daß die Rennbahn selbst nur selten der richtige Ort ist, um die Rennleistung eines Pferdes zu studieren. Diesen Teil der Arbeit sollte man schon erledigt haben, bevor man auf dem Rennbahngelände ankommt. Ein Handicapper, der bei der Begutachtung der Pferde auf dem Sattelplatz, bei der

Parade vor den Tribünen etc. nicht ahnungslos sein will, muß die Rennleistung der Pferde schon vorher analysiert und interpretiert haben.

# Die Auswirkungen des letzten Rennens

Nur wenige Sieger tauchen aus dem Nichts auf. Die meisten zeigen Leistungssteigerungen, bevor sie ein Rennen gewinnen. Beim Studium der Rennleistung gehört es auch unbedingt dazu, nach Pferden zu suchen, die sich in den letzten Rennen gesteigert zu haben scheinen.

Hat sich das Pferd nur leicht verbessert? War dieses Rennen das erste, zweite oder dritte, nachdem es für eine lange Zeit nicht am Start war? Es müßte sich heute weiter steigern. Wenn das Rennen über eine passende Distanz und den geeigneten Boden mit einem guten Reiter und ohne Nachteile in bezug auf Gewicht, Startnummer und Rennverlauf geht, kann dieses Pferd siegen. Daher müssen Sie sich das Pferd unbedingt vor dem Rennen ansehen. Wenn es heiß oder eifrig zu sein scheint, könnte es das Pferd sein, auf das Sie setzen sollten.

Das gilt ebenso für ein Pferd, das sein letztes Rennen vorhersehbar gewonnen hat oder das nur ganz knapp geschlagen wurde und zu Beginn des Rennens ein hohes Tempo oder ein beeindruckendes Finish lief. Kurz gesagt, das Pferd hat schon seine gute Form gezeigt und braucht sie nur beizubehalten, um an diesem Tage eine bedrohliche Konkurrenz zu sein. Wenn es sich nun noch wie ein heißes oder eifriges Pferd verhält, wissen Sie, daß es ein ernstzunehmender Kandidat ist. Andererseits kann das letzte Rennen oder ein Zwischenfall im Training es seine Form gekostet haben, wenn es einen stumpfsinnigen oder irgendwie leidenden Eindruck macht.

Unser Freund, der jeden Tag da ist und immer Eintragungen in sein Programm über das Verhalten der Pferde vor dem Rennen macht, könnte uns sagen, ob dieses Pferd zu der ungewöhnlichen Sorte Pferd gehört, die auch noch gut läuft, wenn sie stumpfsinnig oder leidend aussehen. Wenn Sie ihn nicht finden oder er nichts sagen möchte, können Sie sich damit trösten, daß es keinen Grund gibt, in jedem Rennen zu wetten. Wenn Ihnen diesmal alles zu verwirrend vorkommt, lassen Sie es sein. Bevor Sie sich dazu entschließen, sollten Sie sich aber doch noch einmal das Feld ansehen. Vielleicht sieht ein Pferd auf den ersten Blick heiß aus, hat eine annehmbare Rennleistung und scheint in dem passenden Rennen in bezug auf Distanz, Klasse etc. an den Start zu gehen und zahlt außerdem eine gute Quote?

Sehen Sie sich nun das Pferd genauer an, dessen letztes Rennen im Gegensatz zu den früheren schlecht war. Das Pferd war z. B. Wettfavorit in dem Rennen, wurde aber geschlagen und beendete das Rennen im hinteren Feld. In den anderen sechs Rennen dieser Saison war es immer Sieger, Zweiter oder Dritter gewesen. In den Berichten über das Rennen findet man keine Erklärung für die schlechte Leistung. Eine Fußnote in der Ergebnisliste der Daily Racing Form sagt, daß das Pferd »nie eine ernsthafte Bedrohung darstelle«. Aber warum?

Ein guter Handicapper überlegt automatisch immer, ob die Niederlage eines Pferdes zu erklären (und zu entschuldigen) ist, weil es über die falsche Distanz oder in der falschen Klasse lief, der Boden oder der Jockey ihm nicht lag oder es zuviel Gewicht tragen mußte. Oder weil es seit Monaten nicht gelaufen war und nun nicht gleich als Favorit an den Start hätte gehen dürfen. Oder es war zum ersten Mal auf dieser Rennbahn und hatte sich noch nicht an die Umgebung gewöhnt.

Wenn man keine derartige Entschuldigung in den Unterlagen findet, schenken viele Handicapper trotz Zweifeln der Leistung Glauben, getreu dem Motto »Vergiß die beste Form eines Pferdes nicht.« Sie begründen das damit, daß Pferde keine Maschinen sind. Jedes Lebewesen kann mal einen schlechten Tag haben. Die Erklärung ist plausibel, aber zu einfach. Wenn ein Handicapper keine Entschuldigung für eine unerklärliche Niederlage finden kann, muß er immer mit der Möglichkeit rechnen, daß die Niederlage vollkommen unentschuldbar ist und daß das Pferd an diesem Tage sogar noch schlechter laufen mag.

Schließlich ist die gute Form eines Rennpferdes nie von ewiger Dauer. Der unvermeidliche Rückgang der Form wird meist durch Verausgabung im Rennen oder Training verursacht. Manche Pferde, besonders die jüngeren, halten fünf oder mehr harte Finishs durch. Bei anderen, besonders älteren, ist nach zwei oder drei harten Rennen in Folge die Luft 'raus. Wenn sich das Pferd in den letzten Rennen wiederholt vollkommen verausgabt hat und wenn es auf dem Sattelplatz einen angespannten, verkrampften Eindruck macht, dann ist es überarbeitet und wird wahrscheinlich verlieren. Wir geben zu, daß dieses Pferd die Ausnahme sein kann und möglicherweise sogar gewinnt, wenn es schrecklich aussieht. Aber die große Mehrzahl sieht mit Sicherheit wie ein Verlierer aus, bevor die Niederlage kommt, bzw. wie ein Sieger, bevor es gewinnt. Anders gesagt, wenn das Pferd sich öfter verausgabt hat, als die meisten Pferde verkraften können, und wenn es »fertig« aussieht, können Sie davon ausgehen, daß es das Rennen verliert.

Doch nun zurück zu dem Dilemma, daß die Aufzeichnungen keinen Grund liefern (entschuldbar oder nicht) für die Niederlage eines Pferdes, das zuvor entweder immer siegte oder unter den Plazierten war. Wenn Sie bei Ihren Beobachtungen vor dem Rennen den Eindruck haben, daß es erledigt aussieht, sollten Sie sich nach dem optischen Eindruck richten, womit Sie selten falsch liegen. Wenn es aber fit aussieht, wird das Dilemma noch größer.

Wenn Sie wie die Mehrzahl der Wetter davon ausgehen, daß das Pferd einfach nur in ein schlechtes Rennen verwickelt war und heute wieder normal sein wird, fangen Sie an zu spekulieren, und damit liegen Sie meistens falsch. Es gibt immer einen Grund für das Verhalten eines Pferdes. Wenn Sie davon ausgehen, daß die kürzliche Niederlage des Pferdes das Ergebnis eines einschüchternden Zwischenfalls war, der von dem Berichterstatter jedoch unbemerkt blieb, könnten Sie recht haben. Zu irgendeinem Zeitpunkt wurde das Pferd getreten, bedrängt oder angerempelt. Es rutschte aus oder trat in ein Loch. Je jünger und unerfahrener es ist, desto geringer ist die Wahrscheinlichkeit, daß es sich schnell von dem furchterregenden Erlebnis erholt und sein nächstes Rennen gewinnt. Selbst in dem unwahrscheinlichen Fall, daß es einen heißen oder eifrigen Eindruck macht, bevor es an den Start geht, wird während des Rennens plötzlich die Luft 'raus sein, wenn es an die Stelle der Bahn kommt, wo sich der Zwischenfall ereignete.

Wenn der veröffentlichte Bericht über das letzte Rennen ausführliche Informationen über bedrohliche Dinge enthält, die ihm widerfahren sein mögen, erspart dies dem Handicapper viel Raterei. Wie schon gesagt, gibt es nur wenig Rechtfertigung für die Annahme, daß ein wenig gelaufenes, junges Pferd sich von einem solch traumatischen Erlebnis schnell erholen könnte. Im vorliegenden Fall, wo das außergewöhnlich schlechte Ergebnis schwarz auf weiß erklärt wird, gibt es noch viel weniger Grund für eine solche Annahme. Der Handicapper sollte davon ausgehen, daß das unerfahrene zwei- oder dreijährige Pferd zwei oder drei Rennen unter seinem Niveau läuft, bevor sich sein Selbstbewußtsein wieder erholt hat. Die meisten Pferde brauchen so lange, nur wenige erholen sich schneller. Was die älteren Pferde angeht, kann man bei einem harten Rennpferd, das heiß oder eifrig zu sein scheint, nach dem Motto handeln »Im Zweifel für den Angeklagten« bzw. »Vergiß die beste Form eines Pferdes nicht« – besonders wenn die Quote so hoch ist, daß man zumindest den Einsatz herausbekommt, falls sich das Pferd während des nächsten Rennens an den Zwischenfall erinnert und plötzlich sein Selbstvertrauen verliert.

Für Zwei- oder Dreijährige, die ihr erstes Rennen laufen, ist es ein furchterregendes Erlebnis, wenn sie nach dem Schlußbogen praktisch in eine Mauer des Lärms laufen, wie Jockeys die Geräuschkulisse nennen. Das Problem ist nicht nur die Lautstärke, die auf der Haupttribüne in dieser Phase des Rennens herrscht. Viel beängstigender noch ist die Intensität der Schwingungen, die von tausenden von Menschen erzeugt werden, die sich in einem Zustand großer Anspannung befinden und vor Aufregung beben. Wenn das junge Pferd nur im geringsten unsicher war, bevor es an den Start ging (wie es so viele sind), dann gibt die »Mauer der Schwingungen« ihm den Rest. Wenn dieses junge Pferd an der Spitze des Feldes auf die Schlußgerade kommt, gibt es augenblicklich die Führung auf, da es nicht mehr bei der Sache ist. Das ist ein guter Grund niemals auf einen ängstlichen Zwei- oder Dreijährigen zu wetten. Aus diesem Grund wird der Handicapper auch immer die Rennleistung solcher Pferde genauer studieren, wenn sie an Erfahrung gewonnen haben. Nach vielleicht drei oder vier solcher erfolgloser Starts und mit dem sich festigenden Ruf, ein Angsthase zu sein, hält der Youngster eines Tages ein bißchen länger sein Tempo, wenn er auf die Gerade kommt. Wenn er vor dem nächsten Start im Führring erscheint, macht er einen ruhigen, wenn nicht sogar heißen Eindruck. Er hat seine Schwierigkeiten mit dem Lärmpegel des Publikums überwunden, den es nun zusammen mit den anderen unverständlichen Unannehmlichkeiten seines Jobs akzeptiert. Wenn es das einzige eifrige Pferd in diesem Feld ist, wird es mit ziemlicher Sicherheit gewinnen.

Eines der diffizilsten und am wenigsten erkannten Probleme im

Rennsport ist die absichtliche Einschüchterung eines Pferdes durch ein anderes während eines Rennens. Manch ein sehr kämpferisches Pferd haßt es so sehr, ein anderes Pferd vorbeizulassen, daß es den Kopf herumwirft und es beißt. Das gilt als Behinderung, die gegen die Regeln verstößt und zur Disqualifikation führen kann. Die Jockeys, die so etwas voraussehen können, versuchen, es zu verhindern. Leider kann ein dominantes Pferd ein anderes auch einschüchtern, ohne es tatsächlich beißen zu müssen. Angelegte Ohren, ein leichtes Herumwerfen des Kopfes, blitzende Augen und Schweifschlagen sind Bestandteile einer Botschaft, die nie ihre Wirkung auf das sich in der Nähe befindende Pferd verfehlt. Wenn sich das Pferd unterlegen fühlt, gibt es auf – auch wenn es in der Lage gewesen wäre, das Rennen zu gewinnen, falls es nicht eingeschüchtert worden wäre.

Handicappern wird empfohlen, sich die Videoaufzeichnungen der Rennen anzusehen, die auf vielen Rennbahnen auf einem Monitor gezeigt werden. Beobachten Sie, ob der Sieger die Ohren anlegt und mit dem Schweif schlug, kurz bevor das Pferd neben ihm das Handtuch warf. Wenn ja, erwarten Sie nicht, daß sich das eingeschüchterte Pferd als ein starker Gegner erweist, wenn die beiden wieder einmal gegeneinander laufen. Und bedenken Sie auch, daß die Leute, die sich beklagen, daß der Jockey des Verlierers auf der Geraden sein Pferd nicht genug »angefeuert« hat durchzuhalten, bedenken sollten, daß die Peitsche und anderes Anfeuern bei einem eingeschüchterten Pferd genauso viel Sinn haben, wie bei einem Pferd mit einem gebrochenen Bein.

Von allen negativen Erlebnissen ist Stolpern oder ein Sturz am schlimmsten. Die nächste Stufe ist, plötzlich versuchen zu müssen, nicht auf einen zu Fall gekommenen Reiter oder sein Pferd zu treten. Man kann von keinem Pferd ernsthaft erwarten, daß es eine gute Leistung in seinem ersten Rennen zeigt, nachdem es so etwas erlebt hat. Wie wir schon zu Beginn dieses Buchs betont haben, bedeutet für ein Pferd der Verlust des Gleichgewichts eine lebensbedrohliche Situation. Eine junge Stute, die eine Woche nachdem sie während eines Rennens stolperte oder stürzte, wieder an den Start gehen soll, wird sich wahrscheinlich dagegen wehren, in die Startbox zu gehen und wird wohl erst nach drei weiteren Rennen wieder Leistungsbereitschaft zeigen. Selbst wenn man sie einige Wochen nach ihrem »Fast-Disaster« vom Rennen verschont, wird sie mindestens beim nächsten Mal widerstrebend an den Start gehen.

Ebenso würden auch ältere Stuten oder Hengste jeden Alters reagieren. Deshalb ist es so wichtig, alle Rennberichte zu lesen und sich die Pferde zu merken, die zu Fall kamen. Von diesen Pferden sollten Sie in den nächsten Rennen nichts erwarten. Auch von dem armen Pferd, das direkt hinter einem gestürzten Pferd lief, dürfen Sie nichts erwarten. Wenn die Berichte aussagen, daß der Unfall hinter Ihrem Pferd passierte, wird es wahrscheinlich keinen Schaden erlitten haben.

Wenn ein Pferd seinen Reiter zu Beginn des Rennens abwirft und versucht, mit dem Feld weiterzulaufen, macht es wahrscheinlich die anderen Pferde durch sein hektisches Hakenschlagen verrückt. Der Leser tut gut daran, herauszufinden, ob das lose Pferd ein anderes oder mehrere andere Pferde behinderte. Wenn eines dieser Pferde vor seinem nächsten Rennen anfängt, vor Nervosität zu schwitzen, werden Sie wissen, warum das so ist.

# Die Auswirkung des Gewichts

Die Aufstellung der Rennleistungen des Pferdes zeigt, daß es seine besten Rennen mit einem Gewicht von 52,5 kg oder weniger gelaufen ist. Wann immer dieses Pferd 54,5 kg oder mehr trug, war es nicht mehr im Geld. Am heutigen Tage läuft es seine bevorzugte Distanz gegen Pferde, mit denen es normalerweise fertig wird. Aber es wird 55 kg tragen. Achten Sie gut auf Anzeichen von Nervosität bei der Parade vor den Tribünen. Wir werden uns nicht an dem Streit beteiligen, ob ein Pferd merkt, daß es 2,5 kg mehr trägt, als es mag. Aber wir können mit Sicherheit sagen, daß oft das zusätzliche Gewicht ein Pferd an frühere Anlässe erinnert, wo es bis an die Grenzen seines Leistungsvermögens getrieben wurde und ein Gewicht trug, das sich genauso schwer anfühlte wie das jetzige. Wenn der Reiter zu leicht ist und das erforderliche Gewicht von 55 kg nur durch eine Bleidecke erreicht werden kann, kann es sein, daß das Pferd anfängt, Theater zu machen, sobald der schwere Sattel aufgelegt wird. Diese Auswirkung und ihre Ursache sind unverkennbar, wenn das Pferd ruhig, gelassen und cool an der Sattelbox ankommt und sich erst wehrt, wenn es das zusätzliche Gewicht spürt. Es braucht nicht betont zu werden, daß dieses Verhalten die bisherige Rennleistung bestätigt: Das Pferd kann mit diesem Gewicht nicht siegen.

175

# Das Pferd und sein Jockey

Nach der Rennleistung zu urteilen, ist das Pferd ein starker Favorit in diesem Rennen. Es sieht so aus und benimmt sich auch so, während es zum Sattelplatz geführt und gesattelt wird. Aber wenn der Jockey aufsitzt, wird das Pferd nervös. Das liegt nicht etwa an dem hohen Gewicht, was bedeutet, daß es einen bestimmten Jockey ablehnen könnte. Was haben die beiden gemeinsam erlebt?
Läuft das Pferd gewöhnlich gut für diesen Reiter? Benutzt der Reiter oft die Peitsche? Hat das Pferd unter diesem Reiter in letzter Zeit auf der Geraden sein Letztes gegeben, und kann es daher sein, daß die Gegenwart des Reiters für das Pferd bedeutet, daß es Schmerzen erleiden wird? Der Leser sollte die Chancen eines Pferdes anzweifeln, dessen Verhalten sich negativ ändert, sobald der Jockey aufsitzt. Damit ist vor allem zu rechnen, wenn die Rennleistung des Pferdes zeigt, daß es immer nur unter einem bestimmten Jockey gewonnen hat, aber am heutigen Tag von jemandem geritten werden wird, unter dem es immer verloren hat. Das Verhalten des Pferdes ist eine Garantie dafür, daß es auch weiterhin unter diesem Reiter verlieren wird. Wenn das Pferd auch bei der Parade vor den Tribünen oder beim Aufgalopp Nervosität oder Panik zeigt, nachdem der Reiter aufgesessen ist, für den es nur bei starkem Einsatz der Peitsche gewonnen hat, dann wird es heute wahrscheinlich verlieren.

# Die lange Pause

Wer das Handicappen erlernt, bekommt immer wieder gesagt, daß es ein ungutes Zeichen ist, wenn das letzte Rennen lange zurückliegt. Was auch immer mit einem Pferd nicht stimmen mag, das in den letzten 10 oder 14 Tagen gelaufen ist, es hat zumindest ein Rennen bestritten und dürfte in einem besseren körperlichen Zustand sein als ein Pferd, das seit Monaten nicht mehr gelaufen ist. Diese Regel funktioniert ganz gut. Alle Untersuchungen haben gezeigt, daß Pferde, die höchstens 30 Tage nicht an den Start gegangen sind, etwas mehr als ihren üblichen Anteil an Rennen gewinnen, während Pferde, die seit einem Monat oder länger nicht gelaufen sind, weniger als ihren üblichen Anteil gewinnen.

Andererseits scheint manchen Ställen ein Sieg mit Pferden zu gelingen, die monatelang pausiert haben. Ein Handicapper lernt bald, welchem Trainer ein solches Kunststück gelingen könnte. Auch der Leser dieses Buches kann das erlernen und noch mehr. Wenn ein Pferd seit Monaten nicht gelaufen ist, wird es vielleicht ängstlich und mit einem dicken Bauch ankommen. Solange es nicht etwas von seinem Übergewicht abnimmt und sich seine Nerven beruhigen, wird es verlieren. Wenn ein Pferd nach einer langen Pause aber heiß oder eifrig erscheint und zudem noch aus einem Stall kommt, der schon öfters Pferde hatte, die nach einer langen Pause gewonnen haben, dann ist alles in Ordnung.

# Der Kampf der Geschlechter

Vielleicht weil die Fortpflanzung ihre Aufgabe ist, laufen weibliche Pferde selten genauso ungestüm und rücksichtslos wie männliche Pferde. Die blinde, explosionsartige Beschleunigung ist eine Spezialität von Hengsten und Wallachen. Jungstuten und Stuten scheinen einen stärker ausgeprägten Selbsterhaltungstrieb zu haben, denn sie neigen dazu, sich ein bißchen zu schonen.

Warum aber haben Dahlia, Allez France, Waya und so viele andere großartige Stuten die besten männlichen Pferde ihres Jahrgangs in Rennen über klassische Distanzen auf der Grasbahn geschlagen? Die Antwort lautet einfach, daß solche Rennen besser zu Rennstil und Temperament von Stuten passen. Manche von ihnen könnten den ganzen Tag lang in einem bestimmten Tempo galoppieren und genügend Energie für die letzten Meter übrig haben. Nur wenige männliche Tiere sind so geduldig. Dasselbe gilt für Trab- und Paßrennen. Pferde, die Fahrer und Sulky in gleichbleibendem Tempo ziehen können, haben einen gewissen Vorteil in dieser Art von Rennen. Daher sind Stuten hier besonders erfolgreich.

Die Art von Rennen, wo Stuten am benachteiligtsten sind, sind Fliegerrennen und die mittleren Distanzen auf Dirttracks (Dirttrack = Bahnbelag aus Erde gemischt mit Asphaltsand. Diese aus dem Englischen kommende Bezeichnung wird auch in Deutschland und

Frankreich benutzt.) Das ist nur teilweise der Fall, weil die Beschleunigung ein wichtiger Bestandteil solcher Rennen ist. Immerhin können viele Stuten in hoher Geschwindigkeit galoppieren. Und ein gleichmäßiges Tempo hat schon vielen Pferden zum Sieg in Flieger- oder Mitteldistanzrennen verholfen. Warum nur wenige Stuten auf den großen Rennbahnen Nordamerikas gegen Hengste oder Wallache laufen, ist hauptsächlich darauf zurückzuführen, daß man aus wirtschaftlichen Aspekten auf eine solche Konfrontation verzichtet. In der Zucht werden mindestens 50 Mal so viele Stuten wie Hengste eingesetzt. Das bedeutet, daß der Marktwert einer Stute im Training nicht nur von ihrer Rennleistung abhängt, sondern auch von ihrem Zuchtwert. Der Marktwert eines Hengstes oder Wallachs, der nicht gerade Spitzenniveau hat, hängt jedoch ausschließlich von seiner Rennleistung ab. Ein 20 000 Dollar-Hengst verfügt über ein größeres Leistungspotential als eine 20 000 Dollar-Stute. Da die Zulassungsvoraussetzungen zu den meisten Rennen entweder in dem reellen oder angenommenen Marktwert (Verkaufsrennen) oder Rennpreisen (Aufgewichts- oder Altersgewichtsrennen) angegeben werden, haben Stuten fast keine Chance, gegen männliche Pferde von gleichem oder niedrigerem Potential zu laufen.

Eine 20 000 Dollar-Stute kann wahrscheinlich ein Feld von 10 000 Dollar-Hengsten und -Wallachen mit Leichtigkeit schlagen, aber ihr Besitzer wird es nicht riskieren, sie für eine Forderung von 10 000 Dollar zu verlieren. Eine Stute, die zu gut ist, um in Verkaufsrennen für Stuten zu laufen, ist nicht gut genug, um mit den männlichen Pferden konkurrieren zu können, die in vergleichbaren Rennen für ihr eigenes Geschlecht an den Start gehen. An der Spitze der Hierarchie, d. h. bei der Ermittlung des amerikanischen Mitteldistanz-Champions auf dem Dirttrack, sind die männlichen Champions gewöhnlich besser als die weiblichen.

In vielen Teilen der Welt (und nun kommen wir zum eigentlichen Thema dieses Kapitels) laufen Stuten und Hengste bzw. Wallache weiterhin gegeneinander. Das ist die Norm auf den kleineren Rennbahnen Nordamerikas, wo Stuten Dirttrack-Rennen über alle Distanzen gegen Hengste bzw. Wallache gewinnen, deren niedriger Marktwert ihren eigenen nicht übersteigt. Auf diesem Niveau hat keines der Pferde einen besonderen Zuchtwert. Die 2000 Dollar-Stute ist ein genauso gutes Rennpferd wie der 2000 Dollar-Wallach. Wenn die besten Pferde in einem Rennen sowohl männlichen als auch weiblichen Geschlechts sind, sollte der Handicapper seine endgültige Entscheidung treffen, nachdem er die Pferde im Führring und bei der Parade vor den Tribünen beobachtet hat, wo der Kampf der Geschlechter den Ausgang des Rennens ohne weiteres beeinflussen kann.

Ist eines der Pferde eine alte, erfahrene Rennstute, die schon Vertreter des männlichen Geschlechts besiegt hat? Ist einer ihrer größten Rivalen ein drei- oder vierjähriger Hengst? Wenn der Hengst sich aufführt wie ein junger Herrgott und damit das alte Mädchen im Führring oder bei der Parade vor den Tribünen verärgert und wenn sie die Ohren anlegt, sich zu ihm umdreht und mit dem Schweif schlägt, sobald er in ihre Nähe kommt, wird er sofort mit dem Imponiergehabe aufhören. Sie hat ihn wahrscheinlich »geschlagen«, und dasselbe kann auch während des Rennens passieren. In diesem Fall wird sie ihn auch in allen weiteren Rennen einschüchtern, wenn sie in seine Nähe kommen kann. Seine einzige Hoffnung ist, so schnell wie möglich aus der Startbox zu kommen und schleunigst vor ihr davonzurennen. Sie hat seine Erinnerungen an weibliche Autorität geweckt.

Andererseits kann man beide Pferde abschreiben, wenn ein Hengst im Führring auf eine schöne junge Stute trifft und man sehen kann, wie sie ihre Hälse lang machen, um mit der Nase aneinanderkommen zu können. Sie sind beide nicht bei der Sache.

Das folgende ist ein Beispiel für die Sexualität von Pferden auf der Rennbahn. Ein dreijähriger Hengst kommt vom Stall in die Sattelbox. Er hat alle Anzeichen beginnender Hengstmanieren: den dikker werdenden Hals und Schultern, das stolze Tänzeln und das Begrüßungswiehern, um allen zu verkünden, daß nun der Star der Gruppe kommt. Etwas später kommt ein weiterer Hengst mit ähnlichem Benehmen. Der Neuankömmling wiehert: »Ich bin der Spitzenreiter hier. Hat jemand etwas dagegen?« Der Erstankömmling schreit: »Und ob ich etwas dagegen habe!« Oder irgend etwas ähnliches.

Nun erfolgt ein Aufruhr. Beide Hengste treten gegen die Boxenwand und machen ihren Betreuern das Leben schwer. Der Rest des Feldes wird ängstlich und möchte sich aus dem Kampf heraushalten, der mit Sicherheit entsteht, wenn die beiden Hengste sich in die Quere kommen. Wenn es sich bei den anderen Pferden um dreijährige Wallache und Stuten handelt, ist das Rennen eigentlich schon beendet, bevor es überhaupt begonnen hat. Die beiden Hengste werden von Anfang an Kopf an Kopf laufen, die anderen Pferde in respektvollem Abstand. Wenn im Feld aber noch ein älterer Hengst oder Wallach bzw. eine ältere Stute ist, ist es möglich, daß sich keiner von ihnen durch die Dummheiten von zwei Halbstarken beeindrucken läßt. Wenn einer von ihnen stark im Finish und gut in Form ist, wird er sich die beiden Hitzköpfe auf der Geraden vornehmen und bis zum Ziel geschlagen haben.

# Der Altersunterschied

Ein unerfahrener Dreijähriger ist von einem älteren Pferd in bezug auf Führung, Schutz und Beistand abhängig. Wenn ein älteres Pferd zufällig in demselben Rennen an den Start geht und das unsichere Wiehern des jüngeren bei der Parade vor den Tribünen mit einem Begrüßungs-Wiehern beantwortet, dann bedeutet dieses Wiehern »Alles okay. Ich bin ja hier.« Ist das ältere ein gutes Rennpferd, dann wird es das jüngere schlagen. Darauf kann man wetten.

Das kommt jeden Tag vor und ist eine biologische Tatsache, die auch nicht dadurch entkräftet wird, daß regelmäßig wirklich gute Dreijährige mittelmäßige ältere Rennpferde schlagen. Ein dreijähriger Champion ist schwerer einzuschüchtern als ein junges, unbedeutendes Pferd, das nicht nur Angst davor hat, die altbewährte Hierarchie zu durchbrechen, sondern sich damit sogar wohlfühlt.

Läuft der durchschnittliche Dreijährige das nächste Mal gegen Pferde seines Alters, wird er bessere Leistungen zeigen, wenn auch alle sonstigen Einflüsse identisch sind. Ein cleverer Trainer wird ihn nicht so schnell wieder in einem Rennen gegen ältere Pferde an den Start gehen lassen. Taucht er aber doch in einem solchen Rennen auf, sollten Sie sich unbedingt ansehen, wie er sich vor dem Rennen im Führring verhält. Wenn er sich auch nur im geringsten unbehaglich zu fühlen scheint, riskieren Sie es nicht, auf ihn zu setzen. Dasselbe gilt übrigens sogar, wenn ein Dreijähriger noch nie zuvor gegen ältere Pferde gelaufen ist: Wenn es ihm unbehaglich zu sein scheint, dann richten Sie sich nur danach, was Sie sehen.

# Der siegreiche Rennstall

Nach ein paar Besuchen auf dem Sattelplatz kann der Rennbahnbesucher erkennen, daß die Pferde aus dem besten Stall auch am besten aussehen. Es gilt die Faustregel: Wenn das Pferd schmuddelig oder widersetzlich und der Pfleger launisch und eigenartig ist, dann sehen Sie ein Verlierer-Paar aus einem sieglosen Stall vor sich. Aber geben Sie nicht dem Pferd die Schuld, sondern dem Trainer. Merken Sie sich den Namen. Wenn ein solcher Trainer eines Tages einen Sieger aus einem guten Stall bekommt, sind die Siege dieses Pferdes gezählt.

Wie wir schon dann und wann erklärt haben, kann ein Pferd den Gemützustand eines Menschen wesentlich besser erkennen als umgekehrt. Entmutigtes, desinteressiertes Stallpersonal macht aus einem Sieger einen Verlierer. Eifrige, zufriedene, interessierte Pfleger strahlen Freude und Erfolg aus, worauf die Pferde positiv reagieren. In einem Stall, wo der Trainer Geld auf Kosten von Pferd und Mensch sparen will oder ansonsten irgendwie nicht kompetent ist, ist das Personal lustlos und die Pferde lassen in ihren Leistungen nach.

Denken Sie immer daran, wenn Sie die Chancen eines Pferdes beurteilen, das seine gute Rennleistung unter der Ägide eines Top-Trainers erbrachte. Wenn es inzwischen mehrere Wochen im Stall eines sieglosen Trainers verbracht hat, ist es wahrscheinlich nicht mehr dasselbe Pferd.

# 8

# ANHANG

# Der Kauf eines Pferdes

Als wir das Material für dieses Buch zusammenstellten, entstand in uns der Wunsch, als Ergebnis unserer Arbeit u. a. eine vollkommene Bewußtseinsänderung des Menschen herbeiführen zu können.

Zum ersten Mal in der Geschichte des domestizierten Pferdes ist es einer großen Anzahl von Personen, die nicht über praktische Erfahrungen mit Pferden verfügen, möglich geworden, die Körpersprache des Pferdes zu verstehen. Somit können sie im Endeffekt mehr über Pferde wissen als manch einer, der schon länger mit Pferden zu tun hat.

Eine Warnung ist angebracht: Die Kenntnisse der Körpersprache des Pferdes sind ein unglaublicher Vorteil, aber sie machen aus einer Person ohne jegliche praktische Erfahrung im Umgang mit Pferden noch keinen Pferdeexperten. Das soll heißen, daß wir hoffen, daß ein »Neuling«, der jetzt zwar alles über die Körpersprache weiß, aber mehr eben nicht, nicht der Meinung ist, nun sei es an der Zeit, sich ein Pferd anzuschaffen. Wissen und Pferdeverstand in der Praxis sind zwei paar Stiefel.

Bitte sehen Sie ein, daß niemand, dem es an praktischer Erfahrung im Umgang, Füttern und Pflegen von Pferden mangelt, so etwas ohne einen Fachmann tun sollte, der ihm mit Rat und Tat zur Seite steht. Erfahrung auf diesen Gebieten kann man sammeln, wo immer es Pferde gibt. Für den Leser, der besagte Erfahrungen und Fähigkeiten besitzt oder sich jemanden anstellen kann, der sie besitzt, ist dieser Anhang eine große Hilfe beim Pferdekauf.

Die Art von Pferd, das Sie suchen, hängt natürlich davon ab, was Sie mit ihm machen möchten. Wenn Sie ein Reitpferd haben möchten und sich nicht schlüssig sind, welche Rasse es haben soll, tun sie gut daran, die Bücher und Artikel zu lesen, in denen die Vorzüge der verschiedenen Rassen gepriesen werden. Ein weiterer Gesichtspunkt ist sicherlich der Preis. Die Summe, die man für ein Pferd ausgeben kann, diktiert die Qualität des Pferdes.

Um Zeit zu sparen und Enttäuschungen zu vermeiden, stellen Sie einmal eine Liste der Anforderungen an Ihr zukünftiges Pferd zusammen. Denken Sie immer an die folgenden Punkte:

1. Eine überempfindliche, leicht reizbare Person sollte sich kein Pferd mit ähnlichen Eigenschaften kaufen.

2. Ein relativ unerfahrener Reiter paßt am besten zu einem geduldigen, erfahrenen Pferd, das keine weitere Ausbildung mehr benötigt.

3. Ein einfach zu handhabendes Pferd ist am besten geeignet für jemanden, der sein Leben eher passiv verbringt.

4. Ein Pferd, das über spezielle Fähigkeiten verfügt, wie z. B. Springen oder Cutting, sollte nur von jemandem erworben werden, der auch vorhat, diese Fähigkeiten zu nutzen. Anderenfalls wären diese Fähigkeiten sinnlos, und das Pferd könnte darunter leiden, daß es das, was einmal der Inhalt seines Lebens war, nun nicht mehr tun darf.

Wenn Sie sich klar darüber sind, welche Art Pferd Sie wollen und wieviel Geld Sie ausgeben können, fangen Sie an, Anzeigen zu lesen, wo die Rasse oder Pferde mit den Fähigkeiten, die Sie sich wünschen, inseriert werden. Das ist meist besser, als sich eine Liste von Verkaufsställen aus dem Branchentelefonbuch herauszusuchen.

Sie werden schnell vier oder fünf Gestüte oder Ausbildungsställe finden, wo es die Sorte Pferd gibt, die Sie suchen. Rufen Sie dort an und teilen Sie mit, was Sie suchen. Sollte man kein Pferd haben, das für Sie in Frage kommen könnte, kann man Ihnen vielleicht einen anderen Stall empfehlen. Wenn Sie fünf oder sechs interessante Ställe auf Ihrer Liste haben, hören Sie auf zu telefonieren und fangen Sie an mit den Besichtigungen. Nehmen Sie ein Notizbuch mit. Sie werden schnell feststellen, daß es unmöglich ist, die unterschiedlichen Vorzüge der einzelnen Pferde zu behalten, ohne sich Notizen zu machen.

Wie Sie wissen, ist die Vorgeschichte des Pferdes von größter Bedeutung. Dazu gehört auch die Behandlung, die es derzeit genießt. Den ersten Hinweis gibt Ihnen der äußere Eindruck des Gestüts oder Hofs. Je sauberer und freundlicher die Gegend aussieht, je weniger auffällig der Misthaufen, herumliegende Werkzeuge, Müll oder abblätternde Farbe, desto besser sind Ihre Aussichten. Das gleiche gilt für das Aussehen und Auftreten des Besitzers oder Verwalters. Je besser seine Verkaufsstrategien erscheinen, desto vorsichtiger sollten Sie werden.

Es ist nicht ungewöhnlich, daß ein knallharter Geschäftsmann das Pferd aus der Box holen und auf den Gang stellen läßt. Sie aber wollen das Pferd bei vollem Tageslicht sehen, nicht in einer Ecke. Wenn der Verkäufer irgendwelche Anstalten macht und es für überflüssig hält, das Pferd nach draußen zu bringen, sondern mehr daran interessiert ist, den Kauf schnell über die Bühne zu bringen, können Sie leichten Herzens wieder ins Auto steigen und fahren. So schnell kauft man kein Pferd. Ein Pferd, von dem man annimmt, es sei gesund und einigermaßen in Ordnung, muß man sich in jeder Gangart nicht nur einmal, sondern mehrmals ansehen und zwar an verschiedenen Tagen, bevor man sich zum Kauf entschließt. Gehen wir einmal davon aus, daß das Pferd nach draußen geführt wird. Sie sollten in einer Entfernung von etwa vier Metern folgen. Sie können sofort feststellen, ob das Pferd sich willig am Halfter führen läßt und ob es lahmt. Aber achten Sie auch darauf, ob es nur am Strick geführt wird. Hat es eine Kette durchs Maul gezogen, so hat es Unarten. Wenn Sie nicht bereit sind, sich mit derartigen Problemen auseinanderzusetzen, ist es an der Zeit, das nächste Pferd zu besichtigen.

Wenn bis dahin keine Probleme aufgetreten sind, lassen Sie sich nun das Pferd im Kreis vorführen. Passen Karpus und Fessel zueinander? Keine dicken Schwellungen? Keine Knochenauftreibungen? Geht es willig mit? Tänzelt es zur Seite, ist es widersetzlich oder eher erleichtert, endlich aus dem Stall herausgekommen zu sein? Bitten Sie darum, es einmal frei laufen zu lassen in einem Paddock, auf dem Reitplatz oder wo auch immer. Ein zufriedenes Pferd wird nun buckeln, einen Moment rennen und sich dann wälzen. Wie wälzt es sich? Geht es langsam herunter auf eine Seite, wälzt sich auf dieser Seite mit einigen Schwierigkeiten, rappelt sich wieder hoch und wälzt sich dann auf der anderen Seite? Ist es nicht agil genug, sich von einer Seite zur anderen zu rollen? Warum? Zu alt? Zu arthritisch? Zu schwerfällig? Zu müde?

Gehen wir davon aus, daß das Pferd bis jetzt jeden Test bestanden hat. Nun stellen Sie dem Besitzer ein paar Fragen. Wie alt ist das Pferd? Ist es eingetragen? Welche Abstammung hat es? Wie lange hat er es in Besitz? Was hat er damit gemacht? Wer ist der Vorbesitzer? Wie lange war es beim Vorbesitzer? Warum hat dieser es verkauft?

Wenn das Pferd mehr als dreimal den Besitzer gewechselt hat, seien Sie vorsichtig. Seien Sie noch mehr auf der Hut, wenn Sie auf Ihre Fragen nur noch vage Antworten bekommen. Wenn Verkäufer und Pferd auch diese Verhandlungsphase überstanden haben, fragen Sie, ob Ihr Tierarzt das Pferd untersuchen kann. Wenn Sie keinen Tierarzt haben, der auf Großtiere spezialisiert ist, fragen

Sie den Tierarzt, der Ihre Katze entwurmt. Auf gar keinen Fall aber nehmen Sie den Tierarzt, der die Tiere des Verkäufers behandelt. Es ist schade, daß man gegenüber dem Verkäufer, seinem Pferd und seinem Tierarzt mißtrauisch ist, aber es hat sich im Pferdehandel seit Jahrhunderten als unerläßlich erwiesen und ist schon regelrecht zur Tradition geworden. Der eigene Tierarzt ist eine Routinemaßnahme gegen üble Geschäftspraktiken.

Wenn Ihr Tierarzt Ihnen sagt, daß das Pferd ganz in Ordnung und seinen Preis wohl wert sei, sollten Sie es sich noch einmal ansehen. Dieses Mal, um es zu putzen und ein bißchen herumzuführen. So bekommen Sie einen ersten Eindruck, wie Sie wohl mit ihm zurechtkommen werden. Dann nehmen Sie sich Sattel und Trense und probieren das Pferd auf dem Reitplatz in Schritt, Trab und einem ruhigen Galopp aus. Immer noch zufrieden? Sagen Sie dem Verkäufer Bescheid, daß Ihnen das Pferd ziemlich gut gefällt und daß Sie es sich überlegen würden.

Wenn der Verkäufer jetzt plötzlich ganz ungeduldig wird und Sie drängt, den Kauf doch gleich abzuschließen, reagieren Sie zu Recht etwas komisch. Warum hat er es so eilig?

Es sei noch einmal gesagt: Pferdehandel ist nicht das Hobby unschuldiger Menschen. Vergleichen Sie den Kauf eines etwas älteren Pferdes mit dem eines älteren Gebrauchtwagen. Die Angelegenheit wird noch komplizierter durch die Tatsache, daß Sie vermutlich mehr über die Tücken eines Autos und die Tricks von Autohändlern wissen als über Pferde und die Tricks von Pferdehändlern. Warum hat dieser Verkäufer es so eilig, wenn der Pferdekauf nach alter Tradition als eine ähnliche Zeremonie und genauso langwierig wie der Kauf eines Edelsteins in einem arabischen Bazar angesehen wird? Hat dieses Pferd irgendeine Unart oder körperlichen Mangel, der sich nur unter bestimmten Umständen zeigt und bisher weder von Ihnen noch Ihrem Tierarzt bemerkt worden ist?

Fahren Sie nach Hause und versprechen Sie, bald wiederzukommen. Das nächste Mal tauchen Sie aber zu einer anderen Tageszeit auf. Waren Sie am Nachmittag dort? Dann versuchen Sie es doch einmal morgens. Finden Sie heraus, ob irgend etwas auf der Anlage los ist, das Sie bislang übersehen haben. Zum Beispiel: Sehen Sie plötzlich fünf oder zehn apathisch wirkende Pferde, die aussehen, als wären sie auf dem Weg zur Abdeckerei, die aber während der anderen Besuche nicht zu sehen waren? Was ist da los?

Wenn Sie keine unschöne Überraschung erlebt haben, nehmen Sie das Pferd noch einmal zum gründlichen Ausprobieren aus der Box. Zuerst lassen Sie es eine Weile lose in der Bahn laufen. Dann satteln Sie es. Erkundigen Sie sich, ob Sie mit ihm für etwa eine halbe Stunde das Gelände verlassen dürfen. Finden Sie heraus, ob das Pferd gehorsam und willig ist, wenn es auf der Straße ist. Arbeiten Sie es so, daß es warm wird. Beginnt es zu lahmen oder geräuschvoll zu atmen?

Der Hänger ist der abschließende Test, besonders wenn Sie einem Reitclub beitreten wollen, um an gemeinsamen Ausritten teilzunehmen. Geht dieses Pferd problemlos in einen Hänger? Wenn nicht, werden Sie ein ganz schönes Problem zu lösen haben, bevor Sie an den Ausritten teilnehmen können. Je älter das Pferd und je heftiger es sich widersetzt, desto größer das Problem und desto unwahrscheinlicher, daß es behoben werden kann.

Das Pferd besteht auch diesen Test. Sie möchten es kaufen. Der Verkäufer händigt Ihnen den Original-Abstammungsnachweis aus (wenn er es Ihnen als Pferd mit Papieren vorgestellt hat). Auf der Rückseite der Papiere sollten Sie die Unterschriften (mit Datum) all der Leute finden, in deren Besitz sich das Pferd je befunden hat. Nehmen Sie das Pferd mit und werden Sie glücklich mit ihm!

# Der Kauf eines Rennpferdes

Dieses kurze und ganz spezielle Nachwort betont noch einmal einige der schon erläuterten Punkte. Wir wiederholen diese Ideen hier noch einmal, denn wir wollen jede Gelegenheit nutzen, die Aufmerksamkeit der wenigen Menschen zu erringen, die in der Lage sind, das Gesagte auch in die Tat umzusetzen.

Wir werden nicht auf die üblichen Methoden eingehen, wie in der Vollblutwelt Werbung, Promotion und Auktionen stattfinden. Wir bitten unsere Leser, keine Tricks zu erwarten. Niemand sollte auch nur einen Pfennig für ein Rennpferd ausgeben, ohne sich von einem Fachmann seines Vertrauens beraten zu lassen.

Wenn Sie solch einen Berater gefunden haben und Ihr Vertrauen in ihn berechtigt ist, gratulieren wir Ihnen. Nun möchten wir Sie bitten, etwas zu berücksichtigen bzw. noch einmal daran zu denken, was an anderer Stelle in diesem Buch bereits gesagt wurde.

Das Vollblut-, Warmblut- oder Quarter-Horse-Fohlen, das höchstwahrscheinlich einmal ein gutes Renn- oder Sportpferd werden wird, ist nicht nur gut gezogen und gesund an Körper und Seele, sondern es genießt auch noch das Privileg, die Nr. 1 in der Herde zu sein. Das heißt, seine Mutter ist die Leitstute. Lange bevor es abgesetzt wird und noch länger bevor es auf einer Auktion versteigert wird, hat sich das Fohlen der Leitstute an Achtung und Ehrerbietung durch seine Altersgenossen gewöhnt. Sie und Ihr Berater sollten auf den Gestüten die Stuten und Fohlen auf der Weide beobachten. Finden Sie heraus, wer die Führung hat. Finden Sie Namen und Abstammung der Leitstute und des Vaters des Fohlens heraus. Kehren Sie in gewissen Zeitabständen zurück, um zu sehen, ob das Fohlen weiterhin gesund ist und mit seinen Privilegien zurechtkommt. Beobachten Sie es oder lassen Sie es beobachten, vor allem während und nach dem Absetzen. Behält es die Führung auch dann, wenn die Mutter nicht mehr dabei ist?

Das ist das Fohlen, das Sie kaufen sollten. Wenn Ihre Beweggründe und Absichten nicht allzu offensichtlich sind und daher den Preis in die Höhe treiben könnten, sollten Sie das Fohlen als Absetzer kaufen und nicht ein weiteres Jahr warten, um es dann auf einer Auktion zu einem Vielfachen des Preises zu ersteigern.

Noch einmal: Das zukünftige Rennpferd, das Sie kaufen sollten, ist das Leitfohlen, das in seinem bisherigen Leben noch nichts erlebt oder erfahren hat, was es von seinem Glauben abgebracht hätte, es besäße Macht und Stärke. Wer mehr als nur ein Fohlen kaufen möchte, sollte immer nur Leitfohlen nehmen. Das ist machbar. Wir wünschen Ihnen viel Glück!

# Pferde verstehen – besser reiten

**Handbuch Pferd**

Standardwerk der Pferdekunde: präzise, umfassende Information und fachliches Know-how von 37 kompetenten Fachautoren zu den Bereichen Zucht, Haltung, Ausbildung, Sport, Medizin und Recht.

Jürgen Kemmler
**Mit Pferden durchs Jahr**

Die Welt der Pferde heute in ihren vielfältigen Erscheinungsformen – in Farbfotos dargestellt am Beispiel eines Jahreszyklus; Informationen über Evolution, Zucht, artgerechte Haltung, Ausbildung, Training, Sport, Freizeit und verständnisvollen Umgang mit dem Pferd.

Heinz Kiemann
**Neue Reitschule**

Klassische Grundausbildung bis zur Turnierreife – vom Basiswissen über das Pferd bis zu Dressur- und Geländereiten, Springen und Turnierteilnahme.

Gerhard Kapitzke
**Das Pferd von A – Z**

Rassen, Zucht, Haltung Aktuelles Grundlagenwissen von A – Z zu Pferdezucht und -haltung sowie zum Reit- und Fahrsport in 1070 Stichwörtern mit vielen informativen Fotos.

François Lemaire de Ruffieu
**Besser Springreiten**

Basistraining für Pferd und Reiter Pferdegerechte Ausbildung für den Springsport: Analyse der Springtechnik, richtiges Verhalten des Reiters beim Springen, Ausbildung des Springreiters und des Springpferdes.

Virginia Leng
**Das Vielseitigkeitspferd
Der Vielseitigkeitsreiter**

Die Ausbildung des Militarypferdes bis zum Event: Trainingsmethoden, die zum Sieg führen – Schritt für Schritt mit vielen Fotos dargestellt.

Birgit Neuhaus
**Das Freizeitpferd
Der Freizeitreiter**

Rassen, Haltung, Ausrüstung, Ausbildung Praktische Einführung in die Ausbildung des Reiters, über Kauf, Unterbringung, Fütterung und Pflege des Pferdes, Ausrüstungsfragen, Reitweisen, die Arbeit des Pferdes an der Hand sowie organisatorische Tips.